《IQ는 아버지 EQ는 어머니 몫이다》 총서 ⑧ : 쉐마교육 시리즈 3

잃어버린 구약의 지상명령

쉐마

전3권

IQ·EQ 박사 **현용수** 지음

제1권: 제1부~제2부 제4장

2009년

IQ·EQ 박사 현용수의 유대인의 자녀교육
《IQ는 아버지 EQ는 어머니 몫이다》 총서 ⑧ : 쉐마교육 시리즈 3

잃어버린 구약의 지상명령 쉐마 1 (전3권)

초판	1쇄(2006년 7월 15일)
	3쇄(2007년 2월 10일)
수정증보판	1쇄 2009년 6월 19일)
	5쇄(2016년 8월 9일)
지은이	현용수
펴낸이	현용수
펴낸곳	도서출판 쉐마
등록	2004년 10월 27일
	제315-2006-000033호
주소	서울시 강서구 공항대로71길 54
	(염창동, 태진한솔아파트 상가동 3층)
전화	(02) 3662-6567
팩스	(02) 2659-6567
이메일	shemaiqeq@naver.com
홈페이지	http://www.shemaiqeq.com
총판	한국출판협동조합(일반)
	생명의 말씀사(기독교)

Copyright ⓒ 현용수(Yong Soo Hyun), 2009
본서에 실린 자료는 저자의 서면 허가 없이 복제를 금합니다.
Duplication of any forms can't be published without written permission.

ISBN 978-89-91663-07-7 04230

값 15,000원

도서출판 쉐마는 무너진 교육을 세우기 위한 대안으로
인성교육과 쉐마교육의 원리와 실제를 연구하여 보급합니다.

유대인 아버지는 자녀에게 구약의 지상명령인
하나님의 말씀을 전수해야 할 사명이 있다.
(사진: 부림절에 회당에서 아버지가 아들과
함께 에스더서 두루마리 성경을 읽고 있다.)

하나님은 아브라함에게 자손들에게 말씀을 대물림하라는 지상명령을 주셨다. 아브라함과 이삭과 야곱처럼 3대가 세대차이가 없으면 영원히 세대차이가 없다.
(사진: 유대인의 할아버지와 아버지와 아들, 3대가 새벽 기도를 준비하고 있다.)

유대인은 가정에서 부모가 자녀에게 말씀을 전수한다.
(사진: 가정에서 부모가 안식일 절기를 지키며 자녀에게 말씀을 전수하는 유대인 가정 성전.)

할아버지의 사명은 손자에게 말씀을 전하는 선교사가 되는 것이다.
(사진: 유대인 할아버지가 유월절에 손자에게 열 가지 재앙을 가르치는 모습)

기독교 2,000년 동안 어느 민족도 하나님의 말씀을 자손 대대로 전수한 민족은 지상에 없다. 그런데도 유대인은 어떻게 모세의 때부터 3,200년간 하나님의 말씀(구약)을 전수하는 데 성공했는가?
(사진: 정통파 유대인 중·고등학교에서 세대차이 없이 이마와 팔에 경문을 매고 새벽기도 하는 랍비와 학생들)

유대인은 교육 프로그램을 만들 때 가정과 회당 그리고 공동체에서 할 일을 균형있게 만든다. (사진: 3대가 회당에 함께 모여 랍비가 에스더서를 읽을 때 자신들의 조상을 괴롭힌 하만 장군의 이름이 나올 적마다 모두 소리나는 도구를 들고 흔들며 '하만!' '하만!'을 외치며 기뻐하는 모습. 고난의 역사를 3대가 함께 기억하는 교육이다.)

유대인은 하나님에게 기도만 하게 하는 것이 아니라 선행도 강조한다. (사진: 유대인이 새벽기도 시간에 쉐마지도자들이 참관한 가운데 헌금함에 구제헌금을 넣는 모습.)

Biblical Jewish Shema Educational Theology Series 3

The Forgotten Great Commission in the Old Testament, Shema

– The Educational Theology Perspective
on Gen. 18:19 and the Shema –

Vol. One
Part 1~Part 2 Chapter 4

By
Dr. Yong Soo Hyun (Ph.D.)

**Presenting
Christian Education Problems
and It's Solution**

2009 (Second Edition)

Shema Books
Seoul, Korea

차 례

화보
수정증보판 서문: 수정증보판 전3권을 내면서 · 15
서평
  구약신학적 입장
    • 근본적인 성경적 및 신학적 개념을 예리하게 정립 · 18
      - 유진 메릴 박사(미국 달라스 신학대학원 구약학 석좌교수, ETS 회장)
  기독교교육학적 입장
    • '쉐마'가 구약의 '지상명령'이라는 교육신학의 근본 원리 제시 · 21
      - 고용수 박사(전 장로회신학대학교 총장, 기독교교육학)
  구약신학적 입장
    • 기독교 역사 2,000년에 나타난 교육의 문제점에 해법 제시 · 24
      - 김진섭 박사(백석대학교 신학부총장, 구약학)
저자 서문: 《잃어버린 구약의 지상명령, 쉐마》를 펴내며 · 29
IQ-EQ 총서를 발간하면서: 무너진 교육의 혁명적 대안을 찾아서 · 35

제1부
서론: 하나님의 인류 구원 계획에 왜 두 가지 지상명령이 필요한가

I. 문제점: 왜 초대교회는 2,000년간 살아남지 못했는가 · 44
II. 연구를 위한 질문들 · 49
III. 하나님의 인류 구원 계획에 왜 두 가지 지상명령이 필요한가 · 53
  1. 구약의 지상명령: 오실 예수님을 준비 -
    유대인이 하나님의 말씀 전수 · 54
  2. 신약의 지상명령: 오신 예수님(복음)을 전파 · 59
  3. 결론 · 62
IV. 기독교교육의 두 가지 선민교육 · 65
  1. 신약의 지상명령: 수평적 선민교육 - 타인을 제자 삼는 교육 · 65

2. 구약의 지상명령: 수직적 선민교육 – 자녀를 제자 삼는 교육 · 68
 V. 신약시대의 기독교인은 왜 구약과 신약의 지상명령을
    함께 지켜야 하는가 · 70
  1. 문제점: 왜 신약시대의 하나님은 손자가 없으신가
     – 웨일즈의 부흥과 쇠망 · 70
  2. 유대인과 기독교인의 오류를 극복하는 길:
     구약과 신약의 지상명령을 함께 지켜야 한다 · 73

제 2 부
하나님이 아브라함에게 주신 지상명령

제1장 아브라함이 받은 지상명령의 성경적 배경

 I. 아브라함이 받은 지상명령의 성경적 배경과 제학설 · 79
  1. 소돔인의 타락과 의인 아브라함의 선행 대조 · 79
     A. 하나님의 원대한 계획 속의 아브라함과 소돔인 · 79
     B. 아브라함의 때에도 여호와의 도가 있었는가 · 85
  2. 기존의 학계는 창세기 18장 19절을 구약의 지상명령으로 해석했는가 · 91
 II. 왜 하나님은 구약의 지상명령을 '소돔과 고모라의 멸망' 전에
    주셨는가 · 94
 III. 유대인은 얼마나 순종을 잘 했나 · 104
  1. 교육학적 입장에서 본 이삭의 순종 · 104
     A. 아브라함의 교육의 효과: 순종의 조상 이삭 · 104
     B. 이삭이 순종한 결과 얻은 복 · 108
  2. 출애굽 후 요셉의 뼈를 63년간 메고 다녔던 유대인들 · 112

제2장 아브라함이 받은 지상명령의 내용

 I. 구약의 지상명령(창 18:19): 하나님이 아브라함을 선택하신 이유
    – 홈스쿨링의 기원 · 118
  1. 하나님이 아브라함을 선택하신 이유는 무엇인가 · 121

A. 아브라함이 자식들과 자손을 잘 가르치게 하기 위함이다:
　　　　 가정 성전과 신약교회의 차이 · 121
　　　B. 아브라함은 이삭을 어떤 인물이 되도록 가르쳤나 · 130
　　　　 1) 하나님 앞에 순종하게 했다 · 130
　　　　 2) 여호와의 도를 지켜 행하게 했다 · 131
　　2. 아브라함은 왜 자녀와 후대에게 자신의 자녀를
　　　 말씀의 제자 삼도록 명령했는가 · 132
Ⅱ. 하나님은 언제 아브라함에게 주신 언약을 성취하셨나 · 134
　　1. 예수님이 오신 후 이스라엘은 이방을 비추는 빛이 되었다 · 134
　　2. 예수님이 오신 후 아브라함은 열국의 아비가 되었다 · 137
Ⅲ. 하나님께서 아브라함에게 어떤 조건으로 약속을 이루어
　　주겠다고 말씀하셨는가 · 139
Ⅳ. 하나님은 왜 하필 아브라함을 사랑하셨는가 · 142
Ⅴ. 아브라함은 평생 몇 명 목회했는가: 구약과 신약의 지상명령의 차이 · 146
　　1. 1대 족장 아브라함은 일평생 몇 명 목회를 해서 유명해졌는가 · 146
　　2. 2대 족장 이삭은 일평생 몇 명 목회를 해서 유명해졌는가 · 149
　　3. 3대 족장 야곱은 일평생 몇 명 목회를 해서 유명해졌는가 · 153
Ⅵ. 요약 및 결론 · 158

제3장 아브라함이 지상명령을 실천한 방법
　　　　　　[3대 가정교육신학의 효시]

Ⅰ. 아브라함은 그의 생애를 통하여 어떻게 지상명령을 완수했는가 · 162
　　[3대 가정교육신학의 효시]

　　1. 아버지 교육신학의 효시 -
　　　 아버지 아브라함은 아들 이삭에게 말씀과 행함을 가르쳤다 · 163
　　2. 할아버지 교육신학의 효시 -
　　　 할아버지 아브라함은 손자 야곱에게 말씀과 행함을 가르쳤다 · 167
　　　A. 할아버지의 사명은 손자 선교사가 되는 것이다 · 167
　　　B. 하나님은 왜 '아브라함과 이삭과 야곱의 하나님'이라고
　　　　 하셨는가 · 169
　　　C. 손자 선교사 아브라함의 열정과
　　　　 이방 선교사 바울의 열정 비교 · 172
　　3. 3대 족장의 가나안에 대한 믿음 전수 · 176

4. 아브라함 후손들의 3대가 말씀과 신앙 전수 · 181
 II. 자녀나 손자들은 윗세대에게 질문하라(신 32:7 강해) · 187
   1. 옛날을 기억하라 역대의 연대를 생각하라 · 187
     A. '옛날'과 '역대의 연대'와의 차이 · 188
     B. '기억하라'와 '생각하라'의 차이: IQ 자녀와 EQ 자녀의 차이 · 189
   2. 네 아비와 네 어른들에게 물으라 · 195
     A. '네 아비'와 '네 어른'의 차이 · 196
     B. '설명하다'와 '이르리로다'의 차이 · 200
 III. 과거를 가르치는 부모와 배우는 자녀의 유형 · 202
   1. 과거를 가르치는 부모의 네 가지 유형 · 202
   2. 부모의 과거에 대해 질문하는 자녀의 네 가지 유형 · 206
   3. 요약 및 결론 · 210
 IV. 요약 및 결론 · 215

제4장 구·신약 지상명령의 균형을 잃은 결과: 기독교교육의 근본 오류 분석

 I. 하나님의 구원 계획에 두 지상명령이 포함된 근거 · 218
   1. 하나님이 아브라함에게 주신 언약에 두 지상명령이 포함되었다 · 218
     A. 로컬리즘(구약의 지상명령)과 유니버설리즘(신약의 지상명령) · 218
     B. 카이저의 창세기 12장 3절 견해에 대한 저자의 의견 · 221
   2. 예수님의 지상명령에도 구약의 지상명령(쉐마)이 포함되었다 · 226
 II. 수직전도와 수평전도 · 231
 III. 구약과 신약의 지상명령을 받은 원조의 차이와 동질성 · 236
   1. 아브라함은 자녀가 있는데, 왜 바울은 자녀가 없을까 · 236
     A. 아브라함은 구약의 지상명령을 받은 원조,
        바울은 신약의 지상명령을 받은 원조다 · 236
     B. '예수님과 바울처럼 사는 것'과
        '아브라함과 바울처럼 사는 것'의 차이 · 241
   2. 예수님이 가정을 버리라고 말씀하신 이유 · 244
     A. 유대교는 가족의 족보와 전통을,
        기독교는 교회성장과 세계선교를 강조 · 244

B. 바울은 왜 자녀교육 실패자를 교회 지도자에서 제외했나
　　　　(신약교회 지도자의 자격 조건도 유대교의 쉐마에 근거했다) · 249
　　3. 구약의 가정 성전과 신약교회 지도자의 자격 조건이 동일한 이유 · 253
　　4. 왜 구약의 가정 성전과 신약교회 구성원에 차이가 나는가 · 257
Ⅳ. 지상명령 측면에서 본 구약과 신약의 마지막 말씀의 차이 · 262

부록 1 쉐마지도자클리닉 참석자들의 증언

구약신학적 입장

- 한국의 총체적 교육 문제점의 정확한 진단, 명쾌한 성경적 해법 제시 · 268
  - 김진섭 박사(백석대학교 신학부총장, Ph.D., 구약학)
- '현용수 쉐마학파'의 태동을 알리는 학설(서평) · 272
- 하버드에서 배울 수 없는 것들 배워(증언) · 275
  - 윤 사무엘 박사(미국 Geneva College 교수, Ph.D. 구약학)
- '구약의 지상명령 쉐마'는 구약학계의 Blind Spot을 세계 최초로 발견한 것 · 280
  - 김상진 박사(미국 달라스 크리스챤바이블신학교 교수, Ph.D. 구약학)

가정과 교회목회 적용

- 주일 낮, 저녁에도 앉을 자리가 없습니다 · 284
  - 이한의 목사(부산 은항교회, D.Min. 수료, 목회학)

부록 2 국악 찬양 · 290

참고자료(References) · 297

찾아보기(Index) · 309

랍비의 토막 상식

- 이방인에게 적용되는 의인의 일곱 가지 규범 · 89
- 하나님이 아브라함에게 주신 10가지 시험 · 101
- 하나님이 왜 유대인에게 시험을 주시는가? · 101
- 아무리 긴 쇠사슬이라도 고리 하나가 망가지면 더 이상 쓸모가 없다 · 141
- 예루살렘의 멸망은 잘못된 교육 때문이다 · 185

랍비의 유머

- 신앙의 무게 · 64
- 유대인의 기부금 나누는 방법 · 213
- 문제 · 266

랍비의 성경 강해

- 기도하는 장소는 결코 예배당이 아니라 자기 집에서 · 129

잃어버린 구약의 지상명령 쉐마 제2권의 내용

제2부 하나님이 아브라함에게 주신 지상명령
  제5장 결론과 적용

제3부 왜 기독교교육에 유대인 자녀교육이 필요한가
  제1장 유대인과 이방 기독교인과의 관계:
   유대인에게 접붙임 받은 이방 기독교인
  제2장 뿌리(유대인)와 가지(이방 기독교인)의 관계:
   무엇이 접붙임 받은 가지(이방 기독교인)를 보전하는가
  제3장 쉐마의 입장에서 본 유대계 기독교인과
   이방 기독교인의 차이
  제4장 유대인(뿌리)이 2,000년간 진액(말씀)을
   자손에게 전수한 비밀이 쉐마다
  제5장 결론: 이방 기독교인이 신앙의 가문을 영원히 이을수 있는
   방법: 유대인(뿌리)의 쉐마를 배우고 실천해야 한다

제4부 하나님이 유대민족에게 주신 지상명령, 쉐마
  제1장 유대인 쉐마의 성경적 배경
  제2장 유대민족이 받은 지상명령, 쉐마의 내용

잃어버린 구약의 지상명령 쉐마 제3권의 내용

제4부 하나님이 유대민족에게 주신 지상명령, 쉐마
　제2장 유대민족이 받은 지상명령, 쉐마의 내용
　제3장 쉐마와 오순절: 율법과 성령 받은 절기

제5부 쉐마와 유대인 '자녀'의 개념(자녀신학)
　제1장 쉐마와 '말씀 맡은 자'(자녀의 정체성)
　제2장 쉐마와 유대인의 성년식
　제3장 기독교와 쉐마교육선교 전략

제6부 쉐마 연구를 마치며 - 역사적 사명을 찾아서 -
　Ⅰ. 구약의 지상명령 쉐마는 하나님의 간절한 소원이다
　Ⅱ. 가나안에 들어간 유대인의 타락과 남은 자
　Ⅲ. 인성교육학적 분석:
　　왜 당시 유대인 2세가 현재 한국인 2세보다 나은가
　Ⅳ. 유대인 말씀 전수의 비밀을 캐기 위한 교육신학의 주제들
　Ⅴ. 요약 및 결론

수정증보판 서문

수정증보판 전3권을 내면서

초대교회는 왜 살아남지 못 했는가?
- 한국 교회 위기에 대안을 제시하는 구약의 지상명령 쉐마 -

저자가 구약의 지상명령을 세계 최초로 발견한 것은 온전히 하나님의 은혜다. 《IQ는 아버지 EQ는 어머니 몫이다》(국민일보, 1996; 조선일보, 1999; 쉐마, 2005)란 책을 발간한지 10년만이다. 2005년에 처음으로 저자의 저서 《부모여 자녀를 제자삼아라》에 38쪽(pp. 73~111)으로 소개하고, 2006년에 두 권으로 된 《구약의 지상명령 쉐마》란 책을 세상에 내 놓게 되었다.

반응은 먼저 학계에서 나왔다. 구약학계에서는 '탁월한 기독교 미래 교육에 대한 혜안'(김의원, 전 총신대학교 총장), '기독교 역사 2,000년에 나타난 교육의 문제점에 해답 제시'(김진섭, 백석대학교 신학부총장), "'현용수 쉐마학파'의 태동을 알리는 학설"(윤사무엘, 미국 Geneva College 교수)이란 제목으로, 기독교교육학계와 신약학계에서는 '구약의 지상명령은 교육신학의 근본 원리 제시'(고용수, 전 장로회신학대학교 총장), "구약의 지상명령 발견은 '현용수 교육신학'의 기초 공사"(이정근, 미주성결대학교 총장), '이제 신·구약 지상명령의 균형을 연구 할 때다'(김상복, 횃불트리니티신학대학원대학교 총장) 등의 제목으로 과분한 서평을 써주셨다.

이 책의 핵심을 한국 기독교교육학회지에 영문 논문으로 발표하자 미국 달라스신학대학원 구약학 석좌교수이며 ETS(복음주의학회)

회장이신 유진 메릴 박사는 '근본적인 성경적 및 신학적 개념을 예리하게 정립했다', 미국 저자의 은사이신 미국 탈봇신학대학원 대학원장 데니스 덕스 박사(기독교육학 전공)는 '신·구약 지상명령의 연결은 부모들의 책임임을 발견했다', 그리고 유대인 랍비 학자 에들러스테인은 현 박사는 '유대인이 하나님 말씀 전수의 비밀을 정확하게 발견'이라고 서평해 주셨다. 그리고 2008년 미국 ETS 60주년 연차회의에서 발표하게 됐다.

계속 구약성경과 신약성경의 차이를 지상명령적 차원에서 그동안 미진했던 부분들을 연구하자 숨겨졌던 비밀스런 영적 금광에서 기존 분량의 2배가 넘는 황금 같은 보물들이 쏟아져 나와 수정 증보판 3권을 내기에 이르렀다. 아브라함이 구약의 지상명령을 실천한 방법, 교회론적으로 본 가정 성전과 예루살렘 성전의 차이, 3대가정교육신학, 바람직한 부모와 자녀의 유형 그리고 로마서 11장에서 발견한 기독교교육에 유대인 자녀교육이 필요한 이유 등이 증가되었다.

저자가 주관하는 '쉐마지도자클리닉'도 더욱 학문적 탄력을 받게 되어 교계와 학계에 많은 동역자들이 일어나 '쉐마교육학회'도 창립할 예정이다. 이제 쉐마가 각국 언어로 번역되어 세계를 향하여 뻗어 나갈 수 있는 준비를 마쳤다. 부족한 종에게 지혜를 주신 예수님께만 온전히 영광을 돌린다.

2009년 3월 6일
미국 쉐마교육연구실에서 고난 주간을 앞두고
현용수

Book Review

《잃어버린 구약의 지상명령 쉐마》를 읽고
(현용수, 쉐마, 2006, 초판)

편집자 주: 현용수 박사가 창안한 쉐마교육 사상을 이해하기 위해서는 먼저 그의 저서 《잃어버린 구약의 지상명령 쉐마》(쉐마, 2006)를 연구해야 합니다. 본 저서에 대한 학계의 권위 있는 구약학자와 신약학자 및 기독교교육학자들의 서평은 독자들이 쉐마를 이해하는 데 도움이 될 것입니다. 다음은 초판 2권이 출간되었을 때 쓴 서평입니다. 바쁘신 중에도 꼼꼼히 학문적으로 서평을 써주시고, 그간 쉐마 사역을 크게 도와주신 열 분의 학자님들께 주님의 이름으로 감사드립니다.

구약신학적 입장
- 근본적인 성경적 및 신학적 개념을 예리하게 정립
  - 유진 메릴 박사 (Ph.D., 미국 달라스신학대학원 구약학 석좌교수, ETS 회장)

기독교교육학적 입장
- 구약의 지상명령은 교육신학의 근본 원리 제시
  - 고용수 박사 (Ed.D., 전 장로회신학대학교 총장, 기독교교육학)

구약신학적 입장
- 기독교 역사 2,000년에 나타난 교육의 문제점에 명쾌한 성경적 해법 제시
  - 김진섭 박사 (Ph.D., 백석대학교 신학부총장, 구약학)

서 평

현용수의 '구약의 지상명령과 그의 구속사에서의 위치' 논문을 읽고

근본적인 성경적 및
신학적 개념을 예리하게 정립

구약신학적 입장

유진 메릴 박사(Ph.D., 구약학)
(미국 달라스신학대학원 구약학 석좌교수, ETS 회장)

저는 현용수 박사님의 논문을 매우 주의 깊게 읽었고, 저 자신이 그의 견해와 전적으로 일치한다는 것을 발견했습니다. 이 논문의 메시지는 가능한 한 모든 기독교인 부모에게 전달하는 것이 절실히 필요합니다. 만일 우리가 자녀들의 믿음을 튼튼하게 해주고, 기독교인의 삶과 메시지가 후세에 아직 태어나지 않은 세대에게까지 계속 전수하기를 희망한다면 말입니다.

저의 견해로는 현용수 박사님의 '구약의 지상명령, 쉐마'란 주제에 관한 여러 저술 속에서 하나의 근본적인 성경적 및 신학적 개념(a fundamental biblical and theological idea)을 예리하게 이끌어냈다는 데 주목합니다. 즉 기독교인 가정에서 토라(모세오경)와 나머지 하나님의 말씀을 자녀에게 가르쳐야 하는 부모 책임의 중요성입니다.

현 박사님은 현재까지 성경의 진리에 대한 무지(無知)와 그 진리를 기독교인의 삶에 적용하는데 무지했던 것 자체가 가정의 아버지들과 어머니들이 자신들의 역할을 제대로 이행하지 못하게 한 주된 원인이라

는 점을 정확하게 지적했습니다. 그래서 부모 스스로 이런 일에 무지하거나, 혹은 다른 일에 바빠서 [자녀교육의] 책임을 교회 또는 더 심한 경우에는 학교에 떠맡긴다는 것입니다.

저는 이런 비통한 직무유기에 대한 이 해답이 잘못된 부모들을 가족과 가정의 울타리 속에서 자신의 자녀를 교육하고 제자화 할 수 있는 바른 부모로 바꿀 수 있다는 데 전적으로 동의합니다.

저는 현 박사님의 저술들이 자녀들이 있는 교회와 가정에 널리 보급되고 충분히 수용되어 도처에서 발견될 수 있기를 위해 간절히 기도합니다. 그래서 자녀들이 의심의 여지없이 성경적 교육 모델의 가정에서 양육함을 받은 우리 주 예수님처럼 "그 지혜와 키가 자라가며 하나님과 사람에게 더 사랑스러워"(눅 2:52)가는, 하나의 예수님의 속성을 닮은 조건이 되기를 기원합니다.

편집자 주: Eugene H. Merrill 박사(제1권 서평자)는 세계적인 구약학 석학이시며, 현재 미국 복음주의학회[The Evangelical Theological Society(ETS)] 회장입니다. Dennis Dirks 박사(제2권 서평자)는 저자 모교의 기독교교육학 교수이시며 대학원장입니다. 그리고 랍비 Adlerstein(제3권 서평자)은 정통파 유대인 공동체의 대표적인 학자 중 한 분입니다. 이들은 모두 저자가 한국기독교교육학회 영문 저널(Journal of Christian Education, Vol. 16, Nov. 2007)에 발표한 본서의 핵심인 구약의 지상명령에 관한 논문을 읽고 쓰신 서평입니다. 이 논문은 2008년 11월 미국 Rhode Island 60주년 ETS 학회에서 발표한 바 있습니다. [한글판과 영문판 논문 보기는 http://www.shemaiqeq.com/hyun_04.htm, 현용수 교수 칼럼《구속사적 입장에서 본 구약의 지상명령의 필요성과 성취》참조]

DALLAS THEOLOGICAL SEMINARY

To: Dr. Yong Soo Hyun
    Shema Education Institute

Re: Article Review:
    The Great Commission in the Old Testament and its Place in the History of Redemption
    - The Educational Theology Perspective on Gen. 18:19 and the Shema -

April 18, 2009

Having read Dr. Yong Soo Hyun's paper very carefully, I find myself in total agreement with him. This message needs to be communicated to every Christian parent possible if the church hopes to strengthen its children in the faith and pass on the Christian life and message to unborn generations yet to come.

In my opinion, Dr. Yong Soo Hyun, in his various writings on the subject; 'the OT Great Commission, Shema', has incisively drawn attention to a fundamental biblical and theological idea, namely, the importance of parental responsibility for teaching children Torah along with the rest of God's Word in the Christian home. He rightly makes the point that a major cause of ignorance of biblical truth and its application to the Christian life lies with fathers and mothers who either are themselves ignorant of these things or who, in their busyness about other matters, cede this responsibility to the church or, worse still, to the school.

I fully concur with him that the answer to this woeful neglect is the re-engagement of parents in the education and discipleship of their children in the confines of the family and home. I pray that his writings will find wide distribution and good acceptance in the churches and homes of children who, like our Lord Jesus, "will increase in wisdom and stature, and in favor with God and with people" (Luke 2:52), a condition without doubt to be attributed to Jesus having been reared in a home that practiced the biblical model of instruction.

Eugene H. Merrill, Ph.D.
Distinguished Professor of Old Testament Studies
Dallas Theological Seminary

Eugene Merrill

3909 SWISS AVENUE • DALLAS, TEXAS 75204 • 214-824-3094, 800-992-0998
www.dts.edu

서 평

현용수 저 《잃어버린 구약의 지상명령 쉐마》(쉐마, 2006)를 읽고

기독교교육학적 입장

'쉐마'가 구약의 '지상명령'이라는 교육신학의 근본 원리 제시

고용수 박사(Ed.D., 기독교교육학)
(전 장로회신학대학교 총장, 전 기독교교육학회 회장)

　미국의 2세 자녀교육에 깊은 관심을 가지고 연구해 오신 현용수 박사께서 '자녀교육을 어떻게 할 것인가?'라는 질문의 해답으로 구약성경의 쉐마(신6:4~9)에 기초한 이스라엘의 자녀교육원리를 《IQ는 아버지 EQ는 어머니 몫이다》라는 역작으로 10년 전 출간한 바 있습니다. 계속해서 쉐마교육 시리즈를 연구, 출판해오면서 이번에 《잃어버린 지상명령 쉐마》제하의 두 권의 책을 출간하게 되었습니다.

　이번에 출간된 두 권의 책은 '쉐마'(Shema)가 구약의 '지상명령'이라는 새로운 통찰을 가지고 신약의 지상명령과 연결해서 교육신학의 근본 원리를 제시해주고 있다는 점에서 그 특징이 있습니다.
　두 권의 책을 통해 현 박사는 '하나님의 지상명령'이라는 키워드(Key word)에 교육의 초점을 맞추고 있습니다. 하나님께서 타락한 인류를 구원하시기 위해 구약을 통해 믿음의 조상 아브라함을 시작(창 18:19)으로 해서 이삭 -> 야곱-> 12지파로 이어지는 선민

Book Review 21

이스라엘의 '가정'에 주신 하나님의 지상명령(신 6:4~9)이 신약에 와서 예수님을 통해 '교회'에 주신 하나님의 지상명령(마 28:19~20)으로 연결해서 성서에 기초한 하나님의 자녀교육의 통일된 원리를 명쾌하게 정리하고 있습니다.

무엇보다 두 권의 저서가 주는 첫 번째 강점은 하나님의 지상명령을 가정과 연결해서 가정을 자녀 양육을 위한 교육목회의 중심 장(context)으로 삼고 있다는 점입니다.

'교회가 확대된 가정이요, 가정이 축소된 교회'로 이해하는 목회자라면, 그는 마땅히 가정을 교회처럼 목회적 관심의 중심에 두어야 할 것입니다.

한국교회는 그동안 교회 성장에 집착한 나머지 교회를 위한다는 목적으로 가족들이 가정에서 함께 하는 시간을 빼앗았고, 신도들을 교회로 불러내는 사역에 보다 열중해 왔다는 비판을 받고 있습니다. 이것이 사실이라면, 그러한 교회중심의 목회 구조는 기독교 가정을 밀어내고 교회 그 자체를 하나님의 나라로 대치하려는 왜곡된 교회 중심의 신학의 단면을 반영해 주고 있습니다.

이러한 교회 위주의 목회적 열정이 가져온 병리적 현상 중 하나는 교회와 가정 사이의 심각한 단절입니다. 현 박사는 두 권의 책에서 하나님의 지상명령은 곧 목회의 우선순위를 '가정'에 두어야 함을 밝히 강조하고 있음을 보게 됩니다.

두 번째 강점은 구약과 신약의 지상명령에 기초한 하나님의 교육원리에서 볼 때 가정과 교회의 통합적인 단위로 부모, 자녀를 위한 교육 체계가 수립되어야 한다는 점입니다. 하나님의 지상명령인 쉐마교육의 원리는 가정을 교회로부터 분리시키는 이원 체제가 아니고 교육목회의 통합적인 접근을 가능케 합니다.

한 가정, 한 가정이 부모의 쉐마교육을 통해 '작은 교회'가 세워지고, 교회가 큰 가정으로서의 신앙의 울타리가 되어줌으로 주님의 지상명령을 균형 있게 응답할 수 있습니다. 가정이 '작은 교회'로 자리 잡기 위해서는 가정 안에서 부모가 하나님의 지상명령을 수행하는 공동사역자(교사)로서의 역할을 잘 감당해야 합니다. 이를 위해 개교회는 부모의 가정 사역을 위한 리더십 훈련과 함께 교육적인 지원을 지속적으로 제공해야 합니다.

 오늘 우리 사회가 겪고 있는 가치관의 혼란과 도덕적 무질서는 사회의 기본 단위인 가정의 뿌리가 크게 흔들리고 있는데서 비롯된다 해도 과언이 아닐 것입니다. 이런 때일수록 하나님의 지상명령을 이웃전도나 세계선교보다도 먼저 가정에서 부모들이 자녀에게 말씀을 가르쳐 말씀의 제자를 삼도록 목회자들은 도전을 주고 바른 길을 제시해 주는 일이 시급히 요청됩니다. 한국 교회가 세계선교를 더 오래 하기 위해서라도 한국교회가 살아남기 위하여 부모들이 구약의 지상명령인 쉐마를 실천해야 합니다.

 이번에 출간한 현 박사의 두 권의 저서는 기독교 가정의 부모들에게 적절한 도전과 바른 길을 안내하는 지침서로서 가정 사역에 참여하는 목회자들과 자녀를 둔 기독교 부모님들이 꼭 읽어야 할 교과서로 추천하고 싶습니다. 감사합니다.

구약신학적 입장

> 서 평

현용수 저 《잃어버린 구약의 지상명령 쉐마》(쉐마, 2006)를 읽고

기독교 역사 2,000년에 나타난 교육의 문제점에 명쾌한 성경적 해법 제시

김진섭 박사(Ph.D., 구약학)
(백석대학교 신학부총장, 복음주의 구약학회 회장)

I. 서평과 만남의 복

지난 8월에 본인이 91년 12월부터 97년 8월까지 미국 남가주 로스앤젤레스에서 목회와 교수 사역을 하면서 미주총신대학원에서 현 박사님을 가르치는 선생으로 잠깐 교제가 있었지만 십 수년이 지나는 동안 전혀 그분의 근황을 알지 못했던 차에 지금까지의 저술과 활동에 대해 전화상으로 꽤 긴 시간 동안 듣게 되었다. 그가 소포로 보낸 여러 저서 중에 가장 최신작인 《잃어버린 지상명령 쉐마》에 관해 서평을 부탁해 왔다. 그가 주창하는 기독교교육 이론이 책 제목이 명시하는 대로 구약의 '쉐마'에 기초하고 있다는 사실 하나만으로도 미국 유대인 명문학교 드랍시(Dropsie) 대학원의 박사 과정에 십 수 년의 세월을 보낸 나로 하여금 서평을 쾌히 승낙하고 시간을 내어 꼼꼼히 읽어 보게 하였다.

뿐만 아니라 미국에서 태어나 이제는 모두 성년이 된 나의 세 자녀에 대한 지난 날의 신앙교육과 인성교육을 평가해 보면서, 한 가정의 3대가 함께 말씀을 대물림하는 철저한 기독교 가정교

육이 궁극적으로 국내전도와 해외선교에 얼마나 중요한 역할을 하는지를 새삼 깨닫게 됐다. 따라서 본인은 170여 국가에 700만 한인 디아스포라 동포들을 향하여 "자녀가 곧 사도행전 1:8의 '땅 끝'이다"라는 명제로 연구하는 현용수 박사님의 쉐마교육선교전략에 적극적으로 동참한다.

II. 내용 요약(지면상 생략)

III. 탁월하게 공헌하는 점

흔히 "날카로운 질문은 선명한 해답을 낳는다"는 말처럼 이 책은 우리가 반드시 이 시대에 물어야 할 날카로운 질문으로 시작한다. 가정교육과 교회교육 그리고 세계선교의 사활적인 문제점을 제시하면서 오랜 연구와 실습을 통하여 저자 자신이 체득한 해답을 확신을 가지고 설득하는 다음 질문들은 이 책을 필독서로 만드는 탁월한 공헌이다.

1. 유대인의 조상 아브라함이 하나님의 부름을 받은 후(주전 2091년) 현재까지 4,000년간 유대인(특히 정통파)은 하나님의 말씀을 자손대대로 전수하는 데 성공하고 있음이 사실이다. 그런데 왜 초대교회로 출발된 기독교 2,000년의 역사는 소아시아, 로마 및 유럽의 폐허된 교회 유적지가 고발하는 대로 타민족에게 복음을 전하는 세계선교에는 주력하여 괄목할만한 진보가 생겼지만 하나님의 말씀을 가정에서 적어도 3대가 함께 대물림하여 영속적으로 전수함에는 실패해 왔는가?

2. 한국교회의 교회학교 교육이 천문학적인 투자에 반해 대부분 실패하며, 약 700만을 헤아리는 디아스포라 동포들의 자녀들이 대학졸업과 함께 대부분 교회를 떠나는 원인과 그 근본적인 해결책은 무엇인가?

3. 통일 한국과 선교 한국의 21세기 한국교회의 비전과 사명을 감당하기 위해서 가장 성경적이고 검증된 확실한 기독교 가정교육은 무엇인가?

첫째로, 저자는 이러한 사활적인 질문들의 해답을 개혁신학의 골격인 언약신학과 구속사의 맥락에서 찾고 있다. 특히 아브라함 언약과 시내산-모압-세겜으로 이어지는 모세 언약이 주 예수님 안에서 완성된 새 언약과 어떻게 그 다양성과 통일성을 유지하는지를 구약의 쉐마와 신약의 지상명령과 결부하며 고민한다. 또한 성경 전체를 아우르는 구속사, 즉 '하나님의 우주창조'(창 1~2장), '인간타락과 하나님의 구속'(창 3장~계 20장), '하나님의 완성'(계 2~22장)의 시각에서 구약의 쉐마가 어떻게 신약의 그리스도인들에게 여전히 유효한지를 논증한다. 저자가 가진 올바른 성경신학적인 틀이 신구약 성경 전체를 어떻게 유기적으로 해석하며 오늘 여기에 적용할 수 있는가에 대한 훌륭한 실례를 보여준다.

둘째로, 기독교교육학자로서 그는 4,000년간 정통파 유대인의 가정이 '쉐마'를 중심으로 3대가 토라를 대물림하는 엄연한 현실을 주시하며, 창세기 18:19의 아브라함 언약을 지상명령의 역사적 근원으로 이해했다. 참으로 놀라운 역사적인 발견이다.
이를 근거로 오늘의 교회와 그리스도인들의 가정목회가 이 '쉐마' 정신에 기초해야 함을 역설했다. 이것은 기독교회사 2,000년 동안의 가정교육의 결과론적 문제점과 그 해답을 명쾌하게 제시한 것으로서 상당한 고무적인 업적으로 평가된다.

셋째로, 이 책의 핵심 용어인 '쉐마'를 독자들이 분명히 이해하도록 이론적 골격으로 작용하는 신명기 6:4~9, 11:13~21, 민수기 15:37~41의 본문 해석과 함께 어떻게 이것이 정통파 유대인의 가정에서 특별히 잘 보존 전수되고 있는지의 비법을 자세한 현장 체험 학습으로 각인시키는데 성공하고 있다. 말하자면 이방인인 우리의 눈에는 오랜 전통의 비전(秘傳)으로 비쳐온 유대인만이 가진 삶의 철학의 근본을 파헤치는 교육신학(가정, 아버지, 어머니, 자녀, 효도, 고난의 역사)의 필독서로 자리매김 하고 있다.

넷째로, 원칙상 이방인에게 닫혀 있는 정통파 유대인의 가정과 초등학교에서 예쉬바(랍비 양성 예비학교)에 이르는 여러 단계의 학교 및 유대인 역사박물관의 현장 체험 학습과 함께 쉐마교육의 도구인 테필린, 메주자, 찌찌트, 두루마리 토라, 쇼파르(양각나팔), 촛대, 쩨다카 상자, 경문(phylacteries) 등을 통하여 최대의 시청각적 충격과 확신을 심고 있다는 것이다.

뿐만 아니라, 저자 자신의 부인과 이미 장성한 4 아들들과 함께 자신이 알고 믿는 바를 가정에서 직접 실천하면서 쉐마교육의 위력을 검증하고 시위하고 있다는 것이다.

마지막으로, 선교학자 랄프 윈터(Ralph Winter)의 문화 언어를 기준한 4단계 전도/선교 전략 이론에 근거하여 한국교회, 특별히 디아스포라 동포교회가 당면한 자녀교육의 해법을 제시한다. 이것은 통일 한국과 선교 한국의 시대적 비전과 사명 완수에 대한 실제적인 전략과 대안을 제시하는 '기독교와 쉐마교육선교 전략'(제2권 제3장)은 이 책의 백미로서 독자에게 큰 반향을 주고 있다.

IV. 서평을 마치면서

하나님은 현용수 박사님에게 귀한 사명과 은사를 주셔서 기독교교육학 학자로서 기독교 2,000년 역사에서 잊었거나 소홀했던 구약의 지상명령, 쉐마를 발견하게 하여 성경적 교육신학의 틀을 마련하게 하셨다. 가정교육과 교회교육의 근본 대안을 되찾게 되었다.

현 박사님의 탁월한 성경적, 개혁신학적 학설의 주창으로 오늘

날 교육 부재에 직면한 문제들을 해결하고, 더 나아가 통일 한국과 선교 한국의 비전과 사명을 구현해야 한다. 가정을 살리자는 교육신학은 일반 은총적으로 불신자들에게도 유효할 뿐 아니라, 특별 은총 아래 있는 그리스도인들 누구에게나 민족과 언어와 국가와 백성에 관계없이 가정의 치유와 개혁에서 시작된 교회, 사회, 국가, 세계에로의 '주 예수님의 영광스런 구원의 복음'이 가진 위력을 나눔에 있어서 이 책이 목회자와 신학도들에게 적극 알려지고 애용되어야 한다.

이제 우리는 무엇을 어떻게 해야 하는가? 먼저 구약학, 신약학, 교회사, 조직신학, 선교학 등의 신학 전반에서 관심 있는 학자들의 적극적인 동참이 필요하다. 그들이 자신들의 전공 분야에서 쉐마를 더 연구하여 토론하고 발전시키어 세계 신학계에 내어 놓아야 한다. 그리고 세계 교회를 살려서 주님의 재림을 준비해야 한다.

저자 서문

《잃어버린 구약의 지상명령, 쉐마》를 펴내며
- 교육신학의 근본 원리 -

미국의 젊은 아버지의 한마디.

"기독교 서점에서 자녀 양육에 관한 책을 찾아보았습니다. 그 책들은 모두 '아이의 자존감', '자기 중심적인 편견에 따른 충동적인 욕구', '주의 결핍 장애' 등과 같은 말로 뒤덮여 있습니다……. 성경이 아버지들에게 전하고 있는 구체적인 명령들을 적어 보면 한 반 페이지 정도밖에 되지 않습니다"(MacArthur, *Successful Christian Parenting*, 2001, p. 8).

이것은 부모들이 얼마나 성경에 근거한 자녀교육서에 목말라하고 있는가를 짐작하게 한다. 저자에게도 많은 목사님들이 하소연한다. 교인들에게 성경적 자녀교육을 강의하기 위해 기독교교육학자들이 저술한 책들을 살펴보면 성경 말씀은 거의 없고, 대부분 세상 교육학이나 심리학 용어들로 가득 채워져 있다는 것이다. 그래서 대체적으로 어렵고, 이해하기가 힘들다고 한다. 목회에 도움이 되지 않는다는 것이다. 실제로 저자가 기독교교육학을 전공하며 가졌던 의문도 바로 이런 것이었다.

왜 기독교인은 성경적 자녀교육서를 찾기 힘든가? 가장 큰 이유는 기독교 학자들이 성경적 자녀 양육법을 구약성경에 근거한 하나님의 선민교육인 유대인 자녀교육에서 찾지 않고, 교육적 자료가 극히 빈약한 신약성경에서만 찾기 때문이다. 신약은 구원에 이르는 복음이 중심 주제이고, 구약은 하나님의 선민을 하나님의 형상을 닮도록 양육하기 위한 쉐마교육이 중심 주제다. [자세한 내용은 저자의《부모여 자녀를 제자 삼아라》(쉐마, 2005), 제1권 참조]

왜 신약시대의 기독교인들이 유대인의 선민교육을 놓쳤을까? 가장 큰 원인은 구약을 주로 구속사적 입장에서 해석하는 데 주력하고 교육신학적인 접근을 하지 않았기 때문이다.

저자는 정통파 유대인 공동체에서 15년 이상 함께 살면서 구약을 교육신학적 입장에서 연구했다. 유대인이 자녀들의 선민교육에 목숨을 거는 현장을 목격하면서 충격을 받았다.

왜 그들은 자녀들의 선민교육에 목숨을 거는가? 저자는 그 이유가 그들이 하나님으로부터 구약의 지상명령, '쉐마'의 사명을 받았기 때문이란 사실을 발견했다. 그들이 아브라함 때부터 현재까지 4,000년간 하나님의 말씀을 자손 대대로 전수하는 데 성공한 비밀도 바로 이 '쉐마'에 있었다.

그리고 저자는 기독교 2,000년 동안 각 지역의 신약교회들이 다른 민족에게 복음을 전하는 선교에는 성공했는데, 왜 자손 대대로 말씀을 전수하는 데는 실패했는가에 대한 이유도 발견했다. 그것은 신약의 기독교인들이 구약의 지상명령, '쉐마'를 잃어버렸기 때문이었다. 이것은 기독교 역사의 흐름을 바꾸는 대발견이었다. 저자는 흥분하기 시작했다. 연구를 계속했다. 그리고 두 가지 사실을 또 발견했다.

첫째, 구약에 근거한 유대인 자녀교육에 왜 하나님의 말씀이 그렇게 많은지 그 이유를 발견했다. 그것은 유대인 자녀교육의 내용과 방법 자체가 하나님께서 친히 그들에게 명령하신 말씀에 근거했기 때문이다(본서 제2권 제4부 제2장 참조). 이것은 유대인의 자녀교육이 바로 성경적 자녀교육이라는 것을 증명한다.

둘째, 유대인이 어떻게 하나님의 말씀을 자손 대대로 전수하는 데 성공했는지 그 교육의 원리와 방법을 발견했다. 그것은 유대인 자녀교육의 거의 모든 내용과 방법이 '쉐마'라는 지상명령을 성취하기 위해 만들어졌다는 사실이다. 물론 이 속에는 하나님의 형상을 닮아가는 선민교육도 포함된다. 구약에서 하나의 키워드를 선택한다면 '쉐마'다. 그만큼 '쉐마'가 중요하다.

본서의 내용을 요약해 보자. 하나님의 가장 큰 관심사는 타락한 인류를 구원하시는 것이다. 제1부에서는 하나님의 인류 구원 계획에 왜 두 가지 지상명령이 필요한지를 설명한다. 구약의 지상명령은 가정에서 부모가 자녀에게 말씀을 자손 대대로 대물림하라는 '쉐마'이고, 신약의 지상명령은 교회에서 예수님의 복음을 열방에게 전파하라는 '선교'다. 전자가 수직적 선민교육이라면, 후자는 수평적 전도다. 본서는 왜 구약의 지상명령이 지켜져야 예수님이 오실 수 있고, 신약(예수님)의 지상명령이 성취될 수 있는지를 구속사적 입장에서 설명한다. 구약과 신약 성경이 짝을 이루어 완전한 하나님의 말씀이 되는 것처럼, 사역도 구약과 신약의 지상명령, 즉 가정사역과 교회사역이 짝을 이루어 행해질 때 하나님의 구속의 계획을 온전히 이룰 수 있다.

제2부는 왜 창세기 18장 19절이 하나님이 아브라함에게 주신 구약의 지상명령인지를 설명한다. 그리고 성경적 가정사역의 본질을 선민의 조상 아브라함의 가정에서 찾아야 하는 당위성을 설명한다. 이것은 성경적 3대가정신학의 본질이며 원리다. 아브라함과 사라가 어떻게 일평생 외아들 이삭 한 명만 데리고 목회를 하면서 말씀을 대물림했는가? 그 비밀을 간직한 유대인의 가정 목회가 바로 성도들의 가정 목회의 모델이 되어야 한다는 것을 논증한다.

제3부는 로마서 11장 참감람나무와 돌감람나무의 비유를 분석하면서 왜 기독교인에게 유대인 자녀교육이 필요한지를 논증한다. 왜 참감람나무(유대인) 뿌리가 접붙임 받은 가지(이방 기독교인)를 보전해야 하는지, 그리고 이방 기독교인이 공유하는 참감람나무 뿌리의 진액이 무엇인지를 밝힌다. 결론적으로 왜 접붙임 받은 가지가 참감람나무를 닮아야 하는지를 성경신학적으로 논증한다.

제4부는 아브라함이 받은 지상명령을 더 구체적으로 발전시킨 것이 시내산에서 유대인이 받은 '쉐마'(신 6:4~9)라는 사실을 밝힌다. 창세기 18장 19절 말씀이 하나님이 선민의 조상 아브라함 개인에게 주신 지상명령이라면, '쉐마'는 유대민족 전체에게 주신 지상명령이다.

제2~4부는 구약의 지상명령의 내용이 무엇이고, 이런 지상명령이 나오게 된 성경적 배경이 무엇이고, 유대인은 이 지상명령을 어떻게 지켜 행하는가에 대하여 설명한다. 말하자면 본서는 유대인의 삶의 근본 철학을 소개하는 책이다. 이것이 유대인의 존재 이유이기도 하다.

제5부는 쉐마와 유대인 '자녀'의 개념에 대하여 설명한다. 즉 '자녀 신학'이다. 왜 자녀는 여호와께서 주신 '기업'인가? 그 기업이 왜 '말씀 맡은 자'(롬 3:2)인지를 설명한다. 그리고 그 뜻을 유대인의 '성년식'에서 찾는다. '성년식'을 히브리어로 '바 미찌바'라고 하는데, 이는 '율법 맡은 자'란 뜻, 즉 '말씀 맡은 자'와 같은 뜻이기 때문이다. 그리고 왜 유대인 성년식을 치르는 연령이 13세인지, 13세 이전의 교육이 왜 중요한지에 대하여 자세히 설명한다. 제4부 제3장은 '기독교와 쉐마교육선교 전략'에 대하여 설명한다. 쉐마는 왜 주님의 재림을 준비하기 위하여 세계선교로 이어져야 하는지를 설명한다.

마지막 제6부는 쉐마 연구를 마치며 역사적 사명을 다시 확인한다. 흔히 많은 이들이 유대인 자녀교육의 실패를 거론할 때 드는 성경의 예 중 하나가 사사기의 말씀이다. 출애굽의 체험을 하지 않았던 다음 세대(next generation)는 하나님과 멀어진 다른 세대(another generation)가 되었다(삿 2:10)는 것이다. 본서는 그런데도 불구하고 유대인은 어떻게 자손들에게 말씀을 전수하며 현재까지 살아남았는지 그 이유를 밝힌다. 그러면서 하나님의 소원을 이루는 첫 걸음이 가정의 자녀에게 있다는 것을 구약의 교육신학적 입장에서 자세하게 논증한다.

이 책을 집필하는 데 많은 정통파 유대인 학자들의 특별한 도움을 받았다. 정통파 탈무드 학교인 Yeshiva University의 학장이며 Simon Wiesenthal Center 국제 본부장 랍비 Marvin Heir와 Yeshiva University의 탈무드 교수이며 로욜라대학교 법대 교수인 랍비 Adlerstein 부부와 그 가정, 서기관 랍비 Kraft 씨 부부와 그 가정에 심심한 사의를 표한다.

그리고 편집과 교정을 도와준 황갑순 제형, 양승옥 교수, 김영갑 목사 및 그 외 쉐마동역자 여러분과 도서출판 쉐마의 김명기 간사에게 감사한다.

저자를 키워 주신 작고하신 어머님과 형님 내외분, 지금도 내조를 아끼지 않는 아내 황(현)복희, 그리고 영문 원고 정리 작업을 도와 준 내일의 희망인 네 아들들 승진(Stephen), 재진(Phillip), 상진(Peter), 호진(Andrew)에게 감사한다.

독자들이 이 책을 읽은 후 먼저 구약의 지상명령을 실천하여 자신의 자녀를 말씀으로 제자 삼고, 신약의 지상명령을 실천하여 예수님의 재림을 준비하는 '쉐마교육운동'이 일어나기를 간절히 소원한다. 아무쪼록 이 책이 독자들에게 도움이 되었다면 오직 나의 주님에게만 영광을 돌린다.

2009년 4월 고난주간에
미국 West Los Angeles 쉐마 서재에서
저자 현용수

IQ-EQ 총서를 발간하면서

무너진 교육의 혁명적 대안을 찾아서

왜 유대인의 IQ+EQ교육은 인성교육+쉐마교육인가

현대인들은 교육의 문제점은 많이 지적하지만, 속 시원한 대안은 찾지 못하는 시대에 살고 있다. 저자는 오랜 연구 끝에 그 대안으로 온전한 인간교육을 위해 크게 두 가지가 필요하다는 사실을 깨달았다. 하나는 인성교육이고, 다른 하나는 종교교육이다. 기독교인을 예로 든다면, 인성교육을 바탕으로 한 성경적 쉐마교육(기독교교육)을 해야 한다는 것이다. 따라서 전체 기독교교육은 예수님을 믿기 이전과 이후로 나누는데, 이전에는 인성교육을, 이후에는 쉐마교육을 시켜야 한다. 그래서 유대인 자녀교육《IQ는 아버지 EQ는 어머니 몫이다》총서는 인성교육론 편과 쉐마교육신학론 편으로 나누어 정리했다.

인성교육론 편(인성교육 노하우 시리즈)
예수님을 믿기 이전: 왜 인성교육은 Pre-Evangelism인가?

'인성교육 시리즈'는 현대교육의 근본적인 문제점을 분석하고, 해결 방안을 제시한다. 즉 다음 네 가지 질문에 답을 준다.

Q 1. 일반 교육학적 질문: 가르치고 가르쳐도 왜 자녀가 달라지지 않는가? 왜 현대교육은 점점 발달하는데 인간은 점점 더 타락하는가?

그것은 IQ교육 위주의 현대교육은 인성교육에 꼭 필요한 세 가지를 놓치고 있기 때문이다.

- 어떻게 자녀들에게 깊이 생각하게 하는 교육을 시킬 수 있을까?
- 어떻게 자녀들이 바른 행동을 하게 할 수 있을까?
- 수직문화의 중요성과 수평문화의 위험성은 무엇인가?

Q 2. 문화인류학적 질문: 왜 한국인 자녀들이 서양 문화에 물들고 있는가?

한국의 젊은 세대는 거의가 한국인의 문화적 및 철학적 정체성의 빈곤에 처해 있다. 부모들이 인성교육의 본질이 수직문화인지를 모르고 가르치지 않았기 때문이다. 그 결과 세대 간의 가치관 차이가 너무나 다르다. 북미주 한인 2세 자녀들이 부모가 섬기는 교회를 떠난다.

Q 3: 기독교인의 인성 문제: 왜 예수님을 믿는다고 하면서 사람의 근본은 잘 변하지 않는가?

많은 기독교인들이 예수님만 믿으면 모든 인성교육이 잘되는 줄 알고 있다. 그러나 모두 그런 건 아니다. 왜 유교교육을 받은 가정의 어린이들이 기독교교육을 받은 어린이들보다 더 예의 바르고 효자가 많을까? 예수님을 믿고 성령의 은사가 많았던 고린도교회는 왜 데살로니가교회보다 도덕적인 문제가 더 많았을까?

Q 4. 기독교의 복음주의적 질문: 왜 현대인들에게 전도하기가 힘든가?

왜 기독교 가정에서 2세들이 대학을 졸업하면 90% 이상 교회를 떠나는가? 교회학교 교육이 천문학적인 투자에도 불구하고 90% 이상 실패하는 이유는 무엇인가? 왜 현대(2000년대)에는 1970년대 이전보다 복음 전하기가 더 힘든가? 아마 생각 있는 교육자라면 모두가 이런 고민을 안고 살았을 것이다.

한 인간의 마음이 예수님을 믿기 이전 인성교육, 즉 복음적 토양교육이 잘못되었기 때문이다. 예수님의 '씨 뿌리는 자의 비유'에서 말씀하신 네 가지 종교성 토양(길가, 돌밭, 가시떨기, 옥토)(눅 8:4~15) 중 옥토이어야 복음을 영접하기도 쉽거니와 구원을 받은 후 예수님을 닮는 제자화도 되기 쉽다는 말이다. 이를 'Pre-Evangelism'(예수님을 믿기 이전의 복음적 토양 교육)이라 이름했다.

> 현용수의 인성교육론은
> **인성교육**의 **원리**와 **공식**을 제공한다

쉐마교육신학론 편(쉐마교육 시리즈)
예수님을 믿은 후: 왜 쉐마교육은 Post-Evangelism인가?

예수님을 영접한 사람에게는 하나님의 형상을 닮아가는 기독교교육을 시켜야 한다. 이를 '성화교육' 혹은 '예수님의 제자교육' 이라고도 한다. '신의 성품'(벧후 1:4)에 참여하는 자(partakers of the divine nature)가 되는 과정이다. 이를 'Post-Evangelism'(예수님을 믿

은 이후의 성화교육)이라 이름했다. 교육의 내용은 신·구약 하나님의 말씀이다. 예수님 믿기 이전의 좋은 인성교육이 마음의 옥토를 준비하는 과정이라면, 복음과 하나님의 말씀은 그 옥토에 심어야 하는 생명의 씨앗이며 기독교적 가치관이다. (물론 기독교 가정에서 태어난 자녀에게는 어려서부터 인성교육과 쉐마교육을 함께 시켜야 한다.)

저자는 성경적 기독교교육의 본질과 원리를 유대인의 선민교육에서 찾았고 그 내용과 방법이 바로 구약의 '쉐마'에 있음을 발견했다. 즉 성경적 교육신학의 본질과 원리가 '쉐마'에 있다는 것이다. '쉐마'는 한 마디로 부모가 자녀에게 말씀을 가르쳐, 자손 대대로 자녀를 말씀의 제자 삼으라는 '구약의 지상명령'이다[저자의 저서《잃어버린 구약의 지상명령 쉐마》(쉐마, 2006, 2009), 제1권 제1~2부 참조]. 유대인이 아브라함 때부터 현재까지 4,000년 간 하나님의 말씀을 후대에게 전수하는 데 성공한 것은 자녀를 말씀의 제자 삼는 쉐마교육에 성공했기 때문이다. (물론 신약시대는 영적 성숙을 위해 신약성경도 필요함)

여기에서 "왜 기독교교육에 유대인 선민교육이 필요한가?"란 질문이 대두 된다. 신약시대에 복음으로 구원받은 하나님의 선민인 기독교인은 영적 유대인(갈 3:6~9)으로 구약에 나타난 선진들(예; 모세, 다윗, 에스라)의 믿음생활과 쉐마교육을 본받아야 한다(히 11장). 예수님도 유대인으로 태어나셔서 유대인의 선민교육(쉐마교육)을 받고 자라셨으며 제자들에게도 그 교육을 시켰다(마 23:1~4). [더 자세한 내용은 저자의 저서《부모여 자녀를 제자 삼아라》(쉐마, 2005), 제1권 제1장 '왜 기독교교육에 유대인 자녀교육이 필요한가'의 '성경신학적 입장' 참조]

기독교의 제자교육에는 교회에서 타인을 제자 삼는 수평적 제

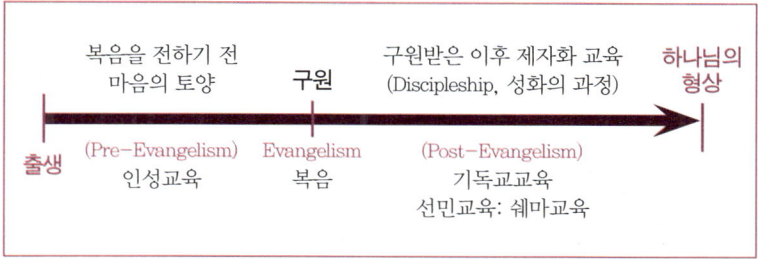

자교육과 가정에서 자녀를 제자 삼는 수직적 제자교육, 두 가지가 있다. 유대인의 쉐마교육에는 전도에 필요한 복음은 없지만, 자녀를 제자 삼는 교육의 원리와 방법이 있다. 이 원리와 방법은 타인을 제자로 삼는 데도 적용할 수 있다. 먼저 가정에서 자녀를 제자 삼을 수 있는 지도자가 된 후에 타인을 제자 삼는 지도자가 성경적 지도자의 모델이다.

저자는 구약의 지상명령, 쉐마를 성취하기 위해 필요한 쉐마교육신학들을 다음과 같이 정리했다.

쉐마교육신학론 주제들(쉐마교육 시리즈)
1. 왜 유대인의 선민교육이 기독교교육에 필요한가?
2. 구약의 지상명령 쉐마(교육신학)   3. **자녀신학**
4. 유대인의 가정교육(가정신학)
5. 유대인의 아버지 교육(아버지신학, 경제신학)
6. 유대인의 어머니 교육(어머니신학)
7. 유대인의 효도교육(효신학)
8. 유대인의 고난의 역사교육(고난의 역사신학) 등.

이것은 구약성경에 근거한 기독교교육의 새로운 패러다임이며, 대안이다. 또한 개혁주의 입장에서 신약 교회가 적용할 수 있도록 정리했다.

왜 인성교육론이 'Know-Why'라면 유대인의 쉐마교육신학론은 'Know-How'인가?

유대인 자녀교육의 우수성은 이미 역사를 거듭하면서 증명되었다. 그러나 두 가지 의문이 아직까지 남아 있다. 첫째, 그것이 왜 우수한지에 대한 교육학적, 심리학적 및 철학적 이유를 설명하지는 못했다. 둘째, 왜 유대인 자녀교육이 기독교교육에 필요한지 그 이유를 설명할 수 있는 확실한 교육신학적 해답을 제공하는 데 미흡했다.

두 가지 의문 중 전자에 대한 답이 '인성교육 노하우 시리즈'라면, 후자에 대한 답은 '쉐마교육 시리즈'다. 왜 유대인 자녀교육이 한국인에게 필요한지를 설명한 '인성교육 노하우 시리즈'가 'Know-Why'라고 한다면, '쉐마교육 시리즈'는 'Know-How'가 될 것이다. 원인을 밝히고 당위성을 설명하는 'Know-Why'가 있기에 쉐마교육인 'Know-How'가 더 힘을 받아 자신과 자신의 가정 그리고 교회에서 적용할 수 있다.

현재까지 천문학적 돈을 교육에 투자하고도 교육의 열매가 바람직하지 못한 것은 교육의 원리와 공식을 발견하지 못했기 때문이다. 물론 현대 기독교교육의 이론이 모두 필요 없다는 뜻은 아니다. 인간교육과 교회성장 위기의 근본 대안이 인성교육 + 쉐마 교육이라는 뜻이다.

처음 국민일보에서 초판 2권(1996년, 23쇄), 조선일보에서 개정2판 3권(1999년, 19쇄)으로 출간됐던 유대인 자녀교육서 《IQ는 아버지 EQ는 어머니 몫이다》가 하나님의 은혜와 교계의 열화 같은 성원에 힘입어 지금까지도 스테디셀러인 것에 감사드린다. 그러나 소수이긴 하지만 목회자들과 신학자들께서 까다로운 질문도 했다. 그도 그럴 것이 구원론과 관계없는 인성교육에 관한 수직문화와 수평문화에 대해, 그리고 기독교가 2,000년간 원수처럼 여겼던 복음도 없는 유대인의 교육을 이해하기란 쉽지 않았을 것이다. 덕분에 저자는 계속 연구에 연구를 거듭하는 계기가 되었다.

긴 학문의 순례를 마치는 기분이다. 처음 개척한 분야이기에 더 많은 연구가 필요하다. 그리고 쉐마가 주님의 종말을 준비하는 세계선교까지 가려면 갈 길은 아직 멀었다. 이제 하나님의 은혜로 많은 오해도 풀렸다. 많은 쉐마 동역자들의 도움으로 쉐마 교육이 파도처럼 번지고 있다.

이 연구는 분명히 하나님의 지혜로 하나님께서 하셨다. 세세토록 영광 받으실 오직 우리 주 예수님께만 감사와 찬송과 영광을 드린다.

2009년 4월 예수님의 부활절에
미국 West Los Angeles 쉐마교육연구실에서
저자 현용수

제1부

서론:
하나님의
인류 구원 계획에
왜 두 가지 지상명령이
필요한가

Ⅰ. 문제점: 왜 초대교회는 2,000년간 살아남지 못했는가
Ⅱ. 연구를 위한 질문들
Ⅲ. 하나님의 인류 구원 계획에 왜 두 가지 지상명령이 필요한가
Ⅳ. 기독교교육의 두 가지 선민교육
Ⅴ. 신약시대의 기독교인은 왜 구약과 신약의 지상명령을 함께 지켜야 하는가

저자는 그 동안 구약을 기독교교육학적으로 연구한 결과 구약에도 지상명령이 있다는 것을 발견했다. 그것은 유대인의 쉐마다. 본서는 이제 구약의 지상명령이 무엇이고, 이런 지상명령이 나오게 된 신학적 배경이 무엇이며, 유대인은 이 지상명령을 어떻게 지켜 행하는가에 대하여 설명한다. 말하자면 유대인의 삶의 철학의 근본을 소개하는 셈이다. 이것이 유대인의 존재 이유이기도 하다. 구약의 지상명령이 왜 그렇게 중요한가? 신약에 오실 예수님을 준비하는 과정이기 때문이다. 그리고 현실적으로는 가정에서 부모가 자녀에게 말씀을 전수하여 가정과 교회가 자손 대대로 살아남게 하기 위함이다.

I. 문제점: 왜 초대교회는 2,000년간 살아남지 못했는가

[연구를 위한 중심 질문]

왜 신약시대의 교회는 타민족에게 복음을 전하는 세계선교에는 성공한 반면, 자신의 자녀와 민족에게 자손 대대로 말씀을 전수하는 데는 실패했는가? 그 대안은 무엇인가?

하나님은 천지를 창조하신 후 인간을 창조하셨다(창 1:1~25, 1:26~27). 그러나 첫 아담이 타락한 이후 인류는 그 죄 값으로 죽을 수밖에 없었다. 왜냐하면 죄의 삯은 사망이기 때문이다(롬 5:12, 6:23). 그 후 하나님의 가장 큰 소원은 멸망에 빠진 인류를 구원하시는 데 있다. 그 소원을 이루시기 위하여 하나님은 유대인의 조상 아브라함을 택하시고(창 12:1~3), 그의 씨에서 둘째 아담 예수님을 이 땅에 보내셨다(롬 11:11, 15; 고전 15:22, 15:45).

이제 신약시대 2,000년의 역사가 지났다. 지난 역사를 되돌아보면, 신약교회의 태동은 예루살렘의 오순절 다락방 성령 강림에서 시작되었다(행 2장). 그 후 기독교 2,000년 동안 신약교회의 복음전파의 역사는 예루살렘 – 유대 – 사마리아 – 소아시아 – 로마 – 스페인 – 북유럽 – 영국 – 미국 – 한국까지 이어진다.

그러나 지난 2,000년간 하나님의 말씀과 성령의 촛대를 계속 간직하고 있는 민족이나 국가는 거의 없다. 현재 성지순례를 가 보면 초대교회였던 예루살렘 교회나 초대교회 선교의 교두보 역할을 했던 안디옥 교회도 죽어 있다. 요한계시록 제2장과 제3장에 나타난 일곱 교회가 터키에 있는데 모두 죽어 있다. 그곳에 하나님의 말씀이나 성령님은 없다. 그 결과 그 지역에 한국의 선교사가 다시 나가 있다. 즉 한 곳이 복음화되면 다른 곳의 교회는 황폐화되어 성령님이 지나간 흔적만 남아 관광지화되었다는 말이다. 소아시아 교회들이나 로마 교회 및 유럽 교회들이 그 예다.

이것은 무엇을 보여 주는가? 신약의 기독교인은 역사적으로 다른 민족에게 복음을 전하는 세계선교에는 성공했지만, 자손 대대로 하나님의 말씀을 전수하는 데는 실패했다는 증거다.

초대교회가 보인 한계점은 이제 남의 일이 아닌 우리의 일이 되었다. 1885년 4월 5일 미국의 두 젊은 선교사들, 호레이스 언더우드(Horace Underwood, 장로교)와 헨리 아펜젤러(Henry Appenzeller, 감리교)가 한국에 들어왔다(Grayton, 1985; Hunt, 1980). 그 후 한국 교회는 경이로운 성장을 거듭했다. 한국은 기독교 역사 115년이 지난 2000년에 전 국민의 25%(1200만 명)가 기독교인이라는 통계를 보이며 세계에서 유례를 찾기 힘든 가장 왕성한 교회 성장(Kim, Warner and Kwon, 2001)을 이룬 민족이 되었다. 현재 한국 교회는 그 어느 때보다도 세계선교에 열을 올리고 있다. 한국세계선교협의회(KWMA) 발표에 의하면, 해외에 파송된 한인 선교사는 2007년 말 현재 세계 168개국에 총 1만7697명인 것으로 나타나 한국인 선교사가 미국 다음으로 많은 나라가 되었다(미주크리스천월드,

한국교회, 1만7697명 선교사 파송, 2008년 11월 17일).

그러나 21세기 교회성장연구원(원장 김홍기)에 의하면, 한국교회 성장률은 60년대는 207%, 70년대는 125%, 80년대는 25%, 90년대는 8%미만으로 그 성장률이 계속 감소하고 있다[김홍기, *40년의 한국교회 성장률*, http://www.churchgrowth21.com/decadalgrowth.html]. 2006년 5월 25일 한국 통계청이 발표한 '2005 인구 주택 총 조사 접수 집계 결과(인구 부문)'에는 기독교인이 862만 명으로 지난 10년 동안 338만명(36%)이 줄어든 것으로 밝혀졌다(크리스찬투데이, *한국 기독교인 1200만 아닌 862만*, 2006년 6월 9일).

한국의 유년 주일학교 증가율도 매년 줄고 있다. 예장 통합의 교회학교 학생수만도 최근 6년간 15만여 명이나 줄어든 것으로 나타났다.

예장 통합 통계위원회가 86차 총회에 보고한 자료에 따르면 지난 1998년 10월~1999년 8월 교회학교 학생수의 경우 유치부는 109,755명이었으나 1999~2000년 80,252명, 2000~2001년 78,642명으로 감소했다. 특히 중·고등부의 경우 1998~1999년에 238,030명이던 학생수가 2001년의 경우 197,871명으로 20% 가량 줄었으며, 6년 전의 264,467명에 비해서는 30%인 7만 명 가량이 줄어드는 등 감소 폭이 갈수록 커지고 있는 것으로 나타났다(국민일보, *교회학생 급감 '비상'*, 2001년 9월 28일).

미국에 있는 동포 교회들의 경우도 2세 종교교육이 심각한 위기에 놓여 있다. 동포 2세들이 대학에 들어가면 70%가 교회를 떠나고 대학을 졸업하면 90%가 교회를 떠난다. 그야말로 '침묵의 탈출(the Silent Exodus)'이다(Song, 1997, pp. 23~34). 이것은 교회교육

기독교 2,000년 동안 어느 민족도 하나님의 말씀을 자손 대대로 전수한 민족은 지상에 없다. 그런데도 유대인은 어떻게 모세의 때부터 3,200년간 하나님의 말씀(구약)을 전수하는 데 성공했는가? (사진: 정통파 유대인 중·고등학교에서 세대차이 없이 이마와 팔에 경문을 매고 새벽기도 하는 랍비와 학생들)

과 가정교육이 90% 이상 실패했다는 증거다.

한국 교회도 교회사에 나타난 교회들처럼 타민족에게 복음을 전하는 데는 성공했는지 모르지만 자신의 자녀와 민족에게 말씀을 전수하는 데는 실패했다는 증거다. 즉 신약의 기독교교육에 허점이 있다는 것을 반증하는 것이다.

그 이유는 무엇인가? 신약의 지상명령(마 28:19~20)인 땅 끝까지 복음을 전하는 세계선교에만 치중했기 때문이다. '지상명령(至上命令)'은 절대로 복종해야 할 명령(동아 메이트 국어사전, 2002, p. 1349)이기 때문에 신약교회는 2,000년 동안 최선을 다하여 세계선교를 완수하는 데 성공했다.

교회 성장이 둔화되면서 많은 복음주의자들이 말한다. "초대교회로 돌아가자!"고. 그렇다면 현재 교회가 초대교회로 돌아가 마침내 죽자는 얘기인가? 그럴 수는 없다. 문제의 핵심은 무엇인가? 교회 개척이나 성령운동은 초대교회처럼 해야 하지만, 자손 대대로 하나님의 말씀을 전수할 수 있는 기독교교육을 초대교회처럼 하면 살아남지 못한다는 것이다.

그러면 땅 끝까지 복음을 전하는 세계선교와 자손 대대로 하나님의 말씀을 전수할 수 있는 기독교교육을 함께 성공할 수 있는 방법은 있는가? 그것이 무엇인가? 이 비밀을 찾지 못한다면 현재 한국 교회가 살아남을 방법이 없다. 미국 교회도 마찬가지다.

그 대안은 유대인의 선민교육에서 찾을 수 있다. 그들은 어떻게 아브라함부터 현재까지 무려 4,000년 동안 하나님의 말씀을 자손 대대로 전수하는 데 성공했는가? 그들이 성공한 비밀은 무엇인가? 그들의 성경적 선민교육의 내용과 방법이 무엇인지를 찾아 기독교인도 실천해야 한다. 본서의 쉐마는 그 대안을 제시한다. [저자 주: '왜 유대인의 선민교육이 기독교인에게 필요한가'는 저자의 저서 《부모여 자녀를 제자 삼아라》(쉐마, 2005), 제1권 제1장에 설명이 되어 있기 때문에 본서에서는 유대인의 쉐마를 구약의 지상명령적 측면에서 더 연구하여 다룬다.]

**현재 초대교회는 성령이 지나간 흔적만 남아 관광지화 됐다.
교회 성장이 둔화되면서 많은 복음주의자들이 말한다.
"초대교회로 돌아가자!"고.
그렇다면 초대교회로 돌아가 마침내 죽자는 얘기인가?
살기 위한 대안은 무엇인가?**

II. 연구를 위한 질문들

'**구**속사적 입장에서 본 구약의 지상명령의 필요성과 성취'라는 주제를 연구하기 위해서는 다음 한 가지 중심 질문과 이 질문을 풀기 위한 열두 가지 질문들 그리고 다섯 가지 보조 질문들이 필요하다. 이 질문에 답을 하다 보면 문제 해결의 대안을 찾을 수 있다.

[연구를 위한 중심 질문]

왜 신약시대의 교회는 타민족에게 복음을 전하는 세계선교에는 성공했지만, 자신의 자녀와 민족에게 자손 대대로 말씀을 전수하는 데는 실패했는가? 그 대안은 무엇인가?

[연구를 위한 질문 1]

하나님의 인류 구원 계획에 왜 구약과 신약의 지상명령이 각각 필요한가? (신약의 지상명령을 위해 왜 구약의 지상명령이 필요한가?)

[보조 질문 1-1]

만약 구약시대 유대인이 자손 대대로 토라를 2,000년간 예수님 때까지 전수하지 못했다면, 하나님이 계획하셨던 신약의 구속 역사가 진행될 수 있었겠는가? 즉 예수님이 오실 수 있었겠는가?

[연구를 위한 질문 2]
하나님의 인류 구원 계획을 위한 구약의 지상명령은 무엇인가?

[연구를 위한 질문 3]
하나님의 인류 구원 계획을 위한 신약의 지상명령은 무엇인가?

[보조 질문 3-1]
만약 예수님이 죽음에서 부활하신 후 복음을 모든 족속에게 전할 것을 명령하시지 않았다면, 온 세계에 복음이 편만하게 전파될 수 있었겠는가?

[연구를 위한 질문 4]
신약시대의 기독교인은 왜 구약과 신약의 지상명령을 함께 지켜야 하는가?

[보조 질문 4-1]
두 가지 지상명령 중 하나만 지킬 경우 어떠한 오류를 범하게 되는가?

[연구를 위한 질문 5]
왜 하나님은 구약의 지상명령을 '소돔과 고모라의 멸망' 전에 주셨는가?

[연구를 위한 질문 6]
하나님이 아브라함을 선택하신 이유는 무엇인가?

[보조 질문 6-1]
교육신학적 입장에서 구약의 지상명령을 실천하는 가정교회와 신약의 지상명령을 실천하는 신약 교회의 차이는 무엇인가?

[연구를 위한 질문 7]
아브라함은 왜 자녀와 후대에게 그들의 자녀를 말씀의 제자 삼도록 명령했는가?

[연구를 위한 질문 8]
하나님은 언제 아브라함에게 주신 언약을 성취하셨는가? 구약시대인가? 신약시대인가?

[연구를 위한 질문 9]
하나님께서 아브라함에게 어떤 조건으로 약속을 이루어 주시겠다고 말씀하셨는가?

[연구를 위한 질문 10]
아브라함과 그의 후손은 어떻게 구약의 지상명령을 완수했는가?

[연구를 위한 질문 11]
하나님은 왜 하필 아브라함을 사랑하시고 그를 선택하셨는가?

[연구를 위한 질문 12]
아브라함은 평생 몇 명 목회했는가?

[보조 질문 12-1]
교육신학적 입장에서 구약과 신약의 목회의 목적과 대상에 어떤 차이가 있는가?

[보조 질문 12-2]
목회신학적 입장에서 아브라함은 사라와 함께 일평생 몇 명을 목회하여 유명해졌는가?

[보조 질문 12-3]
목회신학적 입장에서 이삭은 리브가와 함께 일평생 몇 명을 목회하여 유명해졌는가?

[보조 질문 12-4]
목회신학적 입장에서 3대 족장 야곱은 4명의 부인과 일평생 몇 명을 목회하여 유명해졌는가?

III. 하나님의 인류 구원 계획에 왜 두 가지 지상명령이 필요한가

[보조 질문 1]
신약의 지상명령을 위해 왜 구약의 지상명령이 필요한가?

[보조 질문 2]
만약 구약시대 유대인이 자손 대대로 토라를 2,000년간 예수님 때까지 전수하지 못했다면, 하나님이 계획하셨던 신약의 구속 역사가 진행될 수 있었겠는가? 즉 예수님이 오실 수 있었겠는가?

왜 신약시대의 교회는 타민족에게 복음을 전하는 세계선교에는 성공한 반면 자신의 자녀와 민족에게 자손 대대로 말씀을 전수하는 데는 실패했는가? 신약시대 2,000년간 교회에서는 오직 예수님의 지상명령(마 28:19~20)인 이웃 전도와 세계선교만 강조했기 때문이다. 그 이유는 성경에는 지상명령이 하나만 있는 줄 알았기 때문이다.

그런데 유대인은 어떻게 아브라함 때부터 현재까지 4,000년 동안 하나님의 말씀을 자손 대대로 전수하는 데 성공했는가? 그 이유는 부모가 자녀에게 자손 대대로 하나님의 말씀을 전수하라는 하나님의 지상명령(창 18:19)을 준행했기 때문이다.

이제 왜 하나님의 인류 구원의 계획에 두 가지 지상명령이 필요한지 알아보자.

1. 구약의 지상명령: 오실 예수님을 준비 – 유대인이 하나님의 말씀 전수

[연구를 위한 질문]
하나님의 인류 구원 계획을 위한 구약의 지상명령은 무엇인가?

기독교인은 하나님의 지상명령이 신약에만 있는 줄로 알아왔다. 그런데 구약에도 있다. 왜 구약과 신약에 각각 하나님의 지상명령이 필요한가? 그 이유는 하나님의 구원의 역사가 이 땅에서 온전히 이루어지게 하기 위함이다.

구원의 역사, 그것은 무엇인가? 하나님은 사랑이심으로 아담 이후 타락한 인간을 구원하시는 일이다(요 3:16). 인류 구원, 이것이 하나님의 초지일관된 최대의 관심사다. 왜 타락한 인류를 구원하시기 위하여 구약에도 지상명령이 필요한가? 그 이유를 알아보자.

하나님은 그 구원을 이루시기 위하여 유대인의 조상 아브라함을 택하셨다(창 12:1~3, B.C. 2091년). 그리고 아브라함과 이삭과 야곱을 거쳐 야곱의 아들들을 중심으로 12지파를 형성하게 하셨다. 그 후 약 645년 후에 아브라함과 이삭과 야곱의 하나님 여호와께서 시내산에서 유대인(이스라엘 백성)에게 하나님의 말씀인 토라(모세오경)를 주셨다(B.C. 1446년). 이 토라는 구약성경뿐 아니라 신·구약 성경의 기본이 된다. 구약성경 39권은 토라를 기본으로 하고 거기에 역사서, 지혜서 및 선지서를 더하여 형성된 책이다. 왜 하나님께서 이 토라를 유대인에게 주셨는가? 타락한 인류를 하나님의 말씀으로 구원하시기 위함이다.

말씀의 능력은 무엇인가? 하나님은 온 우주 만물을 말씀으로 창조하셨다(창 1장). 태초에 말씀이 계셨고, 이 말씀이 하나님과 함께 계셨다. 따라서 이 말씀은 곧 하나님이시다(요 1:1). 그리고 그 말씀이 육신이 되어 오신 분이 예수님이시다(요 1:14).

> 태초에 말씀이 계시니라 이 말씀이 하나님과 함께 계셨으니 이 말씀은 곧 하나님이시니라 그가 태초에 하나님과 함께 계셨고 만물이 그로 말미암아 지은 바 되었으니 지은 것이 하나도 그가 없이는 된 것이 없느니라 그 안에 생명이 있었으니 이 생명은 사람들의 빛이라. (요 1:1~4)

사람뿐만 아니라 모든 우주 만물은 여호와의 입의 기운에 의해 생성되어 운행된다. '여호와의 입의 기운'은 바로 태초 안에 계셨던 그 말씀에서 나온다. 언어도 들리는 소리도 없지만(시 19:3), 하나님의 말씀을 얻는 자는 생명이 된다(잠 4:21).

> 모든 육체는 풀이요 그 모든 아름다움은 들의 꽃 같으니 풀은 마르고 꽃은 시듦은 여호와의 기운이 그 위에 붊이라 이 백성은 실로 풀이로다 풀은 마르고 꽃은 시드나 우리 하나님의 말씀은 영영히 서리라 하라. (사 40:6~8)

말씀이 육신이 되신 예수님(요 1:14) 자신이 바로 생명이며 복음이다(벧전 1:25). 기독교인이 받은 복음 자체가 생명이 있는 말씀이란 뜻이다. 따라서 하나님의 백성도 썩지 아니할 씨, 즉 하나님의 살아 있고 항상 있는 말씀으로 되었다는 사실을 기억해야 한다(벧전 1:23).

> 너희가 거듭난 것이 썩어질 씨로 된 것이 아니요 썩지 아니할 씨로 된 것이니 하나님의 살아 있고 항상 있는 말씀으로 되었느니라 그러므로 모든 육체는 풀과 같고 그 모든 영광이 풀의 꽃과 같으니 풀은 마르고 꽃은 떨어지되 오직 주의 말씀은 세세토록 있도다 하였으니 너희에게 전한 복음이 곧 이 말씀이니라. (벧전 1:23~25)

하나님의 말씀은 인류 구원에만 필요한 것이 아니라 구원받은 백성이 매일 먹어야 할 영의 양식이다(시 1:1~3, 33:6~9; 롬 10:17). 구원받은 백성은 말씀을 먹어야 그 영혼이 죽지 않고 소생할 수 있다(시 19:7). 따라서 인류 구원의 계획은 말씀에서 시작되며(창 1:3~31; 요 1:1~3), 그 말씀은 구원의 성취에서 끝나는 것이 아니고, 영원히 존재한다.

하나님의 말씀은 영혼의 빛이다(잠 6:23). 말씀으로 오신 예수님 안에 생명이 있었으니 이 생명은 사람들의 빛이다(요 1:4). 인류의 역사를 보아도 성경책이 닫혔을 때는 말씀의 빛이 없어 암흑시대(중세기 약 1,000년간)였다. 반면, 성경책이 열렸을 때는 말씀이 있어 영혼에 빛이 들어가 생동감이 있었다(초대교회 및 개신교 시대). 하나님은 타락한 온 인류에게 이 말씀을 편만하게 전파하기를 소원하신다. 그 방법으로 하나님은 구약의 유대인을 택하셨다. 그리고 그들에게 말씀을 주셔서 그들을 말씀을 담는 그릇으로 사용하셨다. 바울이 유대인을 '말씀 맡은 자'(롬 3:2)라고 부르는 이유가 여기에 있다. [물론 구약의 토라와 신약의 복음과는 차이가 있다. 이에 대해서는 저자의 저서 《부모여 자녀를 제자 삼아라》(쉐마, 2005) 참조]

유대인에게 주신 이 말씀이 온 인류에게 전파되기 위한 하나님의 계획은 무엇인가? 우선적으로 유대인이 예수님이 오실 때까지 하나님의 말씀을 자손 대대로 전수하게 하는 것이다. 만약 중도에 말씀이 전수되지 않는다면 예수님은 오실 수 없다. 예수님은 유대인으로 아브라함과 다윗의 자손으로 오셨기 때문이다(마 1:1~17). 구약의 모세의 율법과 선지자의 글과 시편에 예수님을 가리켜 기록된 모든 것이 예수님이 오심으로 이루어졌다(눅 24:44).

때문에 하나님께서는 유대인에게 이 토라를 반드시 자손 대대로 전수해야 할 의무를 주신 것이다. 그리고 그 의무를 지켜 행하는 방법이 바로 쉐마(신 6:4~9, 뒤에 자세히 설명함)다. 따라서 쉐마는 유대인이 반드시 이루어야 할 구약의 지상명령이다. 쉐마는 가정에서 부모가 자녀에게 말씀을 전수하는 자녀교육을 말한다. 자녀교육은 기독교교육학에 속한다. 구약의 쉐마를 교육학적 입장에서 연구해야 할 이유가 여기에 있다.

이 쉐마는 물론 유대인들이 하나님과 맺은 시내산 언약을 이루기 위해 주셨지만, 더 거슬러 올라가면, 여호와 하나님께서 유대인의 조상 아브라함을 선택하셨을 때 주신 지상명령(창 18:19, 뒤에 자세히 설명함)에서 기인한다. 따라서 유대인의 쉐마는 아브라함에게 주신 지상명령을 이루기 위해 모세가 시내산에서 율법을 받은 이후 더 구체적으로 체계화한 것이다.

결론적으로 하나님의 인류 구원 계획을 위한 구약의 지상명령은 무엇인가? 오실 예수님을 준비하기 위해 가정에서 부모가 자녀들에게 자손 대대로 하나님의 말씀을 전수하는 것이다. 그 목적은 좁게는 하나님이 사랑하시는 유대민족을 대를 이어 구속하시기 위함이었지만, 넓게는 신약시대의 이방인까지 포함한 온 인류를 구속하시기 위함이다. 즉 오실 예수님을 준비하시기 위함이다.

유대인은 이 지상명령을 가정에서 실천하여 아브라함 때부터 예수님의 때까지 2,000여 년 동안 자손 대대로 대를 이어 토라를 전수하는 데 성공했다. 당시에는 요즘 같은 인쇄된 성경책이 없기 때문에 가정에서 부모가 하나님의 말씀을 자녀들에게 전수하는 방법이 거의 구전(口傳)이었음을 고려할 때, 이 얼마나 경이로운 일인가!

하나님은 왜 아브라함에게 지상명령을 주셨는가?
왜 하나님은 하나님 말씀이 가정에서
자손 대대로 대물림되기를 원하셨는가?
좁게는 유대민족을 대를 이어 구속하시기 위함이었지만,
넓게는 신약시대의 이방인까지 포함한 온 인류를 구속하시기 위함이다.
즉 오실 예수님을 준비하시기 위함이다.

2. 신약의 지상명령: 오신 예수님(복음)을 전파

[연구를 위한 질문]
하나님의 인류 구원 계획을 위한 신약의 지상명령은 무엇인가?

[보조 질문]
만약 예수님이 죽음에서 부활하신 후 복음을 모든 족속에게 전할 것을 명령하시지 않았다면, 온 세계에 복음이 편만하게 전파될 수 있었겠는가?

유대인이 유대인 자손들에게만 대물림했던 토라(구약성경)는 2,000년 후 누구에게도 전수되는가? 신약시대 이방인에게도 전수된다. 유대인의 토라가 이방인에게 전수되는 과정을 주의 깊게 살펴볼 필요가 있다. 유대인이 자신들의 토라를 스스로 이방인에게 전수해 주는 것이 아니고, 자신들이 배척했던 유대인이신 예수님을 통해 전수된다는 사실이다. 즉 토라가 유대인에게서 이방인에게로 전해지는 그 과정의 핵심에 인류의 구원자 예수님이 계셨다.

예수님은 유대인인 아브라함과 다윗의 후손으로 토라에 예언된 대로, 때가 차매 이 땅에 오셔서 온 인류의 죄를 대속하시기 위해 십자가에서 피를 흘리고 돌아가셨다(막 1:15; 갈 4:4). 이 사건은 인류 역사를 B.C.(기원전, Before Christ)와 A.D.(그리스도 기원, Anno Domini, in the year of our Lord)로 나누는 분수령이 된다. 그리고 예수님은 제자들에게 모든 족속에게 그리스도의 십자가에서 죽으심과 부활하심, 즉 복음을 전파할 것을 명령하셨다(마 28:19~20). 이것이 기독교인이 반드시 지켜야 할 신약의 지상명령이다.

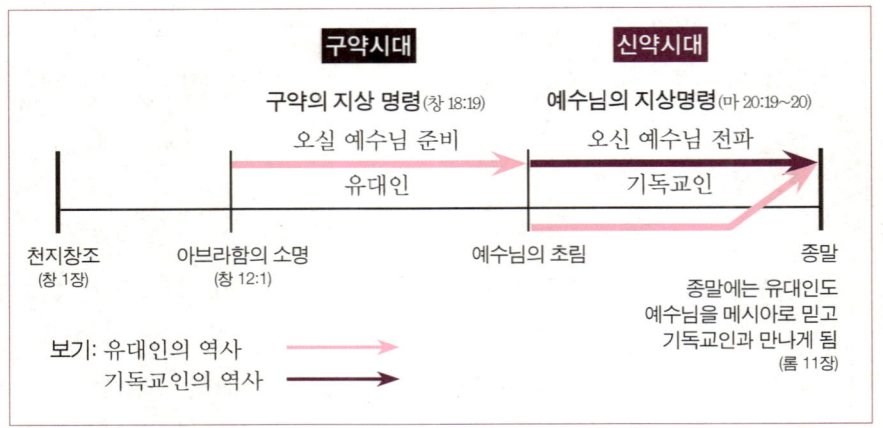

　　예수님의 지상명령은 최초에 누구를 통해 성취되는가? 예수님이 유대인 중에서 선택하신 열두 제자들을 통해서다. 이들을 사도라고 부른다. 사도들은 오순절 성령 강림 사건 이후 본격적으로 유대인에게나 이방인에게나 차이를 두지 않고 복음을 외치기 시작했다.

　　여기서 주목할 사실이 또 있다. 초대교회 사도들이 복음을 전할 때에는 반드시 유대인의 토라도 함께 전했다는 점이다. 당시 성경은 오직 유대인의 구약성경뿐이었다. 왜냐하면 초대교회 시대는 신약성경 자체가 없었기 때문이다.

　　신약성경이 27권의 정경으로 공인된 것은 A.D. 397년 칼타고 공의회에서였다. 편집자들이 그간 여러 경로를 통해 수집된 자료들을 검증하고 편집하여 A.D. 367년부터 지역별로 27권의 신약성경을 정경으로 사용하다가 칼타고 공의회에서 마무리 되었다

(The Encyclopedia of Religion, 1987, p. 194). 물론 그 전에도 교회에서 복음서들과 바울 서신들을 비롯한 몇몇 서신들이 부분적으로 읽혀졌다.

  A.D. 397년 후, 복음이 전해지는 곳에는 신약성경과 함께 유대인의 구약성경도 전 이방인 세계로 급속히 퍼지기 시작했다. 예수님을 구주로 믿는 전 세계 기독교인마다 신·구약 성경 66권을 거룩하신 하나님의 말씀으로 믿고, 매일매일 영혼의 양식으로 삼고 있다. 왜냐하면 신약의 기독교인도 아브라함의 자손인 영적 유대인이기 때문이다(갈 3:6~9). [자세한 것은 저자의 저서《부모여 자녀를 제자 삼아라》(쉐마, 2005), 제1권 제1장 '왜 기독교교육에 유대인 자녀교육이 필요한가'의 '성경신학적 입장' 참조]

**하나님의 인류 구속의 역사를 이루기 위하여
첫째는 유대인을 통해 하나님의 말씀이
신약시대까지 자손 대대로 전수되기 위하여
구약의 지상명령이 필요했고,
둘째는 온 세계 이방인이 구원을 받기 위하여
예수님의 지상명령이 필요했다.**

3. 결론

결론적으로 하나님께서는 인류 구원을 위해 두 가지 지상명령; 구약과 신약의 지상명령을 주셨다. 다음의 두 가지 질문에 답하면서, 타락한 인류를 구속하시기 위한 하나님의 구원 계획에 왜 두 가지 지상명령이 필요한지 정리해 보자.

첫째, 만약 구약시대 유대인이 자손 대대로 토라를 2,000년간 예수님 때까지 전수하지 못했다면, 하나님이 계획하셨던 신약의 구속의 역사가 진행될 수 있었겠는가? 진행될 수 없었을 것이다. 대안은 무엇인가? 하나님께서는 이를 미리 아시고 아브라함에게 구약의 지상명령(창 18:19)을 주셨다. 그리고 유대인은 이를 자손 대대로 잘 지켜 행했다. 그 지키는 방법이 바로 쉐마다.

둘째, 만약 예수님이 죽음에서 부활하신 후 복음을 모든 족속에게 전할 것을 명령하시지 않았다면, 온 세계에 복음이 편만하게 전파될 수 있었겠는가? 매우 비관적일 것이다. 대안은 무엇인가? 예수님은 이를 미리 아시고 제자들에게 신약의 지상명령(마 28:19~20)을 주셨다.

이것은 기독교 역사적인 측면에서 구약의 지상명령이 성취되지 않았다면, 신약의 지상명령이 나올 수 없다는 말이다. 구약의 지상명령이 유대인에 의해 성취되었기 때문에 말씀이 전수되어 예수님이 오셨고, 예수님이 오셨기 때문에 신약의 지상명령이 나올 수 있었다는 뜻이다.

따라서 여호와의 말씀을 받은 유대인의 아버지들은 자녀들에게 이것을 전수하지 않고 자기만 소유하고 있을 경우 화가 미칠까 두려워했다. 유대인의 아버지들은 구약의 지상명령을 받은 자이기 때문이다. 이것은 유대인이었던 바울이 복음을 받은 후 남에게 전하지 않으면 화가 있을 것을 알고 두려워한 것과 비교된다(고전 9:16). 바울은 신약의 지상명령을 받은 사도이기 때문이다.

하나님이 주신 구약과 신약의 두 가지 지상명령 중 어느 하나라도 지켜지지 않았다면, 하나님의 인류 구속의 역사가 이루어질 수 없었다는 결론이다. 따라서 구약과 신약의 두 가지 지상명령은 보완적 역할을 하며, 하나님의 구원 계획을 성취시키는 데 꼭 필요한 요소다.

즉 구약성경과 신약성경이 짝이 되어 온전한 한 권의 신·구약 성경이 완성되었듯이, 구약의 지상명령과 신약의 지상명령이 짝이 되어 하나님의 구원 계획이 온전히 성취될 수 있다는 것이다.

**구약과 신약의 두 가지 지상명령 중 어느 하나라도 지켜지지 않았다면,
하나님의 인류 구속의 역사가 이루어질 수 없었다.
두 지상명령은 하나님의 구원 계획을 성취시키는 데 꼭 필요하다.**

 **랍비의 유머**

신앙의 무게

유대인 여자가 삐걱삐걱 하는 다리를 건너면서 하나님께 기도했다.

"만일 무사하게 건너가게 해주신다면 5길더(네덜란드의 화폐 단위)를 자선상자에 넣겠습니다."

거의 다 건너가게 되자 그 여자는 생각이 달라졌다.

"5길더는 너무 많으니까 반 길더만, 아니 한 푼도 내지 않아도 되겠죠."

그러자 다리가 흔들리기 시작했다. 깜짝 놀란 여자는 큰 소리로 외쳤다.

"아이구 하나님, 농담 삼아 한 말인데, 이건 너무하지 않습니까!"

_Tokayer, 탈무드 6: 탈무드의 웃음, 동아일보, 2009, p. 152.

IV. 기독교교육의 두 가지 선민교육

선민이란 무엇인가? '하나님이 택하신 거룩한 백성'이란 뜻이다. 따라서 '선민교육'이란 '하나님이 택하신 백성을 거룩하신 하나님의 형상을 닮도록 교육하기 위한 성경적 교육의 내용과 방법'을 말한다.

기독교의 선민교육은 두 가지 측면, 수평적 선민교육과 수직적 선민교육으로 나눌 수 있다. 모든 족속을 제자 삼는 수평적 선민교육과 부모가 자녀를 제자 삼는 수직적 선민교육은 무엇이 다른가?

먼저 수평적 선민교육에 대해 알아보자.

1. 신약의 지상명령:
수평적 선민교육 - 타인을 제자 삼는 교육

하나님은 이 땅에서 천국이 확장되기를 소원하신다. 예수님이 이 땅에 오신 목적이 바로 온 인류를 구원하시기 위함이다. 예수님께서 제자들에게 모든 족속에게 복음을 전하여 예수님의 제자를 삼도록 명하셨다. 신약의 지상명령이다.

> 너희는 가서 모든 족속으로 제자를 삼아 아버지와 아들과 성령의 이름으로 세례를 주고 내가 너희에게 분부한 모든 것을 가르쳐 지키게 하라. (마 28:19~20a)

'수평적 선민교육'은 신약시대에 불신자에게 복음을 전한 후, 그 복음을 믿음으로 구원받은 갓 태어난 성도(a baby Christian)를 어떻게 예수님의 제자로 삼느냐 하는 수평적 제자교육이다. 갓 태어난 성도(a baby Christian)는 어떻게 생산되는가? 불신자에게 복음을 전한 수평전도의 열매다. 그런 면에서 수평전도와 수평적 선민교육에는 차이가 있다.

예수님의 제자가 되는 데는 내면적 성숙과 외면적인 두 가지 성숙이 있다. 거듭난 성도의 내면적 성숙을 위한 영성 훈련은 신약성경만으로도 가능하다. 왜냐하면 신약성경에는 예수님께서 손수 제자를 선택하시어 교육시킨 교육의 내용과 방법들도 있고(물론 12제자 모두 구약의 말씀을 맡은 유대인이긴 하지만), 또한 바울을 비롯한 많은 예수님의 제자들이 성령 충만의 방법과 예수님의 제자 삼는 교육의 내용과 방법에 대하여 설명하고 있기 때문이다. 특히 신약시대에 기독교인이 성령 충만함을 받으면 그의 내적, 영적 성숙을 키우는 데 크게 기여하기 때문이다(물론 성령 충만과 영적 성숙은 차이가 있지만, 여기서는 구체적으로 다루지 않는다).

그럼에도 불구하고 예수님의 충실한 제자들의 모델은 구약의 아브라함, 요셉, 모세, 다윗 및 예레미야나 에스라에게서도 찾을 수 있다. 왜냐하면 예수님은 하나님의 형상을 그대로 닮으신 분(고후 4:4; 골 1:15; 히 1:3)이기 때문에, 예수님의 형상을 닮은 예수님의 제자는 하나님의 형상을 닮은 신·구약에 나타난 믿음의 선진들로 보아야 하기 때문이다. 예수님 자신이 구약의 뿌리에서 나온

정통파 유대인 출신임을 기억해야 한다. 특히 영적 성숙으로 그리스도의 형상을 닮은 사람이 어떻게 실제적으로 구별된 거룩한 삶을 살아야 하는가의 외면적 성숙인 행위 문제는 대부분 구약의 율법에 의한 선민교육에서 찾아야 한다.

따라서 수평적 선민교육을 세 단계로 나눈다면 다음과 같다.

제1단계: 복음을 전하여 예수님을 구세주로 믿게 하고 세례를 주는 일이다(Evangelism).

제2단계: 예수님을 처음으로 영접한 새 신자가 세례를 받은 후 내면적 영성개발교육(Spiritual Development)으로 양육받게 하는 일이다.

제3단계: 예수님의 제자다운 삶, 즉 외면적으로 구별된 행위를 훈련하는 일이다(Holy Behavior).

제1단계는 신약성경에서만 가능한 일이다. 신약성경의 중심 주제가 예수 그리스도의 십자가와 부활 즉, 복음이기 때문이다. 제2단계는 주로 신약성경으로도 가능하다(물론 구약 성경도 필요하다). 그러나 제3단계의 원리와 방법은 신·구약 전체에서 찾아야 한다. 특히 구약의 믿음의 선진들, 아브라함, 요셉, 모세, 다윗, 다니엘, 에스라, 예레미야 등에게서 그 모델을 찾을 수 있다. 그리고 그들의 삶의 표준이었던 구약의 율법에서 그 내용과 방법을 자세하게 찾아야 한다.

기독교 역사를 보면, 신약교회(특히 개신교)에서는 위의 제1, 2단계를 위해서는 열심을 냈을지라도 제3단계는 소홀히 했다고 볼 수 있다. 기독교인에게 율법의 행함이 없는 믿음은 그 자체가 죽은 믿음(약 2:17)임을 알아야 한다.

수평적 제자 삼는 교육이란,
기독교인이 불신자에게 예수님의 복음을 전하여
구원받게 된 갓 태어난 어린 성도를
예수님의 제자가 되게 하는 교육이다.
즉 영적으로 성숙하여 그리스도의 형상을 닮게 하는 교육이다.

2. 구약의 지상명령:
수직적 선민교육-자녀를 제자 삼는 교육

이제 수직적 선민교육에 대하여 자세히 알아보자. '수평적 선민교육'이 타인에게 복음을 전한 후 그들을 예수님의 제자 삼는 교육이라면, '수직적 선민교육'은 수직적으로 부모가 자녀를 말씀의 제자 삼는 교육이다. 즉 하나님이 택하신 백성의 가정에서 부모가 자녀를 낳아 어떻게 하나님의 말씀을 자녀에게 전수하여 하나님의 형상을 닮게 교육하느냐 하는 것이 '수직적 선민교육'이다.

현대 용어로 말한다면 '홈스쿨링(Home Schooling)'이다. 미국 보수 기독교 집안에서 자녀들이 세속문화에 물들지 않게 하기 위하여 부모가 직접 가정에서 자녀들에게 말씀과 학문을 가르치는 방법이다.

수직적 선민교육은 대부분 구약성경의 '쉐마'와 관련이 있다. 유대인은 가정에서 부모가 혈통적 자녀에게 율법(말씀)을 전수시켜 그들을 '말씀 맡은 자'(롬 3:2)로 키워 영적인 말씀의 제자로 삼는 선민교육을 가장 잘 실천한 민족이다. 이것이 그들의 생존 비밀이다. 유대인에게는 이방인에게 복음을 전하여 예수님의 제자를 삼는 수평전도는 거의 없고, 자녀들에게 말씀을 전수하는 수직적 선민교육만 있을 뿐이다.

수직적 선민교육의 성경적 근거는 무엇인가? 하나님은 언제 누구에게 수직적 선민교육에 관한 말씀을 하셨는가? 흔히 모세의 때부터라고 생각하지만 그렇지 않다. 유대인의 조상 아브라함 때부터다. 그리고 아브라함 때 받은 지상명령은 모세 때에 구체화되었다. 아브라함이 받은 지상명령이 선민의 조상으로 받은 개인적인 것이었다면, 모세 때 받은 것은 유대민족 전체가 받은 지상명령인 것이다.

V. 신약시대의 기독교인은 왜 구약과 신약의 지상명령을 함께 지켜야 하는가

[보조 질문]
두 가지 지상명령 중 하나만 지킬 경우 어떠한 오류를 범하게 되는가?

1. 문제점: 왜 신약시대의 하나님은 손자가 없으신가
   - 웨일즈의 부흥과 쇠망

20세기에 들어서서 강력한 첫 번째 부흥 운동은 1904년 영국 웨일즈에서 일어났다. 그 중심에 25세의 부흥 운동가 이반 로버츠(Evan Roberts)가 있었다.

그의 메시지 중심은 철저한 죄의 회개였다. 그의 회개를 통한 부흥 운동은 순식간에 다른 교회로 퍼져나가면서 온 웨일즈 땅으로 확산되었다. 30일 만에 3만 7천명이 자신의 죄를 회개하고 예수를 구주로 영접했으며, 단 5개월만에 10만명의 웨일즈인들이 그리스도 앞에 모여들었다. 교회마다 사람들로 가득찼다. 기도 모임은 교회에서 뿐만 아니라 탄광이나 철공소에서도 열렸다. 축구 선수들도 기도 모임에 참석하느라 경기가 열리지 않는 일도 있었다(www.imdusa.org/for2007/aboutfor2007-2.html). 온 웨일즈 땅은 사도행전에 나타난 성령의 불길로 넘쳐나고 있었다.

로버츠가 외친 "죄를 회개하고 구습을 버리라"는 메시지는 사회를 크게 변화시켰다. 한 때는 강간, 강도, 살인, 주거침입, 공금횡령 등이 완전히 없어져서 경찰서가 거의 필요 없었을 정도였다. 술주정뱅이들은 반으로 줄었다. 부흥이 시작된 후 1년 간 2개의 주에서 사생아의 출생률이 44% 감소하였다(http://www.aspire7.net/belief-2-15.html).

성령이 충만하여 교회가 성장하면 자연히 세계선교로 이어진다. 이것이 신약교회의 특징이다. 신약의 지상명령을 실천하기 위해서다. 그래서 신약의 성령은 심령의 변화를 통한 이웃전도와 세계선교의 기본 활력소가 된다.

이반 로버츠의 웨일즈 대 각성운동 소식은 인도, 아프리카, 아시아에까지 전해져 세계 부흥 운동을 촉발시켰고, 많은 사람들이 하나님의 복음 앞에 굴복하는 사건이 일어났다. 영국 에딘버러 대학 데이비드 커 교수는 1907년에 일어난 한국의 평양 대부흥 운동도 그 여파로 본다(데이비드 커, *영국 웨일즈 지역 신앙각성 운동: 17세기~20세기 사이에 일어난 부흥 운동에 대한 고찰*, 한국기독공보, 2005년 6월 4일).

브라질도 예외는 아니었다. 20년 쯤 지나 어느 날 브라질의 어느 어린 소년이 영국 웨일즈에서 온 부흥사를 통하여 큰 은혜를 받았다. 그 후 그는 영국이라는 나라의 웨일즈 지방에 있는 교회들을 상상하며 그곳을 동경하기 시작했다. 한국 초기 기독교인들이 미국 선교사를 통해 은혜를 받은 후 미국을 동경했던 것처럼.

"웨일즈에는 얼마나 성령 충만한 교회들이 많을까……."

"그 지방 사람들은 복음을 전한 그 부흥사처럼 멋지고 따뜻한 신사 숙녀들이 넘쳐나겠지……."

"나도 크면 언젠가 반드시 그곳을 가보리라."

그는 성장하여 50년 후 꿈에도 그리던 웨일즈 지역에 도착했다. 웨일즈 대부흥이 일어난 지 70여년이 지난 후였다. 그런데 너무도 실망했다. 교회들이 거의 죽어가고 있었다. 텅빈 예배당엔 노인들이 대부분이었다. 교인들에게는 열정과 비전이 없었다. 또한 도시 전체가 싸늘해졌다. 큰 교회들은 관광지화 되어가고 있었다. 어떻게 이럴 수가 있나! 그 때 그는 이렇게 외쳤다.

"아아, 하나님은 손자가 없으시구나!"

그 이유는 구약의 지상명령 '쉐마'를 잃어버렸기 때문이다.

[저자 주: 실제로 웨일즈장로교단 제1호 한국인 목회자인 이중환 목사는 2005년 현재 영국교회의 쇠퇴를 이렇게 말했다. "웨일즈장로교단의 한 고위 관계자는 10년 이후에는 영국교회가 사라질 것이라고 말한 적도 있다." "수많은 영국교회는 교인이 없어 문을 닫고 부동산 매물 신세로 전락했다. 그것도 헐값이다." "영국교회에는 이제 백발이 성성한 성도들만 남아 있다"며 "자식도 손자도 오지 않는 교회에서 그들은 교세가 있던 시절의 향수에 젖어 들거나 기도할 뿐이다"고 말했다(크리스찬투데이, 풍전등화 유럽교회, 한국교회 밖에 답이 없다. 2006년 2월 23일)].

2. 유대인과 기독교인의 오류를 극복하는 길: 구약과 신약의 지상명령을 함께 지켜야 한다

이제 신약 시대 기독교의 역사가 2,000년이 지났다. 현재에서 과거를 돌아 볼 때, 유대인이나 기독교인이나 각각 자신들이 받은 지상명령에 얽매어 잘못 행한 오류는 없는지 살펴보자. 오류가 있다면 그 오류는 무엇이고, 그 오류의 결과는 어떻게 나타났는지 알아보자. 그리고 미래 예수님의 재림을 준비하는 기독교인은 이 오류를 바로잡기 위하여 무엇을 어떻게 해야 하는지 그 대안을 찾아보자.

먼저 유대인과 기독교인의 오류는 무엇인가? 양쪽 모두 두 가지 지상명령을 함께 볼 수 있는 안목이 없었다. 유대인은 하나님이 아브라함에게 주신 구약의 지상명령인 쉐마에만 치중하여 가정에서 부모가 자녀에게 하나님의 말씀을 대물림하는 데에만 성공했다. 그리고 메시아이신 예수님이 오셨는데도 불구하고, 예수님의 복음을 거절했기 때문에 구원을 받지 못했다. (저자 주: 물론 유대인이 예수님을 영접하지 못한 다른 이유도 있지만 여기서는 지상명령을 중심으로 논리를 전개하기 때문에 생략한다.)

반면, 신약의 기독교인은 예수님이 주신 지상명령에 치중하여 모든 민족에게 복음을 전하는 세계선교에만 성공했다. 그리고 유대인이 예수님을 죽였다는 이유로 그들을 배척하고 핍박했다. 그 결과 하나님이 유대인에게 주신 선민교육인 쉐마에 관심을 두지 못했다. 결국 구약의 지상명령을 발견할 리는 만무했다. 따라서 신약교회는 어느 민족이든지 자손 대대로 하나님의 말씀을 전수하는 데는 거의 실패했다.

이런 오류를 극복할 수 있는 대안은 무엇인가? 구약의 유대인은 구원을 위해 예수님의 복음을 받아들여야 하고, 구원을 받은 이후에는 예수님의 지상명령인 세계선교에도 동참해야 한다. 신약의 기독교인도 아브라함의 후손, 즉 영적 유대인이기(갈 3:6~9) 때문에 자손 대대로 하나님의 말씀을 전수하기 위해 유대인의 지상명령인 쉐마를 받아들이고 실천해야 한다.

결론적으로, 신약시대의 기독교인은 아브라함의 후손(갈 3:6~9)으로 하나님이 아브라함에게 주셨던 구약의 지상명령 쉐마와 신약에 예수님이 주셨던 지상명령인 세계선교를 함께 균형과 조화를 맞추어 완수해야 한다. 전자는 가정교회와 민족교회가 자손 대대로 죽지 않고 살기 위함이요, 후자는 세계 모든 족속도 예수님을 믿고 구원받게 하기 위함이다.

특히 가정교회와 민족교회가 살아남기 위한 대안을 어디에서 찾아야 하는가? 하나님이 아브라함에게 주신 구약의 지상명령, 즉 유대인의 쉐마인 선민교육에서 찾아야 한다. 그들은 어떻게 아브라함 때부터 현재까지 4,000년 동안 하나님의 말씀을 자손 대대로 전수하는 데 성공했는가? 그들이 성공한 비밀은 무엇인가? 그들의 성경적 선민교육의 내용과 방법이 무엇인지를 찾아 기독교인도 실천해야 한다. 이것이 쉐마교육연구원이 해야 할 사명이다.

신약시대 기독교인은 구약의 지상명령 쉐마와
신약의 지상명령인 세계선교를 균형 맞추어야 한다.
전자는 가정과 민족교회가 자손 대대로 죽지 않고 살기 위함이요,
후자는 세계 모든 족속도 예수님을 믿고 구원받게 하기 위함이다.

구약성경과 신약성경이 짝이 되어
온전한 한 권의 성경이 완성되었듯이,
구약과 신약의 지상명령이 짝이 되어
하나님의 구원 계획이 온전히 성취될 수 있다.

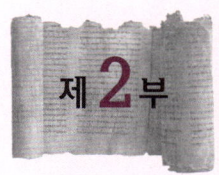

제2부

하나님이 아브라함에게 주신 지상명령

구약의 교육신학적 입장에서 본 쉐마와 창세기 18장 19절 연구

제1장 아브라함이 받은 지상명령의 성경적 배경
제2장 아브라함이 받은 지상명령의 내용
제3장 아브라함이 지상명령을 실천한 방법 [3대 가정교육신학의 효시]
제4장 구·신약 지상명령의 균형을 잃은 결과: 기독교교육의 근본 오류 분석
제5장 결론과 적용

SHEMA · SHEMA · SHEMA
제1장

아브라함이 받은 지상명령의 성경적 배경

I. 아브라함이 받은 지상명령의 성경적 배경과 제학설

II. 왜 하나님은 구약의 지상명령을 '소돔과 고모라의 멸망' 전에 주셨는가

III. 유대인은 얼마나 순종을 잘 했나

I. 아브라함이 받은 지상명령의 성경적 배경과 제학설

1. 소돔인의 타락과 의인 아브라함의 선행 대조

A. 하나님의 원대한 계획 속의 아브라함과 소돔인

구약의 지상명령은 성경 어디에 나오는가? 창세기의 '소돔과 고모라의 멸망'(창 18:1~19:38)이란 주제에 나온다. 소돔과 고모라의 멸망은 인류 역사상 타락한 공동체의 표본이며, 그 결과 하나님의 불의 심판을 받은 표본이 되었다. "여호와께서 또 가라사대 소돔과 고모라에 대한 부르짖음이 크고 그 죄악이 심히 중하니"(창 18:20)라고 말씀하셨다.

반면, 당시 아브라함은 타락한 인류의 구원을 위해 하나님이 선택하신(창 12:1~3) 의인의 표상이었다. 그리고 그가 바로 하나님의 선민 유대인의 조상이다. 그의 족보를 통하여 예수님이 이 땅에 오셨다.

먼저 본 주제의 내용을 파악하기 위하여 창세기 18장과 19장의 내용을 간추린 소주제들을 살펴보자.

- **창세기 18장의 소주제들**

18장 1~8절: 아브라함이 세 천사를 대접함
18장 9~16절: 사라가 잉태한다는 소식과 관련하여 천사에게 책망을 받음

18장 17~21절: 아브라함과 소돔에 대한 신적 반응
　18장 17~19절: 아브라함의 언약 도덕성
　18장 20~21절: 소돔의 불의에 대한 언급
18장 22~33절: 아브라함이 천사에게 의인의 수를 줄이며 간청함

- 창세기 19장의 소주제들

19장 1~3절: 롯이 두 천사를 맞이함
19장 4~16절: 소돔 백성이 저지른 성적 및 육적 만행
19장 17~23절: 롯의 피난
19장 24~25절: 소돔과 고모라의 멸망
19장 26~30절: 롯의 아내가 소금 기둥이 됨
19장 31~38절: 모압과 암몬족의 기원

'소돔과 고모라의 멸망'(창 18:1~19:38)이란 주제 중에서도 구약의 지상명령은 창세기 18장 17~21절의 '아브라함과 소돔에 대한 신적 반응'이란 소주제에 포함되어 있다. 이를 더 작은 두 가지 소주제로 나눈다면, 첫째, 창세기 18장 17~19절은 '아브라함의 언약 도덕성'이고, 둘째, 창세기 18장 20~21절은 '소돔의 불의에 대한 언급'이다.
　그 중 구약의 지상명령은 첫 번째의 창세기 18장 17~19절의 '아브라함의 언약 도덕성'에 속해 있다. 성경 말씀을 보자.

　　여호와께서 가라사대 나의 하려는 것을 아브라함에게 숨기겠느
　　냐 아브라함은 강대한 나라가 되고 천하 만민은 그를 인하여 복

을 받게 될 것이 아니냐 내가 그로 그 자식과 권속에게 명하여 여호와의 도를 지켜 의와 공도를 행하게 하려고 그를 택하였나니 이는 나 여호와가 아브라함에 대하여 말한 일을 이루려 함이니라. (창 18:17~19)

이 중에서도 저자가 쉐마교육을 연구하면서 발견한 구약의 지상명령은 창세기 18장 19절이다.

내가 그로 그 자식과 권속에게 명하여 여호와의 도를 지켜 의와 공도를 행하게 하려고 그를 택하였나니 이는 나 여호와가 아브라함에게 대하여 말한 일을 이루려 함이니라. (창 18:19)

먼저 구약 학자들이 이 주제를 연구한 문헌들을 찾아보면서 다음 세 가지 질문에 답해 보자.

첫째, '소돔과 고모라의 멸망'(창 18:1~19:38)이란 중심주제와 구약의 지상명령 사이에는 어떠한 상관관계가 있는가?
둘째, 저자가 발견한 구약의 지상명령(창 18:19)을 그들도 하나님이 아브라함에게 지시하신 지상명령으로 보았는가?
셋째, 창세기 18장 19절을 구약의 지상명령적 측면에서 유대인의 쉐마(신 6:6~9)와 연관한 자료가 있는가?

저자는 위의 세 가지 질문에 답하기 위하여 다음과 같은 구약, 신약의 주석들(Eisen, 2000; Hamilton, 1995; Hirsch, 1990; Mathews, 2005; Rashi, 1994; Scherman, 1994; Waltke, 2001; Wenham, 1994;

Westermann, 1995)과 저명한 구약학 저널들[Journal for the Study of the Old Testament(JSOT), Jewish Bible Quarterly, Journal of Law and Religion]을 참조했다.

먼저 본 주제인 '아브라함의 언약 도덕성'(Abraham's Covenant Morality, 창 18:17~19)(Mathews, 2005)이 성경 전체에서 차지하는 중요성부터 알아보자. 본 주제는 하나님이 자신의 생각을 아브라함에게 친히 표현하시는 것으로 시작된다.

메튜는 본 주제의 중요성을 이렇게 표현했다. 하나님의 계시가 사람에게 꿈이나 환상을 통해서 나타나지만(창 15:1, 20:3, 28:12; 민 12:6; 삼상 3:1; 그리고 선지자들), 모세는 하나님과 '얼굴에 얼굴을 맞대고'(민 12:8; 신 34:10) 사람이 자신의 친구에게 얘기하듯(출 33:11) 말하는 체험을 했다. 아브라함도 주님을 친구처럼 맞이했다(창 18:1~8). 그는 반복적으로 주님과 타협점을 찾는 대화를 경험했다(창 18:23~33). 이런 점에서 아브라함은 모세의 원형이다(2005, p. 222).

유대교 신학자 허쉬는 "하나님은 어디에나 계시지만 아무도 본 자는 없는데, 아브라함은 처음으로 하나님의 비밀스런 계획을 얘기하는 자리 앞에 선지자로서 있었다"(1990, p. 88)고 했다.

이것은 무엇을 뜻하는가? 하나님께서 아브라함에게 구약의 지상명령을 주실 때 친구처럼 얼굴과 얼굴을 맞대고 대화하시면서 직접 주셨다는 뜻이다. 얼마나 놀라운 사실인가! 이것은 마치 예수님이 승천하시기 전 제자들에게 얼굴을 맞대고 직접 신약의 지상명령(마 28:19~20)을 주신 것과 비교된다.

창세기 18장 17절은 천사들이 아브라함의 집에서 나와 소돔으로 향하면서 다음과 같은 질문을 하는 것으로 시작된다.

> 여호와께서 가라사대 나의 하려는 것을 아브라함에게 숨기겠느냐. (창 18:17a)

왜 하나님께서 이 질문을 하셨는가? 대부분 학자들은 소돔과 고모라의 멸망을 아브라함에게 가르쳐 주시는 것이라고 해석했다(Eisen, 2000; Mathews, 2005; Rashi, 1994; Wenham, 1994; Waltke, 2001). 그 이유로 아모스 선지자의 3장 7절 말씀을 인용했다.

> 주 여호와께서는 자기의 비밀을 그 종 선지자들에게 보이지 아니하시고는 결코 행하심이 없으시리라. (암 3:7)

즉 하나님의 계획을 의논하는 여호와의 회의(욥 1:6; 시 89:7~8; 렘 23:18)에 아브라함을 참석시키셨다는 것이다. 아브라함이 이 사건을 미리 아는 것은 특권이라고 했다.

그런데 해밀턴과 웨스터만은 하나님이 아브라함에게 질문하신 이유를 아브라함 후손들의 미래를 알려 주시기 위해서라고 설명했다(Hamilton, 1995; Westermann, 1995). 그 근거로 18~19절에 이어지는 '아브라함은 강대한 나라가 되고 천하 만민은 그를 인하여 복을 받게 될 것'이고, 그와 맺은 하나님의 언약을 이루실 것이라는 말씀을 들었다. 그런데 메튜나 웬햄은 모두 아브라함의 선택과 그의 후손이 강대국이 될 것이라는 언약은 창세기 12장 2~3절에 나오는 언약의 발전이라고 말했다(Mathews, 2005, p. 222;

Wenham, 1994, p. 50).

물론 이 질문에 대한 두 가지 견해가 모두 필요하다. 그러나 저자는 전자보다는 후자의 해석에 더 무게를 둔다. 그 이유는 무엇인가? 하나님은 이 질문을 통하여 장차 하나님이 인류의 구원을 위하여 계획하신 중차대한 구약의 지상명령을 아브라함에게 주셨기 때문이다(창 18:19).

월키는 유대인의 유산을 자녀들에게 전수하기 위한 가정교육을 강조하였다. 그는 '그로 그 자식과 권속'(창 18:19a)에 대하여 이렇게 설명했다.

> 이스라엘의 영감 받은 영감과 윤리적 유산은 가정에서 대를 이어 대물림되었다(신 6:6; 잠 1:8). 모세나 솔로몬 같은 은사 받은 개인을 통해 계시된 하나님의 의지에 근거한 유산은 그들이 차례로 부모에게 전해져서 다음 세대에 가르치도록 했다. 가정이 교육과 생업의 근거지였다. (2001, p. 269)

당시 아브라함의 위치(position)에 대해서 해밀턴은 여호와의 언약의 종속자로서 확실한 책임이 있는 자리라고 했다. 그것은 가족에게 명하여 "여호와의 도를 지켜 의와 공도를 행하게 해야 할" 의무다. 그는 교훈을 주는 자의 대변인과 주인으로서 받는 자의 중보자(샌드위치) 입장이다. 아브라함이 자녀들에게 전하는 메시지는 동시대의 사람들에게 전하는 선지자의 것과 동일하다. 즉 자녀들도 아브라함처럼 선지자의 입장에서 이 말씀을 사명감을 갖고 무게 있게 들어야 한다는 뜻이다(1995).

아브라함이 자녀들에게 전하는 메시지는
동시대의 사람들에게 전하는 선지자의 것과 동일하다.

B. 아브라함의 때에도 여호와의 도가 있었는가

창세기 18장 19절 상반에 나오는 '의(Righteousness or Charity)'와 '공도(Justice)'는 법정에서 사용하는 용어로서 삶의 윤리적 요구를 할 때 쓰인다. 이 점에서 소돔과 고모라 사건은 하나님이 선택하신 아브라함의 가족과 타락한 소돔인들의 여정에서 각각 어떠한 차이가 있었고, 또 그 결과가 어떠한지를 보여주는 표본이다(Mathews, 2005, p. 224).

허쉬는 특히 아브라함이 천사들을 대접하는 의로운 행위와 소돔인들의 악행을 대조했다(Hirsch, 1990, p. 88). 하나님은 아브라함에게 왜 '여호와의 도'를 가르쳐 '의와 공도'를 행하라고 말씀하셨는가? 소돔과 고모라처럼 멸망당하지 않게 하기 위함이다. 웨스터만은 '여호와의 도'가 아브라함의 후손들이 후에 시편 119편에서 언급한 '율법'이라고 말했다. 즉 율법을 경건하게 잘 지켜 행하는 것을 '의와 공도'를 행하는 것이라고 설명했다(Westermann, 1995, pp. 288~289). 따라서 아브라함의 후손들은 여호와의 도를 지켜 행하는 경건한 자손들이다(말 2:15).

혹자는 이런 질문을 한다. 아브라함의 때는 모세가 시내산에서

악인(소돔과 고모라)과 의인(아브라함)의 대조

구 분	악 인	의 인
대표적 인물(들)	소돔과 고모라인들	아브라함
판단의 기준	'의'와 '공도'를 행치 않은 사람	'의'와 '공도'를 행한 사람
명 칭	경건치 못한 사람들의 예	경건한 사람들의 조상(말 2:15)

율법을 받기 이전인데 어떻게 율법에 근거한 여호와의 도, 즉 의와 공도가 있을 수 있었겠는가? 물론 상대적인 것이겠지만 있었다고 보아야 한다. 이것은 최초의 인간인 아담과 하와의 때부터 있었다. 그 예로 하나님께서 아담의 아들 가인에게 적용한 선과 악을 살펴보자.

> 여호와께서 가인에게 이르시되 네가 분하여 함은 어찜이며 안색이 변함은 어찜이뇨 네가 선을 행하면 어찌 낯을 들지 못하겠느냐 선을 행치 아니하면 죄가 문에 엎드리느니라 죄의 소원은 네게 있으나 너는 죄를 다스릴지니라. (창 4:6~7)

이 말씀에 선과 죄라는 단어가 나온다. 선을 행하지 않으면 악이고, 악은 죄가 된다는 뜻이다. 여기에 사용된 '선'은 히브리어로 'יָטַב'(야타브)'라고 하는 데, 이는 '선하다' '좋다'는 뜻이다. 영어로는 'what is right'(NIV) 혹은 'well'(NKJV)로 표현했다. 하나님은 가인에게 선을 행하고 죄를 다스릴 것을 명령하셨다. 여기에서 선과 악을 가르는 기준이 바로 여호와의 도, 즉 율법이다.

따라서 성경이 정경으로 형성되기 이전에도 어느 시대에나 상대적이기는 하지만 하나님께서 하나님의 백성에게 주신 여호와의 도가 있었다고 추정하는 것은 어렵지 않다. 물론 하나님은 아브라함에게도 주셨을 것이다. 그렇기 때문에 하나님은 그에게 자식들과 권속들에게 여호와의 도를 가르치라고 명령하셨다.

그리고 적용면에서 이 '여호와의 도'라는 단어 속에는 장차 하나님께서 하나님의 백성들에게 주실 모든 성경의 내용도 포함되었다고 보아야 한다. 왜냐하면 이 말씀은 아브라함의 때에만 필요한 것이 아니라 신약시대의 모든 기독교인들에게도 필요하기 때문이다.

그렇다면 여호와의 도를 받지 않은 이방인에게는 '의와 공도'가 전혀 없었는가? 하나님께서는 이방인에게도 하나님이 창조하신 만물들을 통하여 하나님의 능력과 신성을 알 수 있게 하셨다(롬 1:19~20). 그리고 그들에게 하나님의 백성처럼 특수계시는 주시지 않았다 하더라도 인간의 보편적 윤리의 기준들을 양심에 주셨다(롬 2:6; 14~15).

> 율법 없는 이방인이 본성으로 율법의 일을 행할 때는 이 사람은 율법이 없어도 자기가 자기에게 율법이 되나니 이런 이들은 그 양심이 증거가 되어 그 생각들이 서로 혹은 송사하며 혹은 변명하여 그 마음에 새긴 율법의 행위를 나타내느니라. (롬 2:14~15)

그런데도 소돔과 고모라인들은 하나님을 알되 하나님으로 영화롭게도 아니하며 감사치도 아니하고 오히려 그 생각이 허망하여지며 미련한 마음이 어두워졌다(롬 1:21~22). 마음에 하나님 두기를 싫어했다(롬 1:28). 저희가 하나님의 진리를 거짓 것으로 바꾸어 피조물을 조물주보다 더 경배하고 섬겼다(롬 1:25). 그 결과 그들은 동성애자들로 변하여 하나님 보시기에 가증한 죄악을 저지르게 되었다.

> 이를 인하여 하나님께서 저희를 부끄러운 욕심에 내어 버려 두셨으니 곧 저희 여인들도 순리대로 쓸 것을 바꾸어 역리로 쓰며 이와 같이 남자들도 순리대로 여인 쓰기를 버리고 서로 향하여 음욕이 불일듯 하매 남자가 남자로 더불어 부끄러운 일을 행하여 저희의 그릇됨에 상당한 보응을 그 자신에 받았느니라. (롬 1:26~27)

소돔과 고모라는 죄의 표상이었다. 그들 중에 단 열 사람도 이방인에게 적용되는 의인의 기준에 들지 못하여 멸망을 당했다(창 18:22~33, 19:24~25). (유대인은 하나님이 유대인에게는 613개의 율법을 주셨는데 이방인에게는 노아 시대에 일곱 개의 율법만 주셨다고 믿는다. 다음 페이지 '토막 상식' 참조)

하나님은 가인에게 선을 행하고 죄를 다스릴 것을 명령하셨다(창 4:6~7). 여기에서 선과 악을 가르는 기준이 바로 여호와의 도, 즉 율법이다.

이방인에게 적용되는 의인의 일곱 가지 규범

　창세기에서는 아담과 이브로부터 인류가 비롯되어, 점점 죄를 범하게 되고, 대홍수를 만나 멸망한다. 그리고 인류는 노아로부터 다시 출발하게 되는 셈인데, 새롭게 출발한 인류는 성공을 하는 것일까?

　하나님은 인류가 평화롭게 살아갈 수 있도록 노아에게 일곱 가지 규범을 주셨다. 유대인은 아주 많은 규율을 가지고 있지만 이 일곱 가지 규범에 한해서는 인류 전체가 지키지 않으면 안 된다고 생각하고 있다.

　[저자 주: 유대인이 지켜야 할 율법은 십계명을 포함한 613개다. 유대인은 이것은 오직 자신들에게만 해당된다고 생각한다. 그리고 나머지 모든 인류(이방인)는 오직 노아의 일곱 가지 규범만 지키면 된다고 생각한다. 그만큼 이방인의 의무는 가볍다는 것이다.]

　이 가운데 일부는 성경에 실려 있고, 일부는 그 해석으로부터 생긴 것이다. 성경 안에는 하나님의 십계명이 실려 있는데 그것이 유대인을 위한 것인데 비해, 일곱 가지 규범은 인류 전체에게 주어진 것이다. 그 만큼 극히 중요한 가르침이라고 할 수 있다.

  1. 정의를 판단하는 재판소가 있을 것. 당사자끼리는 힘으로써 해결하려고 해서는 안 된다.
  2. 살인을 범해서는 안 된다.

3. 도둑질을 해서는 안 된다.
4. 살아 있는 동물로부터 살을 떼어 내어 먹어서는 안 된다.
5. 간음해서는 안 된다.
6. 근친결혼을 해서는 안 된다.
7. 우상을 숭배해서는 안 된다.

내용 그 자체는 간단한 것처럼 생각되지만 최소 4천년 전에 이것이 주어졌다는 사실을 염두에 두지 않으면 안 된다. 너무 간단하다고 해서 현대의 감각으로 중요성을 판단해서는 안 된다.

노아가 그의 방주에서 나왔을 때, 인간이라고는 노아 부부와 세 아들들의 부부밖에 없었다. 이 일곱 가지 규범은 하나님이 노아에게 준 것이었다.

_Tokayer, 탈무드 2: 탈무드와 모세오경, 동아일보, 2007, pp. 342~344.

저자 주 유대인은 법의 민족이다. 법을 대단히 중요하게 생각한다. 따라서 노아의 일곱 가지 규범도 그만큼 중요하게 생각한다. 이것은 한국인이 법보다는 인정에 이끌리어 사는 것과는 대조된다. 자세한 것은 저자의 저서 《부모여 자녀를 제자 삼아라》(쉐마, 2005), 제1권 제2장 '유대인의 율법은 악한가' 참조.

2. 기존의 학계는 창세기 18장 19절을 구약의 지상명령으로 해석했는가

이상은 '소돔과 고모라의 멸망'이란 주제와 관련하여 구약의 주석이나 학술 저널을 참고하여 연구한 내용이다.

결론적으로, 소돔과 고모라 사건은 어떠한 교훈을 주는가? 소돔과 고모라 사건의 원인은 윤리적인 타락이고, 그 결과는 불의 심판으로 인한 멸망이었다. 반면, 아브라함은 의인의 표상으로 그의 후손이 장차 강대국이 될 것이며 그를 통해 만민이 구원받을 것임을 예시해 준다. 따라서 하나님의 의와 공도를 지켜 행해야 한다는 것이다.

이것은 서두에서 연구를 위한 세 가지 질문들 중 어느 한 가지에도 충분한 답을 주지 못한다. 어느 학자도 창세기 18장 19절을 기독교교육학적인 측면에서 구약의 지상명령으로 설명했다는 자료를 찾지 못했다. 더구나 이를 쉐마와 관련하여 연구한 자료도 찾을 수 없었다. 단지 윤리적인 차원에서 멸망을 피하기 위해서는 하나님이 아브라함에게 명하신 '의와 공도'를 지켜 행하자는 것이다.

물론 저자도 위의 해석을 부인하는 것은 아니다. 그럴지라도 저자는 왜 하나님께서 아브라함을 택하셨는가에 대한 근본 이유를 교육학적인 측면에서 찾을 것을 주장한다. 이를 찾으면, 왜 창세기 18장 19절이 구약의 지상명령인지를 발견할 수 있다.

여기에서 또 다시 연구를 위한 다음 세 가지 중요한 질문을 할 수 있다.

첫째, 왜 창세기 18장 19절이 하나님이 아브라함에게 주신 구약의 지상명령인가? 이것이 이루어지지 않는다면 왜 하나님이 아브라함과 맺은 언약(창 12:2~3)이 성취될 수 없는가?

둘째, 아브라함이 받은 지상명령은 장차 이스라엘 민족이 하나님과 맺은 시내산 언약(출 19~24장)과 어떤 상관관계가 있는가?

셋째, 아브라함이 받은 지상명령은 시내산 언약을 지키는 교육학적 방법인 쉐마와 어떤 상관관계가 있는가?

이 세 가지 질문에 대한 답을 찾아야 하는 이유는 무엇인가?

첫째, 하나님이 타락한 인류를 구원하시기 위해서는 '여호와의 도', 즉 하나님의 율법(말씀)이 전수되어야 그 말씀을 따라 그리스도께서 오실 수 있기 때문이다. 즉 구약의 지상명령이 지켜져야 신약의 지상명령이 계속될 수 있다는 점이다.

둘째, 구약시대뿐만 아니라 신약시대에도 가정과 교회에서 하나님의 율법(말씀)이 예수님의 재림 때까지 자손 대대로 전수되어야 구원을 대물림할 수 있기 때문이다.

셋째, 가정과 교회에서 하나님의 율법(말씀)이 전수될 때만이 "여호와의 도를 지켜 의와 공도를 행하게 하여"(창 18:19b) 죄를 범하지 않게 할 수 있기 때문이다. 오직 이 길만이 소돔과 고모라의 참혹한 심판을 면할 수 있는 길이다.

따라서 이 세 가지 질문에 대한 답을 찾는 것은 대단히 중요하다. 독자들은 본서를 읽는 동안 위의 세 가지 질문들의 답을 발견할 수 있을 것이다.

기존 학계는 소돔과 고모라 사건의 원인은
윤리적인 타락이고,
그 결과는 멸망이었기 때문에
하나님이 의인 아브라함에게 명하신 대로
의와 공도를 지켜 행해야 한다는 것이다.
구약의 지상명령과는 연관하여 해석하지 않았다.

II. 왜 하나님은 구약의 지상명령을 '소돔과 고모라의 멸망' 전에 주셨는가

마지막으로 한 가지 더 짚고 넘어가야 할 것이 있다. 저자가 발견한 구약의 지상명령인 창세기 18장 19절은 '소돔과 고모라의 멸망'이란 주제에 포함되어 있다. 왜 하필 이 말씀이 '소돔과 고모라의 멸망' 이전에 등장하는가?

유대인의 주석은 이렇게 설명한다.

> 소돔의 사악함의 씨가 아브라함이 자손들에게 반복적으로 가르칠 원리들을 준수할 때 거듭 실패하도록 한다는 것을 암시한다. 악의 뿌리는 탐욕이다. (Scherman & Zlotowitz, 1994, p. 81)

의인이 가는 길에는 탐욕이 계속 유혹하기 때문에 험난하다는 것을 뜻한다. 물론 맞는 말이다. 그러나 '소돔과 고모라의 멸망' 사건을 구약의 지상명령과 연관하여 교육학적인 입장에서 볼 수 있다. 즉 하나님이 아브라함을 교육시키시는 방법론적 접근으로 볼 수 있는 것이다.

결론부터 말한다면, 구약의 지상명령이 '소돔과 고모라의 멸망' 이전에 등장한 이유는 하나님이 아브라함에게 여호와의 도, 곧 '의와 공도'를 떠난 악의 결과가 얼마나 무서운 것인지를 가르쳐 주시기 위함이다. 그것도 시청각 교육 차원을 넘어 끔찍한 현장을

소돔과 고모라는 하나님의 의와 공도가
없어서 유황불의 심판을 받았다.
(사진: 소금 기둥이 된 롯의 아내)

보여 주셨다. 우리에게 저희가 당한 이런 일이 거울이 되고 경고를 주시기 위함이다(고전 10:11). 하나님의 지상명령이 인류 구원을 위해, 왜 필요하고, 왜 반드시 지켜져야 하는지를 깨닫게 하시기 위함이다.

그 과정을 성경에서 더 자세히 살펴보자. '소돔과 고모라의 멸망' 스토리는 이렇게 전개된다. 하나님은 아브라함을 만나신 후 임신이 불가능했던 사라가 잉태할 것을 알려주시고(창 18:10~15), 그 후 소돔으로 향하시던 중(창 18:16) 아브라함에게 구약의 지상명령을 주셨다(창 18:17~19). 그리고 소돔과 고모라의 멸망을 예고하시고 의인 10인을 찾지 못하여 소돔과 고모라는 곧 유황불에 멸망을

제1장 아브라함이 받은 지상명령의 성경적 배경 95

당한다(창 18:20~19:25). 그곳을 탈출한 롯의 아내는 뒤를 돌아봄으로 소금 기둥이 되었다(창 19:26). 당시 상황을 성경을 통하여 보자.

> 여호와께서 하늘 곧 여호와에게로서 유황과 불을 비같이 소돔과 고모라에 내리사 그 성들과 온 들과 성에 거하는 모든 백성과 땅에 난 것을 다 엎어 멸하셨더라 롯의 아내는 뒤를 돌아본 고로 소금 기둥이 되었더라. (창 19:24~26)

성경은 그 참혹한 멸망을 이렇게 표현했다.

> 아브라함이 그 아침에 일찍이 일어나 여호와의 앞에 섰던 곳에 이르렀을 때는 소돔과 고모라와 그 온 들을 향하여 눈을 들어 연기가 옹기점 연기같이 치밀음을 보았더라. (창 19:27~28)

여호와의 도가 없어 의와 공도를 행하지 못한 소돔과 고모라! **너무나 참혹한 그들의 최후를 보고 아브라함은 어떤 생각을 했겠는가?** 오직 하나뿐인 혈육인 조카 롯의 아내가 소금 기둥이 된 현실에 얼마나 놀랐겠는가? 소돔과 고모라의 멸망에 대한 예고가 빈말이 아니었음을 마음에 너무나 깊이 새겼을 것이다. 어찌 하나님을 경외하는 마음이 생기지 않겠는가!

충격적인 하나님의 이적과 표적은 계속 이어졌다. 이후에 경수가 끊어졌던 사라가 임신을 해 아들을 낳았다(창 21:1~3). 아브라함의 나이 100세, 사라의 나이 90세였다.

이쯤 되었을 때 아브라함은 하나님이 팥으로 메주를 쑨다고 해도 무조건 믿게 되었다. 왜냐하면 실제로 하나님은 충분히 팥으로도 메주를 쑤실 수 있는 분이기 때문이다. 말씀으로 우주를 창조하신 분이라는 것을 믿기 때문이다. 그리고 하나님이 어떤 행위를 명하실 때, 그것이 세상적 논리에 맞지 않는다 하더라도 하나님의 말씀에 무조건 순종하지 않을 수 없게 된다.

그 결과는 바로 창세기 22장에 이어서 나오는, 오직 하나뿐인 이삭을 번제로 드리는 데서 증명된다. 그때가 그의 믿음의 절정이었다. 하나님께서는 아브라함의 일생에 그의 믿음을 열 번 시험하셨는데 이때 비로소 합격점을 주셨다(12절).

> 사자가 가라사대 그 아이에게 네 손을 대지 말라 아무 일도 그에게 하지 말라 네가 네 아들 네 독자라도 내게 아끼지 아니하였으니 내가 이제야 네가 하나님을 경외하는 줄을 아노라. (창 22:12)

아브라함이 그 아들을 제물로 바친 위대한 행위는 믿음에 근거한 행위였고, 또 그 행위는 그의 믿음을 확인시켜 주었다. 그 행위는 하나님께 대한 완전한 순종이었다(이상근, 1989, p. 232). 그리고 하나님은 이 사건 이후에 다시 아브라함의 언약을 확인시켜 주셨다.

> 가라사대 여호와께서 이르시기를 내가 나를 가리켜 맹세하노니 네가 이같이 행하여 네 아들 네 독자를 아끼지 아니하였은즉 내가 네게 큰 복을 주고 네 씨로 크게 성하여 하늘의 별과 같고 바닷가의 모래와 같게 하리니 네 씨가 그 대적의 문을 얻으리라 또 네 씨로 말미암아 천하 만민이 복을 얻으리니 이는 네가 나의 말을 준행하였음이니라 하셨다 하니라. (창 22:16~18)

여기까지는 유대인의 조상 아브라함의 믿음의 성장 과정이다. 믿음의 조상 아브라함의 위대한 신앙은 하나님의 방법으로 이렇게 만들어졌다(히 11:17).

여기에서 우리는 하나님의 교육 방법이 언제나 최선이라는 것을 깨닫게 된다. 하나님은 아브라함이라는 한 개인을 철저하게 하나님의 교육 방법으로 훈련시키셨다. 이것이 바로 하나님이 왜 아브라함에게 구약의 지상명령을 '소돔과 고모라의 멸망' 이전에 주셨는가에 대한 답이다.

출애굽기에 가면 하나님이 유대민족 전체의 믿음을 성장시키시는 과정이 이와 같이 반복되는 것을 볼 수 있다. 모세를 통해 바로에게 10가지 재앙을 주신다(출 7~11장). 특히 유월절에 모든 애굽의 장자를 죽이고, 오직 유대인만 살리시어 그들을 애굽에서 탈출하게 하시는 장면은 너무나 드라마틱하다(출 11~13장). 막혔던 홍해가 갈라지며 그 홍해를 건너는 유대민족(출 14~15장), 그 후 광야에서 온 유대인에게 만나를 먹이시는 표적(출 16장), 오순절에 시내산에서 십계명을 받는 장엄한 장면(출 20장), 하나님과 언약을 맺는 과정(출 19~24장) 등 놀라운 이적과 표적의 연속이었다.

그리고 시내산 언약을 지키는 방법으로 쉐마를 주신다(뒤에 이어지는 유대인의 쉐마 참조). 쉐마는 아브라함에게 주셨던 구약의 지상명령을 더 구체적으로 발전시킨 것이다. 따라서 쉐마는 곧 하나님의 말씀을 전수하기 위한 지상명령이다.

아브라함은 하나님과 동행하면서 이 모든 기적들을 눈으로 보

아브라함(개인)과 유대민족(민족)의 믿음 성장 과정

구분 단계	믿음의 조상(개인) 아브라함의 믿음 성장 과정(창 18~22장)	믿음의 후손들(민족) 유대민족 전체의 믿음 성장 과정(모세오경)
제1단계	아브라함이 세 천사를 대접(창 18:1~8)	바로에게 10가지 재앙을 주심(출 7~11장)
제2단계	사라의 잉태 소식 사라가 웃어 책망 받음(창 18:9~16)	막혔던 홍해가 갈라지며 그 홍해를 건너는 유대민족(출 14~15장)
제3단계	아브라함에게 지상명령을 주심(창 18:19)	유대인에게 만나를 먹이시는 표적(출 16장)
제4단계	소돔의 불의에 대한 언급(창 18:20~21) 소돔인의 성적 육적 만행(창 19:4~16)	오순절에 시내산에서 십계명을 받는 장엄한 장면(출 20장)
제5단계	사라가 임신하여 아들을 낳음(창 21:1~3)	하나님과 언약을 맺는 과정(출 19~24장)
제6단계	이삭을 바침(창 22장): 하나님이 아브라함의 믿음에 합격점을 주심	유대인에게 쉐마를 주심 (신 6:4~9, 11:13~21; 민 15:37~41)

고, 귀로 들은 산 증인이다. 그는 '소돔과 고모라의 멸망'을 막아 보려고 의인의 수를 두고 하나님과 흥정까지 한 당사자다. 따라서 그는 후손들에게 이렇게 반복하여 강조했을 것이다.

"'여호와의 도'를 자손에게 가르쳐 지켜 행하라. 아니면 소돔과 고모라처럼 멸망할 것이다!"

마치 오늘날 유대인이 쉐마를 후손들에게 반복하여 이렇게 강조하는 것처럼.

"'하나님의 율법(말씀)'을 자손에게 가르쳐 지켜 행하라. 그러면 복이요, 아니면 소돔과 고모라처럼 저주받을 것이다!"

여기서 우리는 하나님이 타락한 인류를 구원하시려는 그 간절한 소원과 열정을 볼 수 있다. 여호와여, 어찌 그리 미천한 인간을 사랑하시나이까?

구약의 지상명령이 왜 하필 '소돔의 멸망' 이전에 나오는가?
그것은 하나님이 아브라함에게 여호와의 도를 떠난
악의 결과가 얼마나 무서운가를 보여주심으로,
하나님의 지상명령이 인류 구원을 위해, 왜 필요하고,
왜 반드시 지켜져야 하는지를 깨닫게 하시기 위함이다.

랍비의 토막 상식

하나님이 아브라함에게 주신 10가지 시험
(미쉬나에 대한 유대인 주석가에 따라 약간씩 다르나 여기서는 Ramban의 견해를 소개한다.)

1. 아브라함이 그의 가족과 고향을 떠나야 하는 것.
2. 하나님이 큰 나라가 되리라는 확신을 준 가나안에 기근이 온 것.
3. 애굽에서 바로의 관헌에게 사라가 납치를 당한 일.
4. 네 왕과의 전쟁.
5. 사라가 임신을 하지 못하는 절망 속에서 하갈과 결혼한 일.
6. 하나님으로부터 할례를 행하도록 명령을 받은 것.
7. 아비멜렉에게 사라를 납치 당한 일.
8. 자신의 자식을 낳아준 하갈을 떠나게 한 일.
9. 자신의 장자이며 하갈의 아들인 이스마엘을 떠나도록 한 일.
10. 제단에 이삭을 제물로 바치는 일.

_Scherman & Zlotowitz, *The Chumash*, 2005, p. 100.

하나님이 왜 유대인에게 시험을 주시는가?

아브라함은 하나님에 의하여 그가 살아 있는 동안 몇 번씩 시험을 당했다. 이것(제단에 이삭을 제물로 바치는 일)은 마지막으로 하나님이 아브라함을 시험했을 때의 이야기다. 이 시험은 하나님에게보다도 아브라함에게 있어서 자신이 누구인가를 아는 데 중요한 것이었다.

고대사회에서는 그때까지 사람을 산 채로 제물로 바치는 일이 나쁜 일이라고는 생각하지 않고 있었다. 유대인은 사람을 제물로 바치는 일을 그만둔 최초의 민족이었다.

그러나 여기서 아브라함은 그것이 어떤 일이건 하나님의 명하신 것은 지키려는 자세를 보였다. 그 당시 인간을 제물로 바치는 일은 흔히 있던 일이어서 소돔이 있던 때처럼 하나님의 요구를 물리칠 수 없었다.

역사는 유대민족에 대하여 많은 시련을 주었다. 유대인은 자신들이 유대인이라는 것만으로 지금껏 생명을 바쳐왔다.

아브라함이 이삭을 죽이기 직전에 하나님이 수양을 준비한다는 것은 마치 아브라함이 아들 이삭을 속인 것처럼 받아들일 수도 있지만, "두 사람은 함께 갔다"고 두 번씩이나 쓰여 있는 것으로 보아, 이삭이 별로 반항도 하지 않고 아브라함을 따라간 것은 그 자신이 제물이 된다는 사실을 알고 있었기 때문일 거라고 랍비들은 해석하고 있다.

이 이야기에는 또 한 가지 교훈이 있다. 그것은 인간은 신념을 지니고 있으면 그 신념을 위해 중요한 것도 희생시켜야 한다는 것이다. 인간은 큰 희생을 치르지 않아도 될 때에는 간단하게 무슨 일이든 할 수 있지만, 무언가 큰 희생을 강요받으면, 거기에서 큰 시련에 부딪친다. 이 시련을 거쳐야만 비로소 인간은 영웅이 되는 것이다.

아브라함은 그 생전에 열 번에 걸친 서로 다른 시험을 받아야만 했었다. 그것은 어째서 였을까? 예컨대 도공(陶工)은 일단 깨어진 도기는 시험해 보지 않는다. 그러나 깨어지지 않은 깨끗한 도기는 몇 번씩 두들겨 보고 정말 단단하게 만들어져 있는가를 시험해 본다. 훌륭한 것일수록 몇 번씩 엄한 시련을 겪지 않으면 안 된다. 하나님은 언제나 인간 개인, 또는 사회를 시험해 보시는 것이다.

그런데 인간이라는 것은 자신이 귀중하게 여기는 것을 위해서는 여러 가지 것을 희생시켜 버린다. 예를 들면, 돈이나 직위를 중히 여기느라고 가족을 희생시키는 사람도 있다. 인간은 죽을 때, 자연히 죽는 일은 극히 드물다. 병이 나거나 사고에 의하여 죽는 경우가 많다. 그러나 진심으로 하나님이나 신념을 존중하는 사람은 하나님이나 신념을 위해서라면 자신의 목숨을 바칠 수도 있다. 아브라함은 하나님의 끊임없는 시험에 의하여 거기까지 도달했던 것이다.

_Tokayer, 탈무드 2: 탈무드와 모세오경, 동아일보, 2007, pp. 151~154.

III. 유대인은 얼마나 순종을 잘 했나

하나님이 유대인에게 철저하게 훈련시킨 것은 대를 이은 순종이다. 하나님이 아브라함에게 지상명령을 주실 때 그의 자손들이 여호와께 순종하게 할 것을 명했기 때문이다(창 18:19b, 표준새번역).

그 결과 유대인은 얼마나 순종을 잘 하는가? 두 가지 예를 들어보자. 하나는 아브라함의 아들 이삭의 순종이고, 다른 하나는 이스라엘 백성이 출애굽할 때 애굽에서 죽은 요셉의 뼈를 가나안으로 이장하는 사건이다.

1. 교육학적 입장에서 본 이삭의 순종

A. 아브라함의 교육의 효과: 순종의 조상 이삭

하나님은 아브라함을 시험하시기 위하여 하나밖에 없는 사랑하는 아들 이삭을 번제로 드리라고 말씀하셨다(창 22:1~19). 번제(a burnt-offering)는 짐승을 제물로 잡아 죽인 후 각을 떠서 불에 태워 하나님께 드리는 제사다. 이 사건은 유대인이 어떠한 어려운 환경 속에서라도 하나님께 순종하고 공경하라는 메시지를 준다. 하나님은 아브라함을 범죄케 하기 위함이 아니고, 그의 믿음을 확증케 하기 위함이었다(창 22:1). 이것은 아브라함을 시련하기 위한 마지막 불 시험(벧전 4:12)이었다.

그렇다 하더라도, 여기서는 자녀교육학적 입장에서 아브라함의 교육을 받은 이삭의 순종에 관하여 생각해 보아야 한다. 왜냐하면 아브라함이 이 시험을 통과하기 위해서는 본인의 믿음만 좋아서 해결되는 것이 아니기 때문이다. 아들 이삭이 협조하지 않으면 안 된다. 아버지인 아브라함이 아무리 믿음이 좋아 아들을 죽이어 번제로 드릴려고 해도, 다 성장한 아들 이삭이 아버지의 뜻에 따르지 않고 반항하거나 도망가면 하나님의 명령을 수행할 수 없게 된다.

따라서 아브라함이 이삭을 번제로 드리는 사건은 하나님이 아브라함의 믿음만 시험하는 것이 아니라 이삭의 순종도 함께 시험하는 큰 사건이다. 그런 면에서 어떻게 보면 아브라함의 믿음보다 이삭의 순종이 더 힘든 그런 시험이다. 왜냐하면 이삭은 순교를 해야 하기 때문이다. 그것도 믿고 따랐던 아버지의 손에 의하여…. 뿐만 아니라 당시 이삭에게는 "아버지가 아들을 죽이라"는 하나님의 명령이 도저히 논리적으로 이해할 수 없었을 것이다.

아브라함은 이삭에게 얼마나 순종교육을 잘 시켰는가? 그 교육의 열매를 살펴보자. 아브라함은 하나님의 명령에 순종하기 위하여 아침에 일찍 일어나 두 사환과 이삭을 데리고 떠났다. 늦지 않기 위함이었다. 목적지는 모리아산인데 현재의 예루살렘이었다. 훗날 이곳은 하나님이 다윗에게 나타나신 곳이고(삼하 24:16, 여부스 사람 아라우나의 타작 마당), 솔로몬 성전이 건립된 곳이기도 하다(대하 3:1). 현재도 이스라엘의 예루살렘 성전(법적 이름은 모슬렘의 '오마르 사원')에 가면 그 현장의 바위를 볼 수 있다. 출발지에서는 무려

80km(200리)의 여행길이었다.

　당시 아브라함의 나이 137세이고 사라의 나이는 127세(죽을 때의 나이)였다. 따라서 이삭의 나이는 37세였다(Scherman & Zlotowitz, The Chumash, 2005, p. 100). 아버지의 슬하를 벗어났기 때문에 아버지가 설득을 한다 해도 따라나서는 일은 쉽지 않았을 것이다. 더구나 걸어서 3일을 가는 길이었다. 요즘 자녀들 같으면 자동차를 타고 가자고 해도 잘 순종하지 않는데 어찌 걸어서 갈 수 있겠는가? 그러나 그는 아버지의 말씀에 순종하였다.

　갈 때 번제에 쓸 나무는 쪼개어 사환들이 지고 가게 하였다. 산 아래에 도착하자 사환과 나귀는 그곳에 머무르게 하고 이삭에게 그 짐을 지우고 산에 오르기 시작했다. 아브라함은 불과 칼을 들었다(창 22:5~6). 여기에서 무거운 짐은 누가 지고 올라갔는가? 아버지인가 아들인가? 아들이다. 즉 가벼운 것은 아버지가 운반하고 무거운 짐은 아들이 졌다. 이것은 기독교인에게 어떤 교훈을 주는가? 하나님의 자손들은 아버지에게 효를 행하기 위하여 무거운 짐은 아버지 대신에 자신이 져야 한다는 것이다.

　그런데도 요즘 자녀들은 무거운 짐을 나르거나 힘든 일들은 노인들이 하는 것을 당연시 하는 경우가 많다. 농사를 짓는 농촌이나 물고기를 잡는 해변에서도 거의가 노인들이 힘든 일을 하고 있다. 자녀들은 놀게 하거나 학교만 보낸다. 분명 자녀교육을 잘못 시키고 있는 것이다.

　하나님이 아브라함에게 지시하신 곳에 이르렀을 때 그는 그 곳에 단을 쌓고 나무를 벌여 놓았다. 그리고 아버지 아브라함이 이삭을 번제로 드리기 위하여 밧줄로 묶을 때에도, 그리고 그를 나무 단 위에 누일 때에도 일체 반항하지 않았다. 뿐만 아니라 아버지가 손을 내밀어 칼을 잡고 그 아들을 잡으려 할 때(창 22:10)에도 그는 순한 어린 양처럼 순종하였다. 물론 이때 하나님의 만류로 이삭은 살아나고 하나님이 준비하신 숫양으로 제사를 드렸다(창 22:11~13).

히브리서 기자는 아브라함이 자신의 사랑하는 아들에게 칼을 겨눌 수 있었던 것은 하나님이 능히 죽은 자 가운데서 다시 살리실 줄로 생각하고 믿음으로 했다고 말했다(히 11:17, 19). 따라서 아브라함은 믿음의 조상(롬 4:11~12, 16)이 되고 이삭은 순종의 조상이 되었다.

이삭이 제물로 바쳐지기 위하여 아버지 아브라함에게 죽기까지 순종한 것처럼, 예수님도 하나님 아버지에게 제물로 바쳐지는 어린 양처럼 십자가를 지며 죽기까지 순종하셨다(사 53:7; 요 1:29; 행 8:32; 빌 2:8). 따라서 이삭은 예수님의 표상이다.

누가 이삭을 이렇게 잘 순종하게 교육시키었는가? 물론 아브라함 부부였다. 교회 목사님이나 학교 선생님이 아니었다. 가정의 부모였다. 따라서 우리가 꼭 기억해야 할 것은 자녀에게 순종을 가르치는 교육은 먼저 부모 몫이라는 점이다.

요즘 자녀들은 아버지가 자신을 죽이려고 밧줄로 묶는다면 가만 있겠는가? 눈치를 채고는 힘센 젊은 아들이 늙은 아버지를 밀치고 도망치거나, 아니면 아버지를 미쳤다고 폭행하지 않겠는가? 더 심하면 디지털 카메라로 찍어 인터넷에 유포하지 않겠는가?

> 아브라함이 이삭을 번제로 드린 사건은
> 하나님이 아브라함의 믿음만 시험하신 것이 아니라
> 이삭의 순종도 함께 시험하신 큰 사건이다.
> 요즘 자녀들은 아버지가 자신을 죽이려고
> 밧줄로 묶는다면 가만 있겠는가?

B. 이삭이 순종한 결과 얻은 복

아브라함과 이삭의 믿음은 무엇이 다른가? 동일한 믿음이지만 그 믿음을 키우는 과정이 다르다. 아브라함은 첫 번째 선민의 조상으로서, 열 번씩이나 하나님께 시험을 당하면서 그의 믿음을 키워나갔지만, 두 번째 조상 이삭은 다르다. 아브라함의 교육을 철저하게 받은 2세다. 아브라함이 하나님으로부터 받은 구약의 지상명령(창 18:19)을 첫 번째로 적용하여 성공한 사례다.

창세기 26장 1절은 이삭 인생의 시작을 아버지 아브라함의 때 (창 12:10)처럼 흉년으로 시작되었다는 것을 알려준다. 그러나 그는 하나님으로부터 그의 아버지처럼 애굽으로 내려가지 말 것을 처음부터 권고 받았다. 이것이 다르다. 하나님께서 이삭에게 미리 이것을 알려주신 것은 하나님의 특별한 배려였다. 하나님이 이삭이 드린 순종의 제물을 온전히 받으셨기 때문이다(Scherman & Zlotowitz, The Chumash, 2005, p. 129).

가나안에 아무리 흉년이 온다고 해도 거룩한 그곳을 떠나지 말라는 것이다. 이것은 무엇을 뜻하는가? 영적으로 가나안은 교회를 뜻하고, 애굽은 세상을 뜻한다. 신앙생활을 하다보면 당연히 어려운 시험도 올 수 있다. 그 때마다 애굽, 즉 세상으로 나가면 안 된다는 것을 말한다. 아브라함은 이 시험에서 졌지만 너는 이기라는 뜻이다. 이것이 언약(창 26:3~4)의 조건이었다.

> 아브라함 때에 첫 흉년이 들었더니 그 땅에 또 흉년이 들매 이삭이 그랄로 가서 블레셋 왕 아비멜렉에게 이르렀더니 여호와께서 이삭에게 나타나 가라사대 애굽으로 내려가지 말고 내가 네게 지시하는 땅에 거하라 이 땅에 유하면 내가 너와 함께 있어 네게 복을 주고 내가 이 모든 땅을 너와 네 자손에게 주리라 내가 네 아비 아브라함에게 맹세한 것을 이루어 네 자손을 하늘의 별과 같이 번성케 하며 이 모든 땅을 네 자손에게 주리니 네 자손을 인하여 천하 만민이 복을 받으리라 이는 아브라함이 내 말을 순종하고 내 명령과 내 계명과 내 율례와 내 법도를 지켰음이니라 하시니라. (창 26:1~5)

이삭은 자신의 목숨을 하나님께 드리는 가장 큰 시험에도 성공하였다. 그 순종의 결과 일평생 아브라함이나 야곱처럼 기구한 인생을 살지 않았다. 창세기의 전체 50장 가운데 38장의 분량이 **아브라함과 야곱과 요셉의 이야기다.** 이는 무엇을 말하는가? 그만큼 쓸 얘기가 많다는 말은 삶이 그만큼 기구했다는 뜻이다. 야곱은 바로에게 이렇게 고했다. "내 나그네 길의 세월이 일백삼십 년이니이다. 나의 연세가 얼마 못되니 우리 조상의 나그네 길의 세월에 미치지 못하나 험악한 세월을 보내었나이다"(창 47:9).

그런데 이삭의 인생은 창세기 26장 한 장에 요약할 정도로 순탄한 삶을 살았다. 더 이상 쓸 것이 없기 때문이다. 사막 지역에서는 우물을 가진 자가 부자다. 이삭이 가는 곳마다 우물을 파면 물이 콸콸 솟았다. 그리고 이삭이 농사를 지으면 씨앗의 100배를 거두었다(창 26:12). 하나님께서 복을 주셨기 때문이다. 하나님이 주시는 100배는 얼마나 많은 수확인가? 성경은 수확을 3단계로 나눈다. 최소가 30배, 중간이 60배, 그리고 최상이 100배다(마 13:23). 이삭은 항상 100배의 수확을 거두었다.

여호와께서 그에게 복을 주셔서 창대하고 왕성하여 마침내 거부가 되었다(창 26:13). 이것이 자녀교육에 있어서 순종이 하나님 앞과 부모의 앞 그리고 자신의 인생에 얼마나 중요한지를 알게 해 주는 교훈이다. 아브라함은 하나님께서 주신 마지막 열 번째 시험을 합격한 후 남은 여생에 큰 복을 받았지만, 이삭은 한 번의 큰 시험(순종)에 합격했기 때문에 나머지 긴 인생이 순탄하였다.

따라서 순종은 기독교인이 지켜야 할 실천 덕목 중 제1순위다. 왜 가정교육이 힘든가? 자녀들이 부모에게 순종하려들지 않기 때문이다. 왜 학교교육이 힘든가? 학생들이 선생에게 순종하려 들지 않기 때문이다. 순종은 옷의 첫 단추와 같다. 첫 단추가 잘못 꿰이면 나머지 단추들이 모두 잘못 꿰이는 것처럼 기독교인에게 순종이란 덕목이 지켜지지 않는다면 나머지 신앙생활이 제대로 됐다고 할 수가 없다.

우리가 여기에서 분명하게 알아야 할 것은 자녀들이 부모가 논리적으로 설명하여 이해할 수 있을 때 따라 가는 것은 진정한 의미의 순종이 아니라는 것이다. 설사 이해가 되지 않는다고 해도 부모의 말씀이기 때문에 따라가는 것이 진정한 순종이다. 또 중요한 것은 "부모에게 순종하는 것이 바로 하나님에게 순종하는 것이다"라는 사실이다. 이것은 무엇을 뜻하나? 자녀들이 하나님에게는 순종을 잘 한다고 하면서 부모에게 순종하지 않는 것은 매우 잘못된 것이라는 사실이다.

그러나 자녀가 부모에게 무조건 순종해야 하는 것은 아니다. 바울은 자녀들에게 "너희 부모를 주 안에서 순종하라 이것이 옳으니라"(엡 6:1)라고 말했다. 이것은 무엇을 뜻하는가? 가령 부모가 주일날 교회 대신에 세상 공부를 시키기 위하여 학원이나 학교에 가라고 한다면 순종해야 하겠는가? 아니다. 이것은 하나님의 뜻이 아니기 때문에 순종할 필요가 없는 것이다.

그렇다면 어떻게 해야 하는가? 부모 자신이 언제나 아브라함처럼 자녀들의 모델이 될 수 있는 신앙생활을 해야 하는 것이 중요하다. 하나님의 말씀에 근거한 생활을 해야 한다. 이삭이 그처럼 아브라함에게 순종했던 것은 아버지 아브라함이 그 만큼 평소부터 하나님의 사람이라는 것을 알고 믿어 왔기 때문이다. 자녀가 잘못되었을 경우 무조건 그들만 탓해서는 안 된다. 부모되기는 쉬워도 부모다운 부모가 되기는 쉽지 않다는 것을 명심해야 한다.

창세기의 4/5 분량이 아브라함과 야곱과 요셉의 이야기다.
그만큼 쓸 얘기가 많다는 말은 삶이 그만큼 기구했다는 뜻이다.
반면 이삭의 인생은 창세기 26장 한 장에 요약할 정도로 순탄한 삶을 살았다.
인생의 시작을 순종으로 심었기 때문이다.

2. 출애굽 후 요셉의 뼈를 63년간 메고 다녔던 유대인들

여기에 소개되는 이야기는 애굽에서 국무총리를 지냈던 요셉이 죽은 후 그의 유해가 422년 만에 가나안에 장사되는 사건이다. 요셉은 아브라함의 4대손이다. 그는 자신이 죽으면서 이렇게 유언한다(B.C. 1805년경).

> 요셉이 그 형제에게 이르되 나는 죽으나 하나님이 너희를 권고하시고 너희를 이 땅에서 인도하여 내사 아브라함과 이삭과 야곱에게 맹세하신 땅에 이르게 하시리라 하고 요셉이 또 이스라엘 자손에게 맹세시켜 이르기를 하나님이 정녕 너희를 권고하시리니 너희는 여기서 내 해골을 메고 올라가겠다 하라 하였더라. (창 50:24~25)

요셉은 죽으면서도 믿음으로 이스라엘 백성이 애굽을 떠날 것을 말했다(히 11:22). 하나님이 유대인을 반드시 가나안으로 인도

하실 것을 믿었다. 얼마나 큰 믿음인가? 요셉이 110세에 죽었는데, 사람들이 그의 몸에 향 재료를 넣고 애굽에서 입관하였다(창 50:26). 즉 요셉의 시체를 미라로 만들어 관에 넣었다. 그리고 요셉이 죽은 후 유대인은 바로의 노예로 전락하였다. 그런데도 그들은 359년 동안이나 요셉의 유해를 보관하는 데 성공하였다.

드디어 유대민족이 하나님의 은혜로 애굽을 탈출할 때가 왔다. 유대민족의 지도자 모세는 그 긴박한 와중에서도 요셉의 해골을 취하는 것을 잊지 않았다(출 13:19). 요셉이 359년 전에 유언한 것을 기억하고 실행에 옮긴 것이다.

> 하나님이 홍해의 광야 길로 돌려 백성을 인도하시매 이스라엘 자손이 애굽 땅에서 항오를 지어 나올 때에 모세가 요셉의 해골을 취하였으니 이는 요셉이 이스라엘 자손으로 단단히 맹세케 하여 이르기를 하나님이 필연 너희를 권고하시리니 너희는 나의 해골을 여기서 가지고 나가라 하였음이었더라. (출 13:18~19)

그뿐인가? 유대인은 그 관을 짊어지고 홍해를 건넌다. 가나안 땅에 들어가기 전 40년간 광야에서 유랑할 때에도 그 관을 매번 짊어지고 다녔다. 그리고 모세의 후계자 여호수아가 요단강을 건널 때도, 가나안을 정복하는 과정에서 전쟁을 치를 때에도 그 관을 짊어지고 다녔다. 마침내 여호수아는 요셉의 뼈를 가나안 북쪽 야곱의 우물이 있는 세겜에 장사 지낸다(수 24:32, B.C. 1383년). 요셉이 죽은 지 약 422년 만의 일이다.

이스라엘 자손이 애굽에서 이끌어 낸 요셉의 **뼈**를 세겜에 장사
하였으니 이곳은 야곱이 세겜의 아비 하몰의 자손에게 금 일백
개를 주고 산 땅이라 그것이 요셉 자손의 기업이 되었더라. (수
24:32)

가나안에 대한 성경적 개념은 무엇인가? 여호와께서 하나님의 백성에게 주기로 예비하신 약속의 기업의 땅이다. 그곳은 영원한 본향, 즉 천국의 표상이다. 안식의 땅이다(창 17:8; 히 4:3, 11:13~16). 아브라함과 이삭과 야곱의 족장들은 가나안에 대한 약속의 성취를 보지 못하고 죽었다. 다만 믿음으로 약속의 성취를 확신하면서 이 땅에서 외국인과 나그네로 살았다(히 11:13~16). 약속의 성취는 출애굽 사건을 거쳐 여호수아에 의해 이루어졌다(여호수아기 참조). 이스라엘이 약속의 땅에서 안식을 얻기까지는 요셉의 유해도 그 무덤에서 안식을 얻지 못한 것으로 간주되었다. 그래서 열조가 묻힌 안식의 땅 가나안에 묻히기를 원한 것이다.

요셉이 형제들의 미움을 받아 가나안을 떠나 애굽으로 들어간 후 유해가 되어 가나안에 묻힌 것은 역사적으로 깊은 의미가 있다. 이것은 하나님이 아브라함에게 횃불 언약을 체결(창 15:1~21, B.C. 2081년)하신 지 실로 699년 후에 이루어진 것이다. 하나님은 아브라함에게 그의 자손이 이방의 객이 되어 사 대 만에 나올 것을 약속하셨다(창 15:13~16). 즉 약속의 성취다.

여호와께서 아브람에게 이르시되 너는 정녕히 알라 네 자손이
이방에서 객이 되어 그들을 섬기겠고 그들은 사백 년 동안 네

자손을 괴롭게 하리니 그 섬기는 나라를 내가 징치할지며 그 후에 네 자손이 큰 재물을 이끌고 나오리라……, 네 자손은 사 대만에 이 땅으로 돌아오리니……. (창 15:13~16)

여기에서 요셉의 아버지 야곱의 유해는 어떻게 되었는지 알 필요가 있다. 야곱도 애굽에서 죽었기 때문이다(B.C. 1859년). 물론 야곱도 자신의 유해를 가나안에 묻어줄 것을 부탁하였다(창 49:29). 그 때는 야곱의 아들 요셉이 높은 관직에 있었기 때문에 바로의 허락을 받고 가나안에 건너가 헤브론에 있는 막벨라 밭 굴에 장사 지냈다(창 49:29~50:1~14). 그곳은 아브라함과 이삭의 부부와 야곱의 첫째 부인 레아의 유해가 묻혀 있는 묘지다(창 49:29~32).

여기에서 잠시 생각해 볼 일이 있다. 유대인의 자녀와 현재 우리의 자녀 사이에 얼마나 큰 차이가 있는가 하는 점이다.

요즘 자녀들에게 애굽에서 죽은 아버지의 관을 그 먼 가나안에 묻어달라고 유언한다면 이를 지킬만 한 자손이 있을까? 그것도 2대나 3대 후라고 해도 지키기 힘들텐데 무려 359년 후에 애굽에서 탈출할 때다. 그리고 출애굽한 후에는 무려 63년 동안이나 요셉의 관을 짊어지고 다녀야 했다. 그 관을 요즘처럼 비행기로 사뿐히 나르는 것도 아니다. 강도 건너고 바다도 건너고 사막도 건너며 광야 40년 동안 짊어지고 다녀야 했다. 더구나 가나안에서는 치열한 전쟁도 치러야 했다.

뿐만 아니라 유대인은 토라의 말씀을 613개의 율법으로 자세히 분류하고, 각 율법에 수많은 코드를 정해 놓고 현재까지도 그것들을 지키려고 최선을 다하는 민족이다. 이유는 간단하다. 여호와께서 그렇게 하라고 명령하시고 훈련시키셨기 때문이다. B.C. 1446년경에 시내산에서 받은 모세의 율법이 2009년 현재까지 무려 3,455년 동안 변개되지 않고 내려올 수 있는 이유는 무엇인가? 그것도 서기관들이 매번 대를 이어 양피지에 베껴 가면서……. 유대인이 하나님의 명령에 철저히 순종했기 때문이다.

유대민족! 그들을 더 이상 미워해서는 안 된다. 그들의 역사가 바로 성경이다. 그들의 고집스런 수고 때문에 오늘날 우리가 성경을 갖고 있지 않는가!

유대인은 요셉이 죽은 지 359년 후 그의 유언을 따라
그의 관을 짊어지고 애굽을 탈출했다.
그후 가나안에 장사 지내기까지
무려 63년 동안이나 요셉의 관을 짊어지고 다녔다.
요즘 자녀들에게 애굽에서 죽은 아버지의 관을
그 먼 가나안에 묻어 달라고 유언한다면 이를 지킬만 한 자손이 있을까?

SHEMA · SHEMA · SHEMA
제2장

아브라함이 받은
지상명령의 내용

I. 구약의 지상명령(창 18:19): 하나님이 아브라함을 선택하신 이유 - 홈 스쿨링의 기원

II. 하나님은 언제 아브라함에게 주신 언약을 성취하셨는가

III. 하나님께서 아브라함에게 어떤 조건으로 약속을 이루어 주시겠다고 말씀하셨는가

IV. 하나님은 왜 하필 아브라함을 사랑하셨는가

V. 아브라함은 평생 몇 명 목회했는가: 구약과 신약의 지상명령의 차이

VI. 요약 및 결론

I. 구약의 지상명령(창 18:19) : 하나님이 아브라함을 선택하신 이유 - 홈스쿨링의 기원

왜 창세기 18장 19절이 하나님이 아브라함에게 주신 구약의 지상명령인가? 이를 수직적 선민교육과 연관지어 자세히 알아보자. 하나님이 택하신 백성의 가정에서 부모가 하나님의 말씀을 자녀에게 전수하여 그 자녀가 하나님의 형상을 닮도록 교육하는 것이 '수직적 선민교육'이다.

수직적 선민교육의 성경적 근거는 무엇인가? 하나님은 언제 누구에게 수직적 선민교육에 관한 말씀을 처음으로 하셨는가? 흔히 모세의 때부터라고 생각하지만 그렇지 않다. 유대인의 조상 아브라함 때부터다. 하나님은 아브라함을 선택하신 이유를 이렇게 설명하셨다.

> 내가 아브라함을 선택한 것은, 그가 자식들과 자손을 잘 가르쳐서, 나에게 순종하게 하고, 옳고 바른 일을 하도록 가르치라는 뜻에서 한 것이다. 그의 자손이 아브라함에게 배운 대로 하면, 나는 아브라함에게 약속한 대로 다 이루어 주겠다. (창 18:19, 표준새번역)

이 말씀은 하나님이 아브라함에게 주신 지상명령이다. 즉 구약의 선민 유대인에게 분부하신 지상명령이다. 그리고 이것이 홈스쿨링의 성경적 기원이 된다.

하나님은 이 지상명령을 아브라함에게 주실 때 인류 구원 계획에 대한 그의 깊은 속을 드러내신다. 창조자 하나님만이 갖고 계신 원대한 비밀을 아담과 하와가 타락한 이후 처음으로 선민의 첫 번째 조상 아브라함에게 일대 일로 직접 말씀하시는 장면이다.

> 여호와께서 가라사대 나의 하려는 것을 아브라함에게 숨기겠느냐? (창 18:17)

얼마나 놀랍고 비장한 결심인가? 그리고 장차 아브라함과 그의 후손들이 구약의 지상명령을 지킨 결과 어떻게 될 것인가에 대한 원대한 청사진도 보여 주신다. 즉 약 2,070년 후 메시아이신 예수님이 오신 후 장차 될 일을 미리 예언하신 것이다. 물론 이 때는 아브라함이 약속의 아들 이삭을 낳기 전이었다.

> 아브라함은 강대한 나라가 되고 천하 만민은 그를 인하여 복을 받게 될 것이 아니냐? (창 18:18)

이 확신에 찬 18절의 말씀은 하나님께서 아브라함을 선택하실 때 주신 창세기 12장 2절~3절의 언약을 재확인하시며, 이어지는 19절의 지상명령이 얼마나 중요한지를 가르쳐 주시는 말씀이다. 또한 이 말씀이 소돔과 고모라 사건 이전에 주셨다는 것에서 우리는 다시 한 번 인류구원을 위한 하나님의 간절한 소원과 단호한 의지를 읽을 수 있다.

유대인 아버지는 자녀에게 구약의 지상명령인 하나님의 말씀을 전수해야 할 사명이 있다.
(사진: 부림절에 회당에서 아버지가 아들과 함께 에스더서 두루마리 성경을 읽고 있다.)

　이 때 가정에서 "자손 대대로 자녀에게 말씀을 전수하라"(창 18:19)는 구약의 지상명령을 주시는 하나님의 심정은 죽음에서 부활하신 예수님이 승천하시기 전 제자들에게 "땅 끝 모든 족속으로 제자를 삼아라"(마 28:19~20; 행 1:8)고 분부하신 신약의 지상명령을 주실 때와 비교된다.

　이제 창세기 18장 19절 말씀이 왜 구약의 지상명령인지 수직적 선민교육의 관점에서 몇 가지로 설명해 보자.

1. 하나님이 아브라함을 선택하신 이유는 무엇인가

[보조 질문]

교육신학적 입장에서 구약의 지상명령을 실천하는 가정교회와 신약의 지상명령을 실천하는 신약 교회의 차이는 무엇인가?

A. 아브라함이 자식들과 자손을 잘 가르치게 하기 위함이다: 가정 성전과 신약교회의 차이

하나님이 아브라함을 선택하신 이유는 "그(아브라함)가 자식들과 자손을 잘 가르치게 하기 위함이다"(창 18:19aa). '가르치는 일, 즉 교육' 때문이다. 누가 누구를 가르치는가? 아브라함이 '자식들과 자손'을 가르치는 일이다. 무엇을 가르치는가? 교육의 내용은 하나님의 말씀이다. 이것에 더 발전된 내용이 유대인 자녀교육의 대명사인 구약의 지상명령 '쉐마'(신 6:4~9)의 말씀이다. [쉐마에 대한 더 자세한 내용은 본서 제2권 제4부 '하나님이 유대민족에게 주신 지상명령, 쉐마' 참조]

> 이스라엘아 들으라 우리 하나님 여호와는 오직 하나인 여호와시니 너는 마음을 다하고 성품을 다하고 힘을 다하여 네 하나님 여호와를 사랑하라 오늘날 내가 네게 명하는 이 말씀을 너는 마음에 새기고 네 자녀에게 부지런히 가르치며 집에 앉았을 때에든지 길에 행할 때에든지 누웠을 때에든지 일어날 때에든지 이 말씀을 강론할 것이며 너는 또 그것을 네 손목에 매어 기호를 삼으며 네 미간에 붙여 표를 삼고 또 네 집 문설주와 바깥 문에 기록할지니라. (신 6:4~9)

두 가지 성전(교회)의 역사

시대 구분	성전 구분	가정 성전	공동체를 위한 성전
구약시대	에덴동산	**아담과 하와의 가정** 최초의 성전(실패한 가정교육)	없 음
구약시대	족장시대	**아브라함과 사라의 가정** 에덴동산에서 추방당한 후 최초의 성전(성공한 가정교육) 구약의 지상명령 시작(창 18:19)	없 음
구약시대	출애굽 이후	**이스라엘 백성들의 각 가정** 지상명령 쉐마(신 6:4~9) (성공한 가정교육)	**광야의 성막** 이스라엘 민족의 공동체 교회 (출 25:1~31:18, 35:1~40:38)
		↓ ↓	↓ ↓ **예루살렘 성전** 솔로몬이 지은 성전 (왕상 5:1~8:66; 대하 2:1~7:22)
신약시대		**기독교인들의 각 가정** 예수님을 구주로 믿는 성도들	**예루살렘 교회들** 사도행전 2장 성령 강림 후

    중요한 사실은 구약의 지상명령이 수행되는 교육의 장은 가정이고, 교사는 부모, 학생은 자녀라는 점이다. 즉 교육신학적 입장에서 구약의 지상명령이 수행되는 가정은 거룩한 하나님을 모시는 성전이 되고, 부모는 교사 혹은 목회자가 되고, 자녀는 교인 혹은 학생이 된다는 사실이다.

    가정이라는 성전에서 부모가 자녀에게 말씀을 전수하는 때는

가정에서 부모가 안식일 절기를 지키며 자녀에게 말씀을 전수하는 유대인 가정 성전.

사진 설명: 구약의 지상명령은 가정 성전의 식탁에서 실천된다(상).
그러나 신약의 지상명령은 공동체 교회에서 실천된다(하).

교회 공동체(빌딩)에서 예배드리는 신약교회 성도들.

제2장 아브라함이 받은 지상명령의 내용

하나님에게 예배드리는 가정예배 시간이다. 그 전형적인 모형이 바로 유대인의 안식일 절기 식탁이다. [자세한 것은 저자의 저서 《IQ는 아버지 EQ는 어머니 몫이다》(쉐마, 2005) 제1권 제3부 제4장 '유대인의 교육 장소' 참조] 물론 유대인 부모는 그 외에도 시간만 나면 자녀에게 말씀을 가르친다. 즉 자녀양육의 중심지(center)는 가정이다. 교회나 학교가 아니다.

교회론적 입장에서 인류 역사에 최초의 성전은 어느 것이었나? 아담과 이브가 하나님께 불순종하여 에덴동산에서 추방당하기 이전 그들의 가정이다. 그 가정은 실패한 가정교육의 모델이다. 에덴동산에서 추방당한 이후 최초의 성전은 믿음의 조상 아브라함과 사라의 가정이다. 그 가정은 성공한 가정교육의 모델이다. 그 후 족장시대에는 이스라엘 민족의 공동체 교회가 없었다.

이스라엘 민족의 최초의 공동체 교회는 언제 세워졌는가? 출애굽 이후 광야에서 공동체를 위한 성막이 지어졌다(출 25:1~31:18, 35:1~40:38). 이것이 나중에 솔로몬의 예루살렘 성전으로 발전된다(왕상 5:1~8:66; 대하 2:1~7:22).

혹자는 이렇게 질문할 수도 있다. 가정이 성전이라면 예루살렘 성전과 그 기능이 어떻게 구분되는가? 이스라엘 백성이 출애굽한 후에 만들어진 성막이나 솔로몬 성전은 이스라엘 민족 공동체가 제사장을 통해 하나님에게 제사(예배)를 드리는 곳이다. 기본적으로 말씀을 전수받는 교육의 장소가 아니다.

따라서 구약시대에 두 가지 성전; 부모가 자녀에게 말씀을 전수하는 가정 성전과 이스라엘 민족 공동체가 제사(예배)드리는 예

가정 성전과 예루살렘 성전의 차이

구분	가정 성전	예루살렘 성전
기원	1. 에덴동산의 아담과 하와 가정 2. 아브라함과 사라의 가정(창 8:19) 3. 모든 이스라엘 백성의 가정; 쉐마(신 6:4~9)	출애굽 후 성막에서 유래됨
목적	· 구약의 지상명령을 지켜 행하는 곳 · 부모가 자녀에게 하나님의 말씀을 전수하는 곳(자녀 양육의 중심지)	이스라엘 백성 공동체가 함께 제사드리는 곳
성전의 제사장	각 가정의 아버지	아론의 후손
성전의 구성원	가족	전체 이스라엘 백성
제사장의 주요 임무	자녀 양육: 자녀에게 말씀전수	하나님에게 제물을 바쳐 제사를 드림
말씀을 전수하는 자	각 가정의 모든 아버지	-
말씀을 받는자	가정의 자녀	-
할례(구원의 표) 하는 장소	가정 성전에서 받음	
신약시대에 적용	· 구약시대와 동일한 개념 · 각 기독교인의 가정도 구약의 지상명령을 지켜 행하는 곳이다.	오순절 성령 강림 이후 공동체 교회로 전환

루살렘 성전이 있는 것처럼, 신약시대에도 가정 성전에서는 부모가 자녀에게 말씀을 전수하게 하고 교회에서는 믿음의 공동체가 예배드리는 성전의 기능을 가지도록 해야 한다.

성경신학적으로 신약 교회의 모델은 구약에서 찾아야 하기 때문이다. 이것을 정리하면, 하나님께서 인간(아담과 이브)을 창조하신 이후 두 가지 중요한 기관(성전)을 주셨다는 것을 알 수 있다. 하나는 가정이란 성전이고, 둘째는 공동체(회중)가 예배드리는 교회를 주셨다는 것이다.

물론 이것은 구약시대뿐만 아니라 신약시대에도 동일하게 적용된다. 신약시대의 기독교인도 유대인과 동일하게 믿음으로 구원 받은 아브라함의 후손이기 때문이다(갈 3:6~9; 롬 4:13). 따라서 신약시대에도 가정이 성전이라는 구약시대의 개념과 그 기능은 각 기독교인의 가정에 동일하게 적용되어야 한다. 그리고 구약의 예루살렘 성전의 기능은 오순절 성령 강림(행 2장) 이후 각 공동체 교회가 대신한다. (물론 구약시대와 신약시대에 하나님께 드리는 예배에 차이가 있으나 여기서는 생략함)

여기서 주목해야 할 중요한 점은 구약의 지상명령을 수행하는 데 필요한 교육의 대상이 '이웃이나 다른 나라 사람'이 아니고, '자식들과 자손'이라는 점이다. 즉 부모가 자녀를 말씀의 제자 삼도록 교육하는 것이다. 이것이 하나님이 아브라함에게 주신 지상명령이다. 따라서 구약의 지상명령은 가정이라는 성전에서 지켜지게 되어 있다. 이것이 가정사역의 기본이 된다.

이와 대조적으로 신약의 지상명령이 지켜지는 곳은 어디인가? 가시적인 교회당(건물)이라는 교회다. 따라서 신약시대 교육의 장은 교회이고, 교사는 목사이고, 학생은 교인이 된다. 그리고 이 주님의 몸된 교회를 통해 이웃전도와 세계선교가 이루어진다.

요약하면, 구약시대 목회의 중심은 시작부터 가정이었고, 신약시대 목회의 중심은 시작부터 공동체 교회였다. 구약 시대에 가정이 목회의 중심이 될 수밖에 없었던 이유는 또 있다. 예루살렘 성전(교회)은 온 이스라엘 나라에 하나밖에 없었다. 따라서 지리적으로 거리가 먼 곳에 거주하는 전국에 흩어진 이스라엘 백성들이 매 안식일마다 예루살렘 성전에서 예배를 드리는 것은 불가능했다. 따라서 그들은 예루살렘 성전에 참석하는 것은 특정한 절기 때로 제한할 수밖에 없었다.

외적인 구원의 표도 구약시대와 신약시대가 다르다. 구약에서는 아브라함이 가진 믿음으로 된 의는 외적으로 '할례'로 표시되어(롬 4:11; 참. 창 15:6; 17:11) 믿음의 가정을 중심하여 후손들로 이어져 갔지만(김의원, 쉐마교육을 아십니까?, 2007, p. 15), 신약시대 하나님의 백성들은 교회를 중심으로 '할례' 대신 '세례'를 받게 하였다. 세례는 구원받은 하나님의 백성이 마땅히 가져야 할 '구원의 표'(벧전 3:21; 참. 골 2:11~12)이기 때문이다.

[저자 주: 하나님께서는 아브라함에게 하나님과 아브라함 사이의 언약의 표징(구원의 표)으로 가정에서 가족에게 '할례'를 하도록 명령하셨다(창 17:10~14). 구약시대에 할례를 예루살렘 성전이 아니라 가정에서 행하도록 했다는데 주목하라.]

> 저가 할례의 표를 받은 것은 무할례 시에 믿음으로 된 의를 인친 것이니 이는 무할례자로서 믿는 모든 자의 조상이 되어 저희로 의로 여기심을 얻게 하려 하심이라 또한 할례자의 조상이 되었나니 곧 할례 받을 자에게 뿐 아니라 우리 조상 아브라함의

> 무할례 시에 가졌던 믿음의 자취를 좇는 자들에게도니라. (롬 4:11~12)

이것은 무엇을 뜻하는가? 구약시대의 유대인이나 신약시대의 기독교인은 모두 이면적으로는 믿음으로 구원받은 아브라함의 후사(롬 4:11~13)라 하더라도, 유대인은 가정을 중심하여 할례를 받아 수직적인 후손들로 이어져 갔지만, 기독교인은 교회를 중심하여 세례를 받아 수평적인 교회 성장과 세계선교로 이어져 갔다는 것을 뜻한다.

그리고 지상명령이 성취되기 위한 조건 중의 하나가 '명령(command, צָוָה, 짜바)'이란 단어다. 창세기 18장 19절에 "아브라함은 자녀와 자손들에게 명한다"(he may command his children and his household after him)고 적혀 있다. 왜 아브라함이 자녀와 자손들, 즉 후세대에게 명령을 했을까? 하나님이 그렇게 명령하셨기 때문이다. 그만큼 하나님의 지상명령이 중요하다는 뜻이다. 그래서 본 구절의 중심 뜻은 "하나님이 아브라함을 사랑하시는 이유가 그가 하나님의 말씀을 자손에게 전수할 것이기 때문이다"(Scherman & Zlotowitz, The Chumash, 2005, p. 82).

랍비의 성경 강해

기도하는 장소는 결코
예배당이 아니라 자기 집에서

"여호와는 네게 복을 주시고 너를 지키시기를 원하며, 여호와는 그 얼굴로 네게 비취사 은혜 베푸시기를 원하며, 여호와는 그 얼굴을 네게로 향하여 드사 평강 주시기를 원하노라 할지니라" 하라. (민수기 제6장 제24~26절)

'여호와는 그 얼굴을 네게로 향하여'라는 것은 유대인은 '하나님께서 나의 집에 사시도록'이라는 뜻을 담고 있다. 그것은 하나님께 기도하는 장소는 결코 예배당(회당)이 아니라 자기 집에서 기도드리는 것이 가장 중요하다고 생각되고 있었다.

성전보다는 자기 집이 하나님께 기도드리는 장소였다. 모든 축제일은 집안에서 제사지내졌다. '가정이 매우 행복해지도록'이라는 기원이 담겨져 있기 때문인 것이다.

마지막으로 '평강 주시기를 원하노라'라고 가정의 평안을 빌고 있지만, 히브리어로는 '당신이 평안을 얻을 수 있도록'이라고 되어 있다. 영역으로는 마치 행복이 선반에서 떨어지는 식으로 라는 기도가 되어 있지만, 히브리어에서는 그런 뉘앙스가 아니라 역시 '개인의 노력에 의하여'라는 뜻이 담겨져 있다.

_Tokayer, 탈무드 2: 탈무드와 모세오경, 동아일보, 2007, p. 249.

B. 아브라함은 이삭을 어떤 인물이 되도록 가르쳤나

아브라함은 자식들이 어떻게 되도록 가르쳤으며 가르친 교육의 결과는 자녀들에게 어떻게 나타났는가?

1) 하나님 앞에 순종하게 했다

먼저 "하나님께 순종하게 했다"(창 18:19ab). 하나님은 하나님의 백성에게 무엇을 가장 원하시는가? 순종이다. 하나님의 말씀에 무조건 순종하는 것이 가장 큰 성도의 덕목이다.

하나님이 유대인의 조상 아브라함, 이삭 그리고 야곱을 훈련시키실 때에도 마지막 믿음의 시험 단계로 온전한 순종을 요구하신 이유가 여기에 있다. 아브라함이 얼마나 이삭에게 순종교육을 잘 시켰나 하는 것은 창세기 22장 1~24절에 나타난 이삭의 순종의 열매로 잘 알 있다. (자세한 내용은 본서 제2부 제1장 III. 1. '교육학적 입장에서 본 이삭의 순종' 참조)

믿음의 결과는 순종이라는 행위의 열매로 나타나야 한다. 하나님이 유대인과 시내산에서 언약을 맺을 때에도 그들이 하나님께서 주신 율법을 실천하고 순종할 것을 요구하셨다. 따라서 유대인은 그 조건에 맞추어 언약을 체결할 수밖에 없었다.

모세가 언약서를 가져 이스라엘 백성에게 낭독하여 들리매 그들이 가로되 "여호와의 모든 말씀을 우리가 준행하리이다 (Everything that Jehova has said, We will Do, and We Will Obey)"(출 19:7).
순종이 되지 않는 상태에서는 하나님의 형상을 닮게 교육시킬

하나님은 아브라함에게 자손들에게 말씀을 대물림하라는 지상명령을 주셨다. 아브라함과 이삭과 야곱처럼 3대가 세대차이가 없으면 영원히 세대차이가 없다.
(사진: 유대인의 할아버지와 아버지와 아들, 3대가 새벽 기도를 준비하고 있다.)

수가 없다. 즉 순종은 교육의 가치들 중에 가장 중요한 덕목이다. 따라서 하나님은 "순종이 제사보다 낫다"(삼상 15:22)고 말씀하셨다.

이것은 자녀교육에도 적용된다. 자녀가 부모에게 순종하지 않으면 부모는 자녀를 교육시킬 수가 없다. 바울이 자녀들에게 부모에게 순종하라고 명한 이유가 여기에 있다(엡 6:1~3). [자세한 것은 저자의 저서 《IQ는 아버지 EQ는 어머니 몫이다》(쉐마, 2005), 제2권 제5부 '유대인의 효도교육' 참조]

2) 여호와의 도를 지켜 행하게 했다

여호와의 도를 지켜 행하게 했다. 그것은 옳고(charity, 선행, 유대인 성경 번역), 바른 일(justice)을 행함이다(창 18:19ac). '옳은 일'은 '선행' 혹은 '긍휼을 베푸는 일'을 뜻한다. '바른 일'은 '사회 정의의 구현'을 말한다. 전자가 '사랑'이라면 후자는 '율법'이다. 이 두 기둥이 바로 서야 사회가 따뜻하며 질서가 바로 잡힐 수 있고, 약자가 억울한 일을 당하지 않는다. 소돔과 고모라 사건이 일어난 이유도 이 두 가지를 실천하지 못했기 때문이다.

2. 아브라함은 왜 자녀와 후대에게 자신의 자녀를 말씀의 제자 삼도록 명령했는가

아브라함은 자녀와 후대에게 그들이 자녀를 낳으면 그들을 말씀의 제자 삼도록 명령했다. 그 이유는 무엇인가? "하나님께서 **아브라함에게 약속하신 것**"을 이루시기 위함이다(창 18:19d). 하나님이 아브라함을 선택하셨을 때 그에게 무엇을 약속하셨는가? "너(아브라함)는 복의 근원이 될 것이고, 땅의 모든 족속이 너를 인하여 복을 얻을 것이다"(창 12:2~3)라고 약속하셨다.

이것을 더 구체적으로 말하면, 아브라함의 씨가 크게 번성하여 하늘의 별과 같고 바닷가의 모래와 같게 하여 천하 만민이 그를 통하여 복을 얻게 하겠다는 것(창 13:16, 15:5, 22:17~18)이다.

> 내가 네게 큰 복을 주고 네 씨로 크게 성하여 하늘의 별과 같고 바닷가의 모래와 같게 하리니 네 씨가 그 대적의 문을 얻으리라 또 네 씨로 말미암아 천하 만민이 복을 얻으리니 이는 네가 나의 말을 준행하였음이니라 하셨다 하니라. (창 22:17~18)

이것은 하나님이 타락한 인간을 구원하시려는 원대한 계획을 아브라함을 통하여 이루시겠다는 것을 뜻한다. 그렇기 때문에 하나님은 아브라함이 장차 '열국의 아비(a father of many nations)'(창 17:5)가 될 것을 예언하셨다.

(저자 주 1: 창세기 12장 2~3절에 관한 월터 카이저의 견해에 대해서는 본서 제2부 제4장 I. 1. B. '카이저의 창세기 12장 3절 견해에 대한 저자의 의견' 참조)

(저자 주 2: "아브라함은 당시 공동체 교회도 없었는데 어떻게 믿음을 지킬 수 있었는가?"에 대해서는 가정신학 제1권 IV. 2. '아브라함은 당시 공동체 교회도 없었는데 어떻게 믿음을 지킬 수 있었는가: 구약의 수직적 믿음과 신약의 수평적 믿음의 차이' 참조)

II. 하나님은 언제 아브라함에게 주신 언약을 성취하셨나

1. 예수님이 오신 후 이스라엘은 이방을 비추는 빛이 되었다

하나님은 아브라함에게 인류 구원에 대한 언약을 주셨다(창 12:1~3). 하나님은 언제 아브라함에게 주신 그 언약을 성취하셨나? 구약시대인가? 신약시대인가? 그 언약은 메시아이신 예수님이 오심으로 말미암아 빠른 속도로 이루어지기 시작했다(Calvin, Delitzsch, Keil).

여기에서 우리가 주목해야 할 것은 예수님 자신도 아브라함의 족보를 따라 오셨다(마 1:1)는 점이다. [물론 예수님은 성령으로 동정녀 마리아의 몸을 빌려 나셨다(마 1:18; 눅 2:5~7)] 그리고 신약시대 2000년간 예수님을 믿는 전 세계 수많은 이방인 기독교인들이 아브라함의 자손들이 된다는 사실이다.

이것은 창세기 12장 3절에 하나님이 아브라함을 선택하실 때 "땅의 모든 족속이 너(아브라함)를 인하여 복을 얻을 것이니라"(창 12:3)라는 말씀과 창세기 22장 18절에 "네 씨로 말미암아 천하 만민이 복을 얻으리라"(창 22:18)고 약속하신 그 말씀이 예수님이 오심으로 성취되었다는 것을 증명한다.

바울은 이것을 하나님께서는 이방이 믿음으로 의인이 될 것을 미리 아시고 먼저 아브라함에게 복음을 전하셨다고 설명했다. 즉 기독교인들은 예수님을 믿음으로 말미암아 영적 유대인이 되며,

천국 백성이 된다(갈 3:6~9)는 것이다.

> 아브라함이 하나님을 믿으매 이것을 그에게 의로 정하셨다 함과 같으니라 그런즉 믿음으로 말미암은 자들은 아브라함의 아들인 줄 알지어다 또 하나님이 이방을 믿음으로 말미암아 의로 정하실 것을 성경이 미리 알고 먼저 아브라함에게 복음을 전하되 모든 이방이 너를 인하여 복을 받으리라 하였으니 그러므로 믿음으로 말미암은 자는 믿음이 있는 아브라함과 함께 복을 받느니라. (갈 3:6~9)

이사야 선지자는 하나님이 아브라함에게 주신 언약의 성취를 예수님이 오시기 전 약 700년 전에 하나님이 이스라엘을 제사장 나라로서 '이방의 빛'이 될 것이라고 예언했다(사 42:6, 49:6).

> 나 여호와가 의로 너를 불렀은즉 내가 네 손을 잡아 너를 보호하며 너를 세워 백성의 언약과 이방의 빛이 되게 하리니……. (사 42:6)

> 그가 가라사대 네가 나의 종이 되어 야곱의 지파들을 일으키며 이스라엘 중에 보전된 자를 돌아오게 할 것은 오히려 경한 일이라 내가 또 너로 이방의 빛을 삼아 나의 구원을 베풀어서 땅 끝까지 이르게 하리라. (사 49:6)

이러한 말씀들은 그리스도의 구속 사역으로 말미암아 완전한 성취를 보게 되었다. 예수님은 '이방을 비추는 빛'이시며 '주의 백성 이스라엘의 영광'이시다(눅 2:32; 요 1:9). 이는 하나님이 만민 앞에 이미 예비하신 것이다(눅 2:31).

따라서 기독교 2,000년간 예수님의 복음은 인종과 신분, 공간과 시간을 초월해 땅 끝까지 모든 인간들의 장벽을 뛰어넘어 모든 이들에게 비추게 되었다. 그리고 예수님의 복음이 가는 곳마다 유대인의 율법, 즉 구약 성경의 말씀이 함께 전해져 세상의 빛이 되고 있다. 때문에 예수님은 기독교인을 세상의 빛이라 말씀하셨고(마 5:14), 그 빛을 사람들 앞에 비추라고 말씀하셨다(마 5:16).

**예수님은 '이방을 비추는 빛'이시며
'주의 백성 이스라엘의 영광'이시다(눅 2:32; 요 1:9).
이는 하나님이 만민 앞에 이미 예비하신 것이다(눅 2:31).**

2. 예수님이 오신 후 아브라함은 열국의 아비가 되었다

아브라함의 시작은 지극히 미약한 아들 한 사람이었지만, 나중은 실로 창대한 결과를 낳게 되었다. 얼마나 위대한 업적이며, 기적 같은 일인가! 아브라함은 하나님이 약속하신대로 '열국의 아비'(창 17:5)가 되었다.

아브라함의 이름을 분석해 보자. 유대인의 '아바 신학'의 시작은 어디에서 찾을 수 있는가? 그들의 조상 아브라함에게서부터 찾을 수 있다. '아브라함(אַבְרָהָם)'의 본래 이름은 '아브람(אַבְרָם)' 이었다. '아람의 아버지'란 뜻이다. 그것은 그의 본래 고향인 갈데아 우르에서 불렀던 이름이다. 그런데 하나님은 더 이상 이방인 아람과의 관계를 하지 않게 하기 위하여 '아브라함'이란 새로운 이름으로 바꾸어 주셨다(창 17:5, Rashi, *Commentary on the Torah Vol. 1. Genesis*, 2003, p. 162). 새 이름은 율법의 의미(halachic implication)가 담긴 개종(convert)을 뜻하는 것이다. 이것은 이방을 뜻하는 옛 이름에서 하나님의 백성이 된 새로운 신분의 변화를 뜻한다(Scherman & Zlotowitz, *The Chumash*, 2005, p. 73).

'아브라함(אַבְרָהָם)'이라는 단어는 '아브(אַב)'와 '라함(רָהָם)'이라는 두 단어의 합성어다. '아브(אַב)'는 '아버지(אַב)'란 뜻이고, '라함(רָהָם)'은 '열국'이란 뜻이다. 따라서 '아브라함'이라는 이름은 '열국의 아비(father of a multitude of nations)'라는 뜻이다. 하나님께서는 새로운 언약의 성취를 위하여 창세기 17장에 '아브람'이란 이방의 일개 '아람의 아버지'란 이름을 '열국의 아버지'로 바꾸어 주신 것이다(창 17:5).

왜 하나님은 '아브람'의 이름을 '아브라함', 즉 '열국의 아버지'로 바꾸어 주셨는가? 그것은 "하나님께서 아브라함에게 약속하신 것"(창 18:19b)을 이루시기 위함이다.

따라서 구약의 지상명령은 하나님의 구속사적 입장에서 이해해야 한다. 하나님의 초지일관된 관심은 타락한 인간을 구원하시는 것이다. 그래서 아브라함을 택하셨고, 그에게 지상명령을 주셨다. 그래서 그는 그것을 지켜 행했을 뿐만 아니라, 그는 그의 후손들에게도 그것을 계속 지켜 행하도록 명령하셨다. 그리고 그 후손 유대인은 자신들의 조상 아브라함이 명하신대로 구약의 지상명령을 지켜 행했다.

그 결과 율법(말씀)이 대를 이어 전수되어 오실 메시아, 예수님이 오실 수 있게 하는데 성공하였다. 만약 구약의 지상명령이 한 세대라도 지켜 행해지지 않았다면, 예수님이 오실 수 없게 되었을 것이다. 그리고 이방인의 구원도 성취될 수 없었을 것이다.

따라서 하나님의 인류 구원의 계획에 의하여 구약의 지상명령의 목적은 오실 메시아를 준비하기 위함이고, 신약의 지상명령의 목적은 오신 예수님(복음)을 만방에 전파하기 위함이다.

하나님은 지금도 아브라함에게 주셨던 그 언약(창 12:1~3)을 성취하고 계신다.

**왜 하나님은 '아브람'의 이름을 '아브라함',
즉 '열국의 아버지'로 바꾸어 주셨는가?
그것은 "하나님께서 아브라함에게 약속하신 것"(창 18:19b)을
이루시기 위함이다.**

III. 하나님께서 아브라함에게 어떤 조건으로 약속을 이루어 주겠다고 말씀하셨는가

하나님께서는 아브라함에게 주신 약속(언약)을 무조건 이루어 주시겠다고 말씀하시지 않았다. 조건을 주셨다. 그것이 무엇인가? 그의 자손들이 아브라함으로부터 배운 대로 행하는 조건이다(창 18:19c).

즉 아브라함의 자손들이 선조에게서 내려오는 말씀(율법)을 전수받고, 그대로 행할 뿐만 아니라, 그것을 다시 자녀들에게 가르쳐 전수하는 것을 반복적으로 계속되어야 하는 조건을 붙이셨다. 만약 그의 자손이 그렇지 못할 경우에는 하나님이 아브라함에게 하신 약속이 이루어질 수 없다는 말씀이다.

유대인이 조상으로부터 받은 말씀이 대를 이어져야 한다는 연속성(continuity)을 강조하는 이유가 여기에 있다. 따라서 부모가 자녀에게 말씀을 전수하는 일은 하나님의 구속의 역사를 위하여 필수적으로 해야 할 하나님의 지상명령이다.

유대인은 이것을 쇠사슬에 비유한다. 아무리 길고 훌륭한 쇠사슬이라도 고리 하나가 망가지면 더 이상 쓸모가 없는 것처럼(Tokayer, 탈무드 5: 탈무드의 잠언집, 2009, p. 372), 한 세대라도 하나님의 말씀을 다음세대에 전수하는 데 실패하면 구원자 예수님께서 오실 수 없다는 것이다. 여기에서 쇠사슬 고리 하나하나는 각세대의 연결을 뜻한다는 것에 주목해야 한다.

하나님께서 아브라함에게 약속을 이루어 주시겠다는 조건은
그의 자손들이 선조에게서 내려오는 말씀(율법)을 전수받고,
그것을 자녀들에게 반복하여 전수하는 것이다.

아무리 길고 훌륭한 쇠사슬이라도 고리 하나가 망가지면 더 이상 쓸모가 없는 것처럼, 한 세대라도 하나님의 말씀을 다음세대에 전수하는 데 실패하면 구원자 예수님이 오실 수 없다.
좌: 고리 하나가 끊어져 **쓸모없는 쇠사슬**.
우: 고리 하나가 연결되어 **쓸모있는 쇠사슬**.

랍비의 토막 상식

아무리 길고 훌륭한 쇠사슬이라도
고리 하나가 망가지면 더 이상 쓸모가 없다

이것은 유대인에게 가장 중요한 속담 가운데 하나다. 유대인들은 성경의 가르침(하나님의 말씀)을 수천 년 동안 계속 자녀들에게 전수하며 지켜왔다. 따라서 지금도 수천 년 전과 같은 유대인이 있을 수 있다.

이 말은, 각 세대들이 긴 쇠사슬의 고리처럼 이어져 있다는 것이다. 아무리 길고 훌륭한 쇠사슬이라도 고리 하나가 망가지면 더 이상 이어질 수가 없다. 그렇게 되면 쓸모가 없게 된다.

만일 어떤 세대의 유대인이 성경의 가르침을 포기하여 자녀들에게 가르쳐 전수하지 않았다면, 쇠사슬의 그 고리 하나가 망가진 것이다. 그렇다면 제아무리 훌륭한 쇠사슬일지라도 그것은 쓸모가 없을 것이다.

또 다른 뜻은 유대인은 모두가 한 가족이며 세계 각지에 흩어져 살더라도 유대인의 대가족으로서 산다는 것이다. 이것도 유대인의 크고 훌륭한 쇠사슬이라고 생각된다. 그런데 만약에 몇 몇 유대인들이 유대인임을 포기한다면, 쇠사슬의 고리가 부서져버리는 것같이 이미 유대의 대가족은 존재할 수 없게 된다.

그래서 유대인은 쇠사슬을 더 길고 넓게 잇기 위해 어릴 적부터 이 격언을 많이 듣고 배우고 경험하며 자란다.

_Tokayer, 탈무드 5: 탈무드의 잠언집, 동아일보, 2009, pp. 372~373.

IV. 하나님은 왜 하필 아브라함을 사랑하셨는가

아브라함이 살 당시에도 수많은 사람들이 있었다. 그런데 하나님은 왜 하필 아브라함을 사랑하셨는가? 이를 설명하기 위하여 정통파 유대인이 애용하는 유대인의 성경을 보자(Tanach, *Mesorah Publications*, Ltd. 1998).

이 성경에는 '내가 아브라함을 선택한 것은'이란 말씀에 사용한 '선택'을 '사랑(love, יְדַעְתִּיו)'이라고 표현했다. 원래 히브리어의 '예다이티브, יְדַעְתִּיו'는 지식과 관계된 '알다(KJV에는 know로 번역했다)'라는 뜻인데, 토라에서는 가끔 두 번째 뜻인 '사랑'으로도 쓰인다 (Scherman & Zlotowitz, *The Chumash*, 2005, p. 82).

따라서 창세기 18장 18절과 19절의 말씀을 연관해 보면, "왜 하나님께서 아브라함을 사랑하셨는가?"라는 질문에 대한 답을 발견할 수 있다. 그리고 이것은 하나님이 왜 그를 믿음의 조상으로 선택하셨는가 하는 이유와 연관된다.

하나님이 아브라함을 택하신 이유는 '세상의 신적 행동의 배역(a role in the Divine conduct of the world)'을 맡기기에 그가 가장 적합하다고 여기셨기 때문이다. '세상의 신적 행동의 배역'이란 무엇인가? 부모가 자녀에게 말씀 교육을 잘 시키는 것이다(p. 82). 즉 하나님이 아브라함을 택하신 이유는 세상에서 자녀에게 말씀 교육을 잘 시키어 자녀를 말씀의 제자 삼는 일에 그를 최상의 모델로 여기셨기 때문이다.

여기에서 아브라함은 하나님의 선민인 유대민족 전체를 대표한다고 보아야 한다. 왜냐하면 아브라함뿐만 아니라 그의 후손들이 2,000년 동안 중단 없이 대를 이어 구약의 지상명령을 잘 지켜 행했어야 예수님께서 오실 수 있었기 때문이다.

이제 우리는 아브라함이 다른 사람들과 비교하여 무엇이 위대한 점인지를 발견할 수 있다. 그것은 그와 그의 후손이 하나님으로부터 쉐마교육의 사명자로 부름을 받았고, 이 사명을 감당하기 위하여 최선을 다한 결과 하나님이 원하시는 자녀교육에 성공했다는 점이다.

하나님이 이를 확신하시는 장면이 창세기 18장 18절에 나온다. 하나님은 "아브라함은 강대한 나라가 되고 천하 만민은 그를 인하여 복을 받게 될 것이 아니냐?"(창 18:18)라고 말씀하시며 장차 될 일을 나타내셨다. 물론 이 말씀은 하나님이 아브라함을 부르실 때부터 언약으로 주신 말씀이다(창 12:1~3).

아브라함이 이삭을 번제로 바친 이후에는 하나님이 아브라함에게 이 언약을 더 확고하게 확인시키신다.

> 또 네 씨로 말미암아 천하 만민이 복을 얻으리니 이는 네가 나의 말을 준행하였음이니라. (창 22:18)

"네가 나의 말을 준행했다"(창 22:18b)는 말씀은 아브라함이 하나님으로부터 받은 지상명령을 지켜 행했다는 말씀이다. 이 말씀은 하나님이 장차 될 일을 결과론적으로 표현하신 것이다. 풀

하나님이 아브라함을 택하신 이유는 자손대대로 자녀를 말씀의 제자 삼기 위함이다.
(사진: 유대인 아버지가 자녀를 말씀의 제자 삼는 모습.)

기독교인은 영적 유대인으로 먼저 자녀들에게 하나님의 말씀을 전수해야 한다.
(사진: 저자가 가정에서 칠판을 놓고 자녀들에게 하나님의 말씀을 가르치며 말씀의 제자 삼는 모습.)

어서 표현한다면, "만약 너와 네 자손이 장차 2,000년 동안 나의 말(지상명령)을 준행하지 못했다면, 네 씨로 말미암아 천하 만민이 복을 얻지 못할 텐데, 너와 네 자손이 나의 말을 준행했기 때문에 네 씨로 말미암아 천하 만민이 복을 얻게 될 것이다"(창 22:18)라는 뜻이다. 하나님이 여기에서 "네가 나의 말을 준행했기 때문(because you have obeyed me)"을 과거완료 시제로 쓰신 것은 얼마나 확신에 찬 말씀인가!

결론적으로 말하면, 하나님이 수많은 사람들 중에 하필 아브라함을 사랑하신 이유는 아브라함과 그 후손이 자녀에게 말씀을 가르쳐, 자손 대대로 자녀를 말씀의 제자 삼게 하는데 가장 적합하다고 여겼기 때문이다. 그래서 하나님께서 유대인의 조상 아브라함을 선택하실 때, 지상명령으로 그에게 '쉐마'의 사명을 주셨다. 그리고 아브라함과 그 후손은 쉐마 사명을 잘 완수하여 메시아이신 예수님이 오실 수 있게 했다. **역시 하나님은 아브라함을 잘 선택하셨다는 것이 역사를 통하여 입증된 것이다.**

하나님이 아브라함을 택하신 이유는
세상의 신적 행동의 배역을 맡기기에
그가 가장 적합하다고 여기셨기 때문이다.
그 배역이 바로 자녀를 말씀의 제자삼는 쉐마교육이다.

V. 아브라함은 평생 몇 명 목회했는가: 구약과 신약의 지상명령의 차이

[보조 질문]
교육신학적 입장에서 구약과 신약의 목회의 목적과 대상에 어떤 차이가 있는가?

1. 1대 족장 아브라함은 일평생 몇 명 목회를 해서 유명해졌는가

[보조 질문]
목회신학적 입장에서 아브라함은 사라와 함께 일평생 몇 명 목회를 해서 유명해졌는가?

흔히 많은 주의 종들이 강단에서 설교할 때 아브라함의 믿음을 본받자고 설교한다. 아브라함은 하나님의 말씀대로 살아온 믿음의 조상이라고 역설한다. 그의 행적을 본받자고 강조한다. "그는 제단 쌓는 믿음을 가졌다"(창 12:7, 13:18). "십일조를 드렸다"(창 14:20). "이삭을 하나님께 드렸다"(창 22장) 등이다. 맞는 얘기다.

그렇다면 결론적으로 아브라함의 무엇을 가장 중점적으로 본받자는 말인가? 유대인의 격언에 "나무는 열매로 평가되고, 사람은 그가 이룩한 업적에 의해 평가된다"(Tokayer, 탈무드 1; 탈무드의 지혜, 2007, p. 275)는 말이 있다. 예수님께서도 나무는 그 열매를 보고 안다고 말씀하셨다(마 7:16~20).

이를 알기 위해서는 그가 일평생 이룬 업적, 즉 열매가 무엇인지를 알아야 한다. 그의 인생이 하나님의 말씀대로 믿음의 생활을 하며 살

앗다는 최종적인 열매가 무엇으로 나타났는가?

이것은 구약의 지상명령적 측면에서 답을 찾아야 한다. 따라서 그것은 아브라함이 하나밖에 없는 아들 이삭에게 자신의 믿음과 하나님께로부터 받은 말씀들과 자신이 친히 경험하고 수집한 모든 성경의 정보들을 철저하게 전수한 것으로 나타난다. 그의 이런 행위가 하나님을 영화롭게 하였다. 그가 아들 이삭에게 철저하게 말씀을 가르쳐 말씀의 제자 삼는 데 성공했기 때문이다. 때문에 후대의 수많은 하나님의 백성들이 아브라함의 믿음 생활의 열매인 이삭을 보고 그가 믿음의 조상임을 확인하게 된다.

여기에서 신약시대의 기독교인이 다시 생각해 볼 내용이 있다. 아브라함은 그의 아내 사라와 함께 일평생 동안 몇 명을 목회했는가? 오직 한 명이다. 그가 몇 천 명 혹은 몇 만 명의 교인을 모아 큰 목회를 하여 유명해졌는가? 총회장을 해서 유명해졌는가? 불멸의 책을 써서 유명해졌는가? 아니다. 오직 하나밖에 없는 아들 이삭을 말씀 맡은 자로 잘 키웠기 때문에 하나님께 칭찬받고 자손 대대로 모든 믿는 자들이 '아브라함', '아브라함'하며 그의 이름을 존귀하게 여기는 것이다.

따라서 아브라함은 일평생 오직 '한 명 목회철학'을 갖고 목회한 최초의 사람이 되고, 또한 '한 명 가정목회철학'을 실천한 원조가 된다. 이것은 신약시대의 목회자가 교회성장에 치중하는 것과 대조된다.

당시 아브라함 주변에는 아무도 알아주는 사람이 없었다. 그는 갈대아 우르에서 가나안에 이민 온 고독한 이민자였다. 식구도 대부분의 세월 동안 오직 세 명에 불과했다. **그런데도 그가 세계적인 인물이 된 것은 한 명 목회에 성공했기 때문이다.**

물론 아브라함이 유명해진 더 큰 이유는 그의 믿음을 본받은 후손들이 창대해졌기 때문이다. 만약 아브라함이 한 명 목회에 성공했다하더라도 그의 후손들이 대를 이어 말씀을 전수하는데 실패했다면, 그의 이름은 역사 속에서 사라졌을 것이다. 이것은 누구든지 후손들을 신앙으로 대를 이어 잘 키워 놓으면 시조는 자연히 존경받게 된다는 것을 보여 준다.

여기에서 기독교인이 본받아야 할 아브라함의 신앙생활이 주는 교훈은 무엇인가? 아브라함은 하나님이 주신 지상명령을 아무도 알아주지 않아도, 자신의 사역에 자부심을 갖고 하나님을 믿는 믿음으로 성실하게 기쁨으로 실천했다는 데에 주목해야 한다. 하나님은 그런 그의 믿음을 선히 여기시고 성경에 기록하셔서 세계만방에 알게 하셨다. 그와의 언약(창 12:2~3)을 이루시기 위함이었다.

따라서 기독교인도 하나님이 주신 사역이 아무리 하찮게 보여지는 것이라 해도, 열등의식을 갖지 말고 사람 눈치를 보지 말고 열심히 성실하게 실천해야 한다. 아브라함이 한 명 목회를 했다면 어떤 사람이라도 결혼하여 자녀를 낳았다면 아브라함과 같거나, 그보다는 많지 않겠는가!

아브라함은 그의 아내 사라와 함께 일평생 몇 명 목회했는가?
오직 한 명이다.
그가 세계적인 인물이 된 것은 몇 만 명의 큰 목회를 했기 때문이 아니다.
그는 '한 명 목회철학'을 실천한 원조다.

2. 2대 족장 이삭은 일평생 몇 명 목회를 해서 유명해졌는가
(한 사람의 가치와 중요성)

[보조 질문]

목회신학적 입장에서 2대 족장 이삭은 리브가와 일평생 몇 명 목회를 해서 유명해졌는가?

믿음의 조상 아브라함이 구약의 지상명령을 지키기 위해 전심을 다하는 '한 명 목회철학'이나 '한 명 가정목회철학'은 2대 족장 시대에도 대를 이어 나타난다. 아브라함의 언약의 자손 외아들 이삭은 그의 아내 리브가와 함께 일평생 동안 몇 명을 목회했는가? 오직 야곱 한 명이다. 이삭도 아버지처럼 구약의 지상명령을 잘 이행하여 하나님의 말씀을 야곱에게 전수하는 데 성공했다.

이제 기독교인의 삶의 목표가 명확하게 드러난다. 기독교인은 아브라함의 믿음을 본받자고 강조하는데, 무엇을 어떻게 하는 것이 믿음의 조상 아브라함을 본받는 것인가? 물론 그의 의로운 행위를 비롯한 여러 가지 본받을 점이 있겠지만, 가장 중요한 것은 그의 자녀교육을 본받아야 한다는 것이다.

즉 그가 아들을 말씀의 제자 삼은 것처럼 우리도 우리의 자녀들에게 말씀을 가르쳐 말씀의 제자 삼아야 한다는 뜻이다. 그렇게 할 때 믿음의 가문의 맥이 끊이지 않고 하나님의 구속의 역사가 계속 이어질 수 있다. 우리가 깊이 생각해야 할 점은 항상 가문의 역사를 유대인처럼 멀리 보는 안목이 필요하다는 것이다.

이것을 다른 말로 표현한다면, 누구든지 이웃 전도나 세계선교를 일평생 하나도 하지 않았다고 해도, 세계선교 헌금을 하나도 내지 않았다고 해도, 자신의 아들 하나에게라도 확실하게 말씀을 잘 전수했다면 아브라함과 같은 삶을 살았다고 보아야 한다는 말이다.

여기에서 하나님의 뜻을 하나 더 발견할 수 있다. 왜 하나님은 아브라함과 이삭에게 약속의 자녀를 하나만 주셨는가 하는 점이다. 선민의 조상 2대까지 자녀를 한 명만 허락하신 의도가 무엇인가? 그리고는 하나님은 그들에게 너의 씨가 심히 창대하리라고 약속하셨다(창 13:16, 26:4).

그 이유는 세 가지로 설명할 수 있다.

첫째는 하나님의 역사는 하나에서부터 시작한다는 것이다. 인류의 조상 아담도 하나요, 둘째 아담 예수님도 한 분이시다(롬 5:17). 따라서 하나님은 선민의 조상도 여러 사람이 아니라, 아브라함 한 명만 선택하셨다. 하나는 모든 숫자 중에 최소 단위다.

한 사람의 가치와 중요성을 잘 표현한 탈무드의 경구가 있다. "한 사람의 인간을 죽이는 것은 전 인류를 멸망시키는 일이다"(Tokayer, 탈무드 4: 탈무드의 생명력, 2009, p. 264).

이것은 한 사람의 인간이 전 세계와 동등한 가치를 가졌다는 것을 가르치는 중요한 교훈이다. 예수님도 "죄인 하나가 회개하면 하늘에서는 회개할 것 없는 의인 아흔아홉을 인하여 기뻐하는 것보다 더하리라"(눅 15:7)고 말씀하시며 한 사람의 중요성을 강조하셨다.

둘째는 모든 이가 한 명의 자녀를 가졌다 하더라도 그 한 자녀를 귀중하게 여기고 말씀전수에 최선을 다하라는 메시지가 담겨 있다. 여러 자녀를 앉혀놓고 말씀을 가르치기는 쉽지만, 하나만 앉혀놓고 그렇게 열정적으로 가르치기는 쉽지 않다. 생각해 보라. 수십 년이 지나도 교인수가 전혀 늘지 않고 죽을 때까지 한 명만을 앞에 놓고 설교하기가 쉬운 일인가? 그러나 아브라함과 사라 그리고 이삭과 리브가는 그렇게 목회했다.

하나님은 누구에게나 한 명의 자녀를 가졌다고 하더라도 그에게 최선을 다 해 말씀을 가르치기를 원하신다. 그리고 여러 자녀를 가졌을 경우 한 자녀에게도 소홀히 해서는 안 된다는 교훈을 주신다. 하나님은 많은 것을 바라기 전에 하나를 귀하게 여기는 자를 더 사랑하신다.

> 지극히 작은 것에 충성된 자는 큰 것에도 충성되고 지극히 작은 것에 불의한 자는 큰 것에도 불의하니라. (눅 16:10)

설사 많은 것을 가졌다고 하더라도 하나 하나를 귀하게 여겨야 한다. 따라서 목사들은 큰 교회를 지향하기 전에 자신의 자녀가 하나라 하더라도 그에게 먼저 최선을 다해 말씀을 전수해야 한다. 그리고 교회 안에 있는 교인 한 사람도 귀하게 여겨야 한다. 예수님도 사마리아의 한 여인을 전도하기 위하여 한 나절을 투자하셨다(요 4:5~26).

셋째, 하나님의 구속의 역사의 시작은 미약하나 나중은 심히 창대하게 된다(욥 8:7)는 것을 이루시기 위함이다. 아브라함의 한 명의 아들로 시작한 족보가 후에 이스라엘이라는 한 국가가 생성될 것을 그 당시 누가 감히 상상했겠는가?

그런데, 신약의 기독교인이 아브라함의 믿음 생활을 본받는다고 하여 부모가 자녀를 말씀의 제자 삼는 교육만 본받으면 되겠는가? 아니다. 신약의 예수님의 지상명령도 본받아야 한다. 여기에서 신·구약 성경을 통해 하나님이 주신 두 가지 지상명령을 정리할 수 있다.

첫째는 구약성경의 창세기 18장 19절에서 하나님이 아브라함에게 하신 말씀이다. 이것은 부모가 자녀와 가족(household)에게 말씀을 가르쳐 자손 대대로 자녀를 말씀의 제자 삼으라는 명령이다. 즉 쉐마교육이다.

둘째는 신약성경의 마태복음 28장 19~20절에서 예수님께서 제자들에게 하신 말씀이다. 이것은 모든 족속에게 복음을 전파하여 그들을 말씀의 제자 삼으라는 명령이다.

전자가 하나님이 구약의 유대인에게 분부하신 지상명령이라면, 후자는 예수님이 신약의 기독교인에게 분부하신 지상명령이다. 전자가 가정 사역인 '쉐마'의 사명이라면, 후자는 이웃 전도와 세계선교의 사명이다. 전자가 수직전도라면 후자는 수평전도다(다음에 이어지는 Ⅵ. '결론 : 수직전도와 수평전도' 참조).

신약의 기독교인은 어떻게 하는 것이 올바른 믿음의 삶을 사는 것인가? 구약과 신약의 지상명령을 균형과 조화를 이루며 함께 성취해 나가는 것이다. 그러함에도 불구하고 신약교회는 수평전도만을 지나치게 강조하였기 때문에, 기독교 2,000년간 다른 민족에게 복음을 전파하는 데는 성공했을지라도 자신의 가정과 민족교회는 오랫동안 살아남지 못하는 우(愚)를 범해 왔다.

아브라함이 구약의 지상명령을 지키기 위한
한 명 목회 철학은 2대 이삭의 족장시대에도 대를 이어 나타난다.
수십 년간 교인수가 전혀 늘지 않고
죽을 때까지 한 명만을 앞에 놓고 설교하기가 쉬운 일인가?

3. 3대 족장 야곱은 일평생 몇 명 목회를 해서 유명해졌는가

[보조 질문]

목회신학적 입장에서 3대 족장 야곱은 4명의 부인과 일평생 몇 명 목회를 해서 유명해졌는가?

하나님은 첫째 믿음의 조상 아브라함과 둘째 조상 이삭의 족장들에게는 각각 언약의 자식을 하나씩만 허락하셨다. 하나님은 3

대 족장시대에 비로서 많은 자녀를 허락하셨다. 야곱은 그의 네 부인들과 함께 몇 명을 목회했는가? 12명이다. 구약시대는 일부 예외(요나의 니느웨 전도)를 제외하고는 원칙적으로 이방전도가 없었다. 자녀를 많이 낳아 그들에게 하나님의 말씀을 전수하는 것이 하나님의 지상명령이었다.

여기에서 하나님이 믿음의 조상 아브라함과 이삭 그리고 야곱 3대가 구약의 지상명령을 실천하는데 모델을 보여주신 중요한 가정 목회 철학 두 가지를 발견할 수 있다.

첫째, 하나님은 아브라함과 이삭의 '한 명 가정목회철학'을 보여 주시고,

둘째, 야곱의 12아들들을 양육하는 가정목회철학이다.

이것은 무엇을 뜻하는가? 아브라함과 이삭의 가정목회 철학에서는 최소 인원 목회의 모본을 보여주신 것이고, 야곱의 가정목회 철학에서는 많은 자녀를 낳아 생육 번성하라는 모본을 보여주신 것이다.

여기에는 기독교인이 가정목회에 임하는 정신은 최소 인원이라도 최선을 다해야 하지만, 자녀는 되도록 많이 낳아 생육 번성하라 (창 1:27~28)는 하나님의 뜻이 담겨져 있다. 하나님이 이스라엘의 12지파의 기둥들을 야곱의 12아들들로 세우신 이유가 여기에 있다.

따라서 유대인의 가정목회 모델은 자녀가 많은 야곱의 가정을 선택한다. 그런 연유에서 유대인은 전통적으로 '야곱의 집(the house of Jacob)'을 여성이 주관하는 '가정(house or home)'을 지칭할

때 사용한다(출 19:3).

이런 유대인의 가정목회 철학의 정신은 현재까지 4,000년 동안 구약의 지상명령으로 이어져 지켜져 내려오고 있다. 실로 대단한 민족이다.

이 외에도 야곱의 가정이 아브라함과 이삭의 가정들과 또 다른 중요한 점이 있다. 아브라함과 이삭의 가정에서는 선택된 자손과 선택되지 않은 자손이 함께 나와서 당대에 각 가정에 비극이 일어났을 뿐만 아니라, 수천 년이 지난 현재까지도 두 백성이 중동 지역에서 원수처럼 싸우고 있다. 그러나 야곱의 가정은 다르다. 성경을 좀 더 살펴보자.

아브라함에게는 7명의 아들들이 있었다. 자신의 부인 사라가 준 첩 하갈이 낳은 아들 이스마엘이 있었고(창 16:3~16), 본부인 사라에게서 난 이삭이 있었다. 그리고 사라가 죽은 후 얻은 후처 그두라가 낳은 6명의 아랍인들이 있다(창 25:1~2). 이중 오직 하나님의 언약의 아들은 이삭뿐이다. 하나님께서는 아브라함에게 "이삭에게서 나는 자라야 네 씨라 칭할 것임이니라"(창 21:12)고 말씀하셨다.

> 하나님이 가라사대 아니라 네 아내 사라가 정녕 네게 아들을 낳으리니 너는 그 이름을 이삭이라 하라 내가 그와 내 언약을 세우리니 그의 후손에게 영원한 언약이 되리라. (창 17:19)

이삭에게도 쌍둥이 아들들이 있었다. 큰 아들은 에서이고 둘째는 야곱이다(창 25:21~26). 야곱의 형 에서는 역시 하나님의 선택에서 제외되어 그의 후손들은 아랍인에게 합류되었다. 그러나 야곱은 하나님의 선택된 약속의 자손이 되었다. 하나님은 아브라함과 이삭에게 주신 언약을 벧엘에서 야곱에게도 주셨다.

> 야곱이 밧단아람에서 돌아오매 하나님이 다시 야곱에게 나타나사 그에게 복을 주시고 그에게 이르시되 네 이름이 야곱이다마는 네 이름을 다시는 야곱이라 부르지 않겠고 이스라엘이 네 이름이 되리라 하시고 그가 그의 이름을 이스라엘이라 부르시고 그에게 이르시되 나는 전능한 하나님이니라 생육하며 번성하라 국민과 많은 국민이 네게서 나고 왕들이 네 허리에서 나오리라 내가 아브라함과 이삭에게 준 땅을 네게 주고 내가 네 후손에게도 그 땅을 주리라. (창 35:9~12)

야곱의 12아들들은 모두 하나님의 선민이 되어 약속의 자손들이 되었다. 한 명도 하나님께 선택되지 않은 아들이 없었다. 그리고 야곱은 하나님으로부터 '이스라엘'이란 이름을 얻었고, 그의 12아들들이 후에 이스라엘 국가의 기초가 되는 12지파의 원조가 되었다. 새로운 이스라엘 민족 그리고 국가의 탄생을 잉태하기 위해 야곱의 12아들들에게서 난 70인이 애굽에 내려갔다(창 46:27).

출애굽을 하여 시내광야에서 성막을 지은 후 제사장 아론의 흉패에도 12지파의 이름을 새기었다(출 28:21). 그리고 그가 성소에 들어갈 때마다 그 흉패를 가슴에 붙이고 들어갔다.

> 아론이 성소에 들어갈 때에는 이스라엘 아들들의 이름을 기록한 이 판결 흉패를 가슴에 붙여 여호와 앞에 영원한 기념을 삼을 것이니라. (출 28:29)

이스라엘 민족이 천국의 예표인 가나안을 정복한 후 그 땅을 12자파가 나누어 갖는다(여호수아기). 이 12란 숫자는 신약시대에 예수님이 12제자를 선택하시는 근거가 된다(마 10:1~4). 예수님은 12제자를 통하여 이방 구원의 역사를 시작하셨다. 그리고 12지파의 이름은 계시록에까지 이어진다(계 7:4~8, 21:12).

이런 면에서 야곱의 가족은 아브라함과 이삭의 가족들과 다르다. 즉 아브라함과 이삭은 중동 지역의 이스라엘 백성뿐만 아니라 아랍인의 조상도 되지만, 야곱은 오직 이스라엘 민족만의 조상이 되었다. 그리고 '이스라엘'이라는 이름을 하나님으로부터 받았고, 이스라엘이란 국가를 건설하는 데 그의 12아들들과 함께 기초가 된 인물이다. 유대인이 야곱의 가족을 특별하게 생각하는 이유가 여기에 있다.

아브라함과 이삭과 야곱 3대의 가정목회철학에서 두 가지 교훈을 얻을 수 있다.
첫째, 목회에 임하는 정신은 최소 인원이라도 최선을 다하라.
둘째, 자녀는 많이 낳아 생육 번성하라(창 1:27~28).

VI. 요약 및 결론

제2장에서는 아브라함이 하나님으로부터 받은 지상명령의 내용을 설명했다. 이제 그 내용을 요약하면서 구약의 지상명령을 받은 아브라함의 구속사적 의미와 위치를 알아보자.

전체 성경을 요약한다면, 성경은 타락한 인류를 구원하시기 위한 원대한 소원과 방법 그리고 그 과정을 서술한 책이다. 창세기 1장에서 11장까지는 인류의 역사다. 창세기 3장에서 인류의 조상 아담과 하와의 타락 이후 하나님의 구속의 역사는 창세기 12장 1절 하나님이 아브라함을 선택하신 후 시작된다. 실로 하나님과 아브라함의 만남은 역사적인 순간이었다. 인류의 조상 아담도 한 사람이듯 선민의 역사도 아브라함 한 사람으로 시작된다는 점에 주목해야 한다.

하나님은 창세기 18장 19절에 아브라함에게 구약의 지상명령을 주신다. 오실 메시아 예수님을 준비하기 위하여 자손들에게 하나님의 말씀을 대를 이어 전수하라는 것이다. 이것은 자신이 낳은 자녀에게 말씀을 전하여 자녀를 말씀의 제자로 삼는 수직전도다. 이것이 하나님께서 아브라함을 택하신 이유였다.

아브라함의 후손 유대인은 아브라함처럼 대를 이어 지상명령을 잘 지켜 행함으로 2,000년 이후 예수님께서 하나님의 말씀을 따라 이 땅에 오시게 하는데 성공했다. 하나님의 선민의 역사가 아브라함 한 사람으로부터 시작되었다는 것은 마태가 마태복음 서두에 "아브라함과 다윗의 자손 예수 그리스도의 세계라"(마 1:1)고 선언한 데서도 나타난다. 놀라운 사실은 인류의 구원자 예수님도 이 땅에 오실 때 혈통적으로는 아브라함의 족보를 따라 오셨다는 점이다.

예수님은 인류의 죄를 사하시기 위해 십자가를 지시고 피를 흘리시고 죽으셨다(딤전 2:6; 엡 1:7). 그리고 3일만에 부활하셨다(행 4:33). 그 후 세계 만방에 사는 모든 이방인들에게 구원의 길이 열렸다. 누구든지 예수님을 믿기만 하면 아브라함의 자손이 된다(갈 3:6~9, 3:29). 천국 백성이 되어 약속대로 유업을 이을 수 있는 자격이 있다.

> 너희가 그리스도께 속한 자면 곧 아브라함의 자손이요, 약속대로 유업을 이을 자니라. (갈 3:29)

이것은 아브라함이 구약시대의 유대인에게 뿐만 아니라, 신약시대의 기독교인들에게도 믿음의 조상이 된다는 뜻이다. 그가 하나님께서 예언하신대로 '열국의 아버지'(창 17:5)가 되는 이유가 여기에 있다.

구속사적 측면에서 전 인류의 역사상 아브라함이 얼마나 위대한 인물인지는 예수님께서 말씀하신 부자와 나사로의 비유에서 찾아볼 수 있다(눅 16:19~31). 예수님은 하나님의 백성이 죽어서 갈 수 있는 낙원을 '아브라함의 품'으로 표현하셨다.

> 이에 그 거지가 죽어 천사들에게 받들려 아브라함의 품에 들어 가고 부자도 죽어 장사되매……. (눅 16:22)

뿐만 아니라 **음부에 떨어진 부자 유대인은 아브라함을 '아버지' 라고 불렀다**. 그리고 그에게 낙원에 있는 "나사로를 보내어 그 손가락 끝에 물을 찍어 내 혀를 서늘하게 하소서"(눅 16:24)하며 애원했다. 그리고 나사로를 자신의 아버지의 집에 보내어 형제 다섯에게 복음을 전하여 음부에 떨어지지 않게 해달라고 간청했다(눅 16:28).

[저자 주: 저자가 나사로 죽어서 간 곳을 낙원이라고 표현한 것은 예수님이 우편 강도에게 약속하신 곳도 낙원이기 때문이다(눅 23:43). 여기서는 구약의 지상명령적 차원에서 믿음의 조상 아브라함을 다루기 때문에 '낙원'과 '천국'이 동일한 곳인지 아니면, 다른 곳인지에 대한 신학적인 논쟁은 피한다.]

하나님과 동등하신 예수님이 아브라함을 이렇게 높이신 것은 구속사적 입장에서 그의 영적 위치와 역할을 가늠하게 하는 대목이다. 유대인이 아브라함의 자손임을 자랑스럽게 여기고 그를 '아버지'라고 부르는 이유가 여기에 있다(마 3:9; 요 8:39).

유대인은 아브라함이 '하나님의 벗'(약 2:23)으로서 낙원에 가 있는 것으로 여긴다. 물론 기독교인들도 죽으면 천국에 가 예수님을 만날 때 아브라함을 만날 것이다.

하나님께서 창세기 12장 1~3절에 아브라함에게 약속하신 인류 구원의 역사는 중단 없이 계시록 끝, 예수님의 재림 때까지 진행될 것이다. 아브라함의 후손은 점점 더 많아져 하늘의 별과 같고 바닷가의 모래와 같게 될 것이다(창 22:17~18).

SHEMA · SHEMA · SHEMA
제3장

아브라함이 지상명령을 **실천한 방법**
[3대 가정교육신학의 효시]

I. 아브라함은 그의 생애를 통하여 어떻게 지상명령을 완수했는가 [3대 가정교육신학의 효시]

II. 자녀나 손자들은 윗세대에게 질문하라(신 32:7 강해)

III. 과거를 가르치는 부모와 배우는 자녀의 유형

IV. 요약 및 결론

I. 아브라함은 그의 생애를 통하여 어떻게 지상명령을 완수했는가 [3대 가정교육신학의 효시]

아브라함은 구약의 지상명령을 하나님으로부터 직접 받은 사람이다. 따라서 구약의 지상명령을 실천하는데 아브라함의 가정은 가정신학의 모델이다. 아브라함이 구약의 지상명령을 어떻게 실천했는지를 연구해야 하는 이유가 여기에 있다.

특히 구약의 지상명령 차원에서 아브라함이 자신의 아들 이삭만 가르친 것이 아니고, 손자 야곱도 가르쳤다는 점에 주목해야 한다. **아브라함과 이삭과 야곱 3대 족장의 가정교육을 연구하다 보면 3대 가정교육신학의 본질과 원리를 발견하게 된다. 그리고 아브라함과 이삭과 야곱 3대 족장의 가정교육이 3대 가정교육신학의 모형임을 알 수 있다.**

아브라함이 아들 이삭을 가르친 것은 아버지 신학의 근거가 되고, 아브라함이 손자 야곱을 가르친 것은 **할아버지 신학**의 중요한 근거가 된다. 하나님께서 선민의 조상으로 아브라함과 이삭과 야곱 3대 족장을 택하신 이유 중의 하나도 3대 가정교육신학의 모델을 만들기 위한 하나님의 계획임을 발견할 수 있다.

[저자 주: '아버지 신학'에 대한 자세한 내용은 저자의 저서 《유대인 아버지의 4차원 영재교육》(부제: 아버지 신학, 동아일보, 2006), 제1부 '유대인 가정의 아버지 교육' 참조]

1. 아버지 교육신학의 효시 – 아버지 아브라함은 아들 이삭에게 말씀과 행함을 가르쳤다

아브라함은 그의 생애를 통하여 어떻게 지상명령을 완수했는가? 오직 하나뿐인 약속의 아들, 이삭에게 하나님께로부터 받은 말씀과 믿음을 잘 가르쳐 전수하였다. 그리고 자신의 귀한 외아들을 번제로 드리라는 하나님의 명령을 받고 이를 몸소 실천하여, 믿는 자가 어떻게 살아야 하는지 그 행함의 본을 보여 주었다(창 22:1~24).

아무리 믿음이 있는 신자라 하더라도 자신의 사랑하는 아들을 몸소 칼로 찔러 죽인 후 하나님께 번제로 드리라는 명령을 실천하기는 거의 불가능하다. 하지만 아브라함은 이를 실천하였다. 그래서 믿음의 조상이 되었다(히 11:17). 전자가 교육의 내용이라면, 후자는 교육의 실천이다. 교육에는 항상 내용과 실천, 이 두 가지가 병행되어야 한다. 행함이 없는 믿음은 그 자체가 죽은 믿음이기 때문이다(약 2:17).

여기에서 잠시 생각해 볼 일이 있다. 아버지의 믿음만으로 아들을 번제로 드릴 수 있겠는가 하는 것이다. 물론 아들이 어린 아기일 때는 가능하겠으나 37세나 되는 이삭의 경우 그가 순종하지 않을 때에는 불가능하다. 아들이 불순종하면 오히려 봉변만 당할 수 있다.

여기에서 우리가 주목해야 할 점은 아브라함은 아들 이삭에게도 자신과 같이 믿음을 실천할 수 있는 교육을 시켰다는 것이다. 그 결과 이삭은 아버지 아브라함이 번제로 드리기 위하여 그를 밧줄로 묶을 때에도, 그리고 바위 위에 누일 때에도 일체 반항하지 않았다. 뿐만 아니라 아버지가 손을 내밀어 칼을 잡고 그 아들을 잡으려 할 때에도 순한 어린 양처럼 순종하였다(창 22:10). 그래서 그는 순종의 조상이 되었다(창 22:1~19). (이삭의 순종에 대해서는 본서 제2부 제1장 Ⅲ. 1. '교육학적 입장에서 본 이삭의 순종' 참조)

제2대 족장인 이삭도 아버지 아브라함에게서 배운대로 그의 아들 야곱에게 똑같이 가르쳐 하나님의 말씀과 믿음 그리고 행함을 잘 전수하였다. 제3대 족장인 야곱도 마찬가지였다. 열두 아들들에게 하나님의 말씀과 믿음 그리고 행함을 잘 가르쳐 전수하는 데 성공했다. 즉 아브라함, 이삭 및 야곱 3대가 세대차이 없이 여호와의 말씀과 신앙 및 행함을 전수하는 데 성공했다. (물론 3대 신앙교육에는 3대 족장들의 돕는 배필인 부인들의 협조도 함께 포함되어 있다.)

이삭은 순종 이외에 유대인의 전통에 별로 큰 공헌을 하지 않은 것처럼 보인다. 그러나 유대인은 이삭의 인생이 유대인의 전통에 매우 중요한 일을 한 가지 더 했다고 설명한다. 그것은 그가 그의 아버지의 전통을 충실히 이어받고, 지키고, 유지하고 그리고 아들에게 물려주었다는 것이다. 즉 전통에 생명의 등불을 켜서 유지시켰던 것이다. 또 야곱은 생존을 위해 싸우며 많은 경험을 했다. 그 때마다 예배소에 가서 생각하는 것을 배웠다. 따라서 세 타입의 3대 족장의 역할을 이렇게 정리할 수 있다. 아브라함은 유대교가 중요하다는 사실을 아주 진지하게 생각한 사람이며 매우 지적이었다. 이삭은 전통의 계승과 보존이라는 것에 중요성을 두었다. 야곱은 전통을 경험하는 일을 우리들에게 가르쳐주었

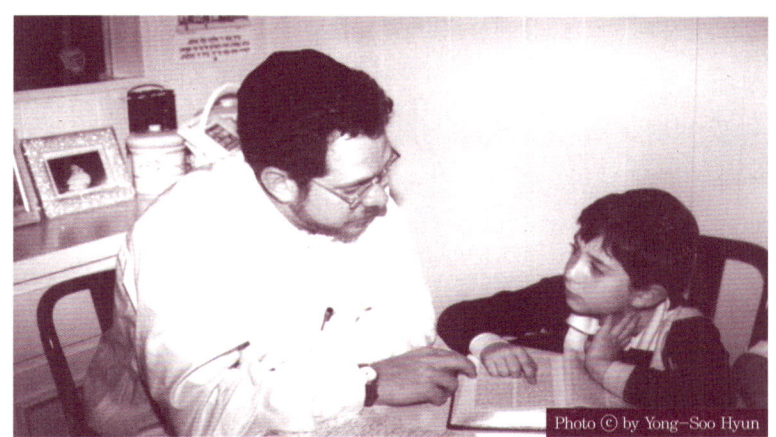

유대인 아버지는 자녀에게 말씀을 전수한다.
(사진: 가정에서 저녁에 아버지가 아들에게 여호와의
율례와 법도, 즉 성경을 가르치는 모습.)

다. 어느 경우에나 처음에는 이론이 필요하며 그것을 지키고 키워서 실천할 필요가 있다는 것을 세 사람은 손수 보여주었던 것이다(Tokayer, 탈무드 2: 탈무드와 모세오경, 2007, p. 295).

이것은 하나님이 왜 유대인에게 3대에 걸쳐 세 명의 조상, 아브라함과 이삭과 야곱을 있게 하셨는가에 대한 답을 준다. 아브라함이 선민의 조상으로 하나님 나라의 이론적 토대를 세웠다면, 이삭과 야곱은 그가 가르친 모든 것들을 후손에게 전수하는 우수한 전파자(傳播者)이며 실천가였다. 이것은 구약의 지상명령을 이행해야 하는 유대인에게는 매우 중요한 기초의 틀을 만드는 일이다(p. 296).

여기에서 아브라함이 이삭에게 전수한 말씀들의 내용을 살펴볼 필요가 있다. 그 내용에는 창세기 1장부터 11장까지 기록된 천지 창조, 남자와 여자의 창조, 인간의 타락, 가인과 아벨, 노아의 홍수 및 바벨탑 사건 등의 모든 기사가 포함되었을 것이다. 선대로부터 전승해 내려오는 이러한 정보들을 수집하는 수고는 누가 했을까? 믿음의 조상 아브라함이 했을 것이다. [왜냐하면 아브라함의 아버지 데라는 하나님을 믿지 않고 우상을 섬기는 자였기 때문이다(수 24:2).]

이 모든 정보들은 아브라함과 이삭과 야곱을 이어 야곱의 열 두 아들들에게 전수하는데 성공한다. 그리고 야곱의 식구 70인이 흉년 때문에 가나안을 떠나 요셉이 국무총리로 있었던 애굽에 건너가 살면서도 대를 이어 계속 전수되었을 것이다. 그 후 유대인이 400년의 노예 생활을 하는 동안에도 대를 이어 전수한 결과 모세의 손에 이 정보들이 입수 되었을 것이다. 그리고 모세는 모세오경의 첫 책인 창세기를 쓰게 되었을 것이다. 만약 한 세대라도 이 말씀들이 전수되지 못했다면 어떻게 모세가 창세기를 쓸 수 있었겠는가? 그리고 어떻게 예수님께서 오실 수 있었겠는가? 어떻게 하나님의 구속의 역사가 진행될 수 있었겠는가? 어떻게 오늘날 우리가 온전한 성경을 가질 수 있었겠는가?

> 만약 한 세대라도 부모를 통해 이 말씀들이 전수되지 못했다면,
> 어떻게 모세가 창세기를 쓸 수 있었겠는가?
> 어떻게 예수님께서 오실 수 있었겠는가?
> 어떻게 하나님의 구속의 역사가 진행될 수 있었겠는가?
> 어떻게 오늘날 우리가 온전한 성경을 가질 수 있었겠는가?

2. 할아버지 교육신학의 효시 - 할아버지 아브라함은 손자 야곱에게 말씀과 행함을 가르쳤다

A. 할아버지의 사명은 손자 선교사가 되는 것이다

저자가 미국 동부지역의 어느 교회 산상수련회에 강사로 갔을 때였다. 3박 4일의 집회가 끝난 후 서로 은혜 받은 것들을 나누는 시간을 가졌다. 연세 많으신 장로님이 일어나 자신의 솔직한 심정을 얘기했다. 자신은 이번 집회는 자녀교육을 위한 집회였기 때문에 오고 싶지 않았다고 했다. 자녀들이 모두 성장했기 때문이다. 그런데 와서 강의를 듣고 기도 중에 새로운 사명감을 갖게 되어 너무 기쁘다고 했다.

자신은 뉴욕에서 버스를 300대 정도 갖고 운수 비즈니스를 해 왔는데 며칠 후면 은퇴를 한다고 했다. 은퇴 후에 무엇을 하며 소

할아버지의 사명은 손자에게 말씀을 전하는 선교사가 되는 것이다.
(사진: 유대인 할아버지가 유월절에 손자에게 열 가지 재앙을 가르치는 모습)

일을 할까가 늘 걱정이었다. 그런데 여기 와서 강사님의 말씀을 듣고 보니 자기 자신의 아들이 4명 있는데 그들 교육에는 실패했다는 것이다.

앞으로 은퇴 후에는 자녀교육에는 실패했지만 손자교육에 치중하기로 했다는 것이다. 그 방법으로 한 달씩 4자녀들의 집을 돌아가면서 손자들에게 하나님의 말씀을 열심히 가르치겠다는 강한 사명감을 받았다고 말했다. 그래서 자신은 죽는 날까지 손자 선교사가 되겠다고 말했다.

손자 선교사! 구약의 지상명령적 차원에서 왜 그것이 필요한지 아브라함의 손자교육을 살펴보면서 그 중요성을 설명해 보자. 이것이 바로 아브라함을 모델로 한 할아버지 신학이다. (미국에서 언어와 문화가 다른 손자에게 복음과 말씀을 전하는 것은 땅끝 선교사다. '땅끝 선교사'에 대한 자세한 것은 본서 제3권 제5부 제3장 II. '3. 왜 2세교육이 세계선교 중 땅 끝 선교인가' 참조)

**구약의 지상명령적 차원에서
할아버지는 손자에게 말씀을 전수하는 땅끝 선교사다!**

B. 하나님은 왜 '아브라함과 이삭과 야곱의 하나님'이라고 하셨는가

유대인은 세 명의 족장 조상을 가지고 있다. 그들은 아브라함과 이삭과 야곱이다. 그러나 유대인은 이들 세 사람을 '이스라엘의 아들'이라고 부른다. 왜 유대인은 세 조상을 아브라함의 아들이라든가, 이삭의 아들이라든가, 야곱의 아들이라고 부르지 않고, '이스라엘의 아들'이라고 부르는가? 그 이유는 아브라함에게 두 아들이 있었지만 한 아들밖에 아버지를 따르지 않았기 때문이다. 이삭에게도 두 아들이 있었지만 한 아들밖에 그 아버지를 따르지 않았기 때문이다. 야곱에게는 열 두 아들이 있었는데 모두가 그의 뒤를 따랐다(Tokayer, 탈무드 2: 탈무드와 모세오경, 동아일보, 2007, p. 294).

이런 연고로 유대인은 전통적으로 "이스라엘의 아들들에게 전하라"는 말씀은 '야곱의 집'에게 전하라는 말씀과 동일하게 사용된다. [저자 주: 출 19:3절 참조. Thus shalt thou say to the house of Jacob, and tell the children of Israel(Ex. 19:3b). 여기에서 말하는 '야곱의 집'은 여성이 주관하는 '가정(house or home)'을 뜻한다.]

'이스라엘'이란 하나님께서 바꾸어 주신 '야곱'의 또 다른 이름(창 32:28)이지만 유대인 전체를 부를 때 사용하는 이름이다. (예: '유대민족'을 '이스라엘 민족'이라고도 한다.) 그리고 장차 그 이름은 야곱의 아들들로 구성된 12지파들이 세울 국가의 이름이기도 하다.

이것은 야곱의 12지파들이 이스라엘 국가의 신앙적 뿌리이며 기본 기둥들이 된다는 것을 의미한다. 그 근거는 여호수아가 가나안을 정복한 후에 가나안 땅을 12지파들이 나누어 분배하는 데서 찾을 수 있다. 이스라엘 자손의 12지파 개념은 신약의 계시록까지 이어진다(계 7:4, 14:1, 14:3).

> 내가 인 맞은 자의 수를 들으니 이스라엘 자손의 각 지파 중에서 인 맞은 자들이 십사만 사천이니……. (계 7:4)

이것은 무엇을 뜻하는가? 유대인은 아버지를 따른 아들만을 '이스라엘의 아들'이라고 부른다는 것이다. 이것은 왜 아브라함의 아들 이스마엘이나 이삭의 아들 에서가 구원의 맥인 '이스라엘의 아들'이 될 수 없는지를 잘 설명해 준다.

신약성경에서 바울은 이것을 '약속의 자녀'와 '육신의 자녀'로 구분하여 설명했다. 아브라함을 따랐던 자녀는 '약속의 자녀'이고, 아브라함을 따르지 않았던 자녀는 '육신의 자녀'라는 것이다. 로마서 9장 7~8절 말씀에 의하면, 아브라함의 씨가 다 그 자녀가 아니라, 오직 하나님께서 약속하신 자녀가 씨로 여기심을 받는다. 반면 하나님께서 약속하시지 않았던 자녀는 아브라함의 씨가 아니고 '육신의 자녀'다. '육신의 자녀'는 하나님의 자녀가 아니다(롬 9:8). 바울은 예수님을 믿는 기독교인도 이삭과 같이 약속의 자녀(갈 4:28)라고 확언했다.

이것이 하나님께서 3대 족장 시대 이후 그들의 자손 유대인에게 하나님의 정체성을 밝히실 때 '아브라함의 하나님'이나 혹은 '이삭의 하나님'이나 혹은 '야곱의 하나님'이나 혹은 '아브라함과 이삭의 하나님'이라고 말씀하시지 않으시고, 꼭 "너희 조상의 하나님 곧 아브라함의 하나님, 이삭의 하나님, 야곱의 하나님"

(출 3:15~16, 6:8)이라고 말씀하시는 가장 근본적인 이유다. 유대인이 하나님을 부를 때에도 '아브라함과 이삭과 야곱의 하나님'(출 3:15~16, 6:8; 눅 20:37; 행 7:32)이라고 부른다.

물론 기독교인이 하나님을 부를 때에도 과거와 동일하게 변함없이 '아브라함과 이삭과 야곱의 하나님'(눅 20:37; 행 7:32)이라고 부른다. 주는 여전하여 연대가 다함이 없으시기 때문이다(히 1:12). 이것은 또한 왜 기독교인이 유대인 편에 서야 하는 이유이기도 하다. (더 자세한 내용은 본서 제2권 제3부 제2장 1. '유대인 중 뿌리와 가지는 각각 누구인가' 참조)

유대인은 아버지를 따른 아들만을 '이스라엘의 아들'이라고 부른다.
아브라함의 아들 중 이삭과 이삭의 아들 중 야곱만 아버지를 따랐다.
야곱의 12아들들은 모두 아버지를 따랐다.
따라서 그들은 모두 '이스라엘의 아들'이다.
하나님이 "너희 조상 아브라함의 하나님, 이삭의 하나님, 야곱의 하나님"이라고
말씀하시는 이유가 여기에 있다.

C. 손자 선교사 아브라함의 열정과 이방 선교사 바울의 열정 비교

아브라함 가족은 갈데아 우르에서 가나안으로 이민 간 이민자였다. 그들은 가나안 사람들과 특별한 비즈니스 일이 아니면 어울릴 필요가 없었다. 가나안 사람들의 이방 문화에 동화될 필요가 전혀 없었기 때문에 더욱 그러했을 것이다. 하나님의 새로운 구속의 역사를 만들어 가는 초기에 외지에서 얼마나 고독했겠는가! 장차 하나님이 주신 비전을 열망했기 때문에 그 믿음으로 타국의 힘든 이민 생활을 잘 견딜 수 있었을 것이다. 이런 여건들은 3대 족장의 가족끼리 헤어지지 않고 더욱 뭉칠 수 있는 동기부여가 되었을 것이다.

성경은 아브라함과 이삭 및 야곱의 3대가 더불어 장막(tent)에 거했다고 기록하고 있다(히 11:9). 물론 3대는 아브라함의 부부, 이삭의 부부, 야곱의 부부를 말하는데, 3쌍의 부부와 가족들이 한 장막에서 거주하지는 않았을 것이다. 만약 한 장막에 거했다면 창세기 2장 24절의 "이러므로 남자가 부모를 떠나 그 아내와 연합하여 둘이 한 몸을 이룰지로다"에도 위배된다. 그러나 각 부부의 장막들이 이웃하여 있었다는 것은 사실일 것이다.

아브라함과 이삭 및 야곱의 3대 공동체는 얼마 동안 함께 살았는가를 알아보자. 그리고 그 교육학적 유익을 알아보자.

유대인의 계산에 의하면, 아브라함은 B.C. 2123년에 175세의 나이로 사망했다. 손자 야곱은 B.C. 2108년에 출생했다. 따라서 2123에서 2108을 빼면 15년간 3대가 함께 산 셈이 된다. 물론 이삭은 B.C. 2228년 180세의 나이로 사망했기 때문에 그 당시에 생존해 있었다(Scherman & Zlotowitz, The Chumash, 1994, p. 53).

우리가 주목해야 할 점은 할아버지 아브라함이 손자 야곱에게 가졌던 그의 특별하고 거룩한 관심과 임무다. 아브라함은 선민의 조상으로 손자 야곱에게도 아들 이삭에게 한 것처럼 그 말씀을 철저하게 전수해야 한다는 강한 사명감을 가졌다는 사실이다. 그 근거는 아브라함이 하나님으로부터 자식뿐만 아니라 그의 후손에게도 대를 이어 세대차이 없이 반드시 하나님의 말씀이 전수되어야 한다는 지상명령을 받았다(창 18:19b)는 데서 찾을 수 있다. 그래야 하나님께서 약속하신 언약이 이루어질 수 있기 때문이다(Gen. 18:19d).

이것은 유대인이 당대만 생각하는 것이 아니고 수직적으로 먼 훗날을 생각하며 자녀들에게 자신들의 역사의식을 가르칠 수밖에 없었다는 중요한 근거를 마련해 주는 것이다. 따라서 그들은 항상 3대가 과거와 현재와 미래에 대한 단단한 연결고리를 만들어야 한다는 삶의 철학을 가지고 살아 왔다. 유대인의 이런 삶의 철학은 그들이 항상 다음 세대를 철저하게 준비하는 민족이 되게 하였다.

이를 미루어보아 아브라함이 손자에 거는 기대가 얼마나 컸겠는가를 짐작할 수 있다. 더구나 약속된 손자도 오직 하나다. 아브라함이 손자 야곱에게 말씀을 전수할 때 실제로 체험했던 소돔과 고모라의 멸망까지 설명하면서 얼마나 열정적으로 실감나게 전수했겠는가? 하나님의 소원을 담은 하나님의 심장을 갖고 전심전력을 다하여 가르치지 않았겠는가?

이것은 마치 신약시대의 바울이 죽어가는 이방인의 영혼이 안타까워 그리스도의 심장으로 그들을 사모하며 복음을 전한 것(빌

1:8)과 비교된다. 바울은 핏줄이 다른 이방인들에게도 그렇게 안타까운 마음으로 복음을 전했는데, 아브라함은 자신의 직계 핏줄인데 얼마나 더 강한 애착을 갖고 구약의 지상명령에 대한 사명감이 있었겠는가?

할아버지가 직접 겪은 체험담을 손자에게 전수한다는 것 자체가 유대주의를 이해하는데 상당한 도움이 된다는 사실이다. 여기에서 말씀과 역사 및 전통을 전승하는데 할아버지의 역할이 얼마나 중요한지를 깨닫게 된다. 따라서 아브라함은 손자교육의 모델이다. 그리고 이것은 3대 가정교육신학의 근거가 된다.

당시에는 세상적인 수평문화가 전혀 없었다. 물론 죄를 짓는 행위는 있었을 지라도 오늘 날과 같은 TV나 인터넷 영상 문화 같은 수평문화는 없었다. 따라서 성경에는 자세히 쓰여 있지 않았지만 아브라함, 이삭 야곱은 3대가 낮에는 농사를 짓거나 목축 일을 하면서 가족끼리 함께 먹고 다니며 하나님의 거룩한 소원을 수시로 이야기했을 것이다. [저자 주: 수평문화와 수직문화에 대해서는 저자의 저서 《현용수의 인성교육 노하우》(동아일보, 2008), 제1권 제2부 제2장 '인성교육의 본질과 원리: 수직문화와 수평문화' 참조]

밤에는 손자가 학원에 갈 필요가 없었다. 천지가 조용한 가운데 긴긴 밤에 라디오나 TV도 없었기 때문에 요즘처럼 현란한 춤이나 연예인 이야기에 정신을 잃을 염려도 없었을 것이다. 인터넷도 없었다. 그러므로 장막 안에서 호롱불을 켜놓고, 혹은 캄캄한 밤에 밖의 별을 보면서 하나님에 관한 말씀을 나누며 말씀을 전하는 일 외에는 다른 일들이 없었을 것이다. (가나안 지역은 사막

기후이기 때문에 더워서 밖에 있는 경우가 많다.)

이것은 말씀을 전수하기에 더 없이 좋은 교육의 환경이다. 더구나 할아버지가 손자 야곱에게 13세 이전에 하나님의 말씀을 전수한 것은 평생토록 그의 뇌에서 거의 지워지지 않았을 것이다.

[13세 이전의 교육의 중요성은 저자의 저서 《현용수의 인성교육 노하우》(동아일보, 2008), 제1권 제2부 제2장 III. 1. '13세 이전 자녀의 하얀 백지와 같은 두뇌에 그리는 그림의 영향' 참조]

더구나 당시에는 유대인 사회의 공동체 교회가 없었다. (저자 주: 유대인 사회의 공동체 교회는 출애굽 이후 성막이 지어진 이후 처음 시작되었다.) 유대인 사회에 오늘날과 같은 랍비도 없었던 시절이었다. 그렇다고 자신들의 주변을 에워싸고 있는 원주민인 가나안 족속들이 운영하는 학교에 보낼 수는 더욱 없었다. 따라서 어쩔 수 없이 부모나 할아버지 부부가 자녀교육을 책임져야 할 시대였다.

이삭도 자기 아버지가 손자에게 교육했던 것을 그대로 보고 배워 훗날 자신의 손자들에게 그대로 실천했을 것이다. 그리고 할아버지의 손자교육 철학은 유대인의 전통이 되어 오늘날까지 내려왔을 것이다. 이것이 할아버지 신학이다. 그리고 3대 신앙교육의 파워다.

3대 족장 가정교육은 3대 가정교육신학과 할아버지 교육신학의 근거가 된다. 아브라함이 하나님의 소원을 담은 하나님의 심장을 가지고 손자 야곱을 가르친 것은 바울이 그리스도의 심장으로 이방인에게 복음을 전한 것(빌 1:8)**과 비교된다. 아브라함은 손자 선교사, 바울은 이방 선교사의 모델이다.**

3. 3대 족장의 가나안에 대한 믿음 전수

하나님이 아브라함을 부르실 때 복으로 약속하신 것은 크게 두 가지다. 첫째는 자손의 번성에 관한 것이고, 둘째는 땅(가나안)을 유대인에게 주시겠다는 것이다(창 12:7, 13:15~17, 17:5~8). 자손에 관해서는 여러 번 언급했기 때문에 이제 유업으로 주시겠다고 약속하신 가나안에 대해 살펴보자.

가나안에 대한 언약은 2대 족장 이삭을 거쳐 3대 족장 야곱에까지 이어졌다. 이것은 쉽게 된 것이 아니고, 이런 3대 신앙교육의 열매였다는 사실을 기억해야 한다. 야곱은 할아버지 아브라함과 아버지 이삭과 장막에 더불어 거하면서 할아버지와 아버지가 품었던 영원한 하나님의 유업인 가나안을 사모하게 되었다(28:4; 히 11:9).

교육학적으로 3대 교육이 얼마나 중요한지를 알기 위해 현재까지 내려오는 유대인의 가나안에 대한 열풍이 어떻게 시작되었는지 그 내력을 더 자세히 살펴보자. 가나안에 대한 열풍은 하나님이 아브라함에게 누누이 말씀하신 것이다(창 12:7, 13:15~17). 하나님은 아브라함을 처음 부르실 때부터 그 땅으로 가라고 명령하셨다(창 12:1). 횃불 언약에서도 동일한 약속을 하셨다(창 15:7~21). "나는 이 땅을 네게 주어 업을 삼게 하려고 너를 갈대아 우르에서 이끌어 낸 여호와로라"(창 15:7). 아브라함의 이름을 변경해 주실 때도 동일한 언약을 반복하여 확인해 주셨다.

> 내가 내 언약을 나와 너와 네 대대 후손의 사이에 세워서 영원한 언약을 삼고 너와 네 후손의 하나님이 되리라 내가 너와 네

> 후손에게 너의 우거하는 이 땅 곧 가나안 일경으로 주어 영원한 기업이 되게 하고 나는 그들의 하나님이 되리라. (창 17:7~8)

유대인의 2대 조상 이삭은 가나안이 자신들의 유업이 될 것과 자신의 자손이 번성하게 될 것을 아버지 아브라함에게서 교육을 받았을 뿐만 아니라 하나님의 약속을 직접 받았다(창 26:2~5).

> 여호와께서 이삭에게 나타나 가라사대 애굽으로 내려가지 말고 내가 네게 지시하는 땅에 거하라 이 땅에 유하면 내가 너와 함께 있어 네게 복을 주고 내가 이 모든 땅을 너와 네 자손에게 주리라 내가 네 아비 아브라함에게 맹세한 것을 이루어 네 자손을 하늘의 별과 같이 번성케 하며 이 모든 땅을 네 자손에게 주리니 네 자손을 인하여 천하 만민이 복을 받으리라. (창 26:2~4)

이삭은 유대인의 3대 조상 야곱에게 아버지가 자신에게 가르친 것처럼 동일하게 가나안에 대한 소망을 갖도록 가르쳤다(창 28:4). 하나님은 이것을 야곱이 에서를 피해 삼촌집으로 가던 중 벧엘에서 그에게 꿈에 직접 확인 시켜주셨다(창 28:13~14).

> 또 본즉 여호와께서 그 위에 서서 가라사대 나는 여호와니 너의 조부 아브라함의 하나님이요 이삭의 하나님이라 너 누운 땅을 내가 너와 네 자손에게 주리니 네 자손이 땅의 티끌같이 되어서 동서 남북에 편만할지며 땅의 모든 족속이 너와 네 자손을 인하여 복을 얻으리라. (창 28:13~14)

야곱이 20년 후 삼촌집을 떠나 가나안으로 돌아와 벧엘에 도착했을 때 하나님이 다시 그에게 나타나 이스라엘이라는 새 이름을 주시고 또 자손의 번성과 가나안 땅을 유업으로 주시겠다고 반복하여 언약을 확인해 주셨다.

> 야곱이 밧단아람에서 돌아오매 하나님이 다시 야곱에게 나타나사 그에게 복을 주시고 그에게 이르시되 네 이름이 야곱이다마는 네 이름을 다시는 야곱이라 부르지 않겠고 이스라엘이 네 이름이 되리라 하시고 그가 그의 이름을 이스라엘이라 부르시고 그에게 이르시되 나는 전능한 하나님이니라 생육하며 번성하라 국민과 많은 국민이 네게서 나고 왕들이 네 허리에서 나오리라 내가 아브라함과 이삭에게 준 땅을 네게 주고 내가 네 후손에게도 그 땅을 주리라. (창 35:9~12)

　여기에서 우리는 두 가지를 발견할 수 있다. 첫째는 부모가 다음 세대에게 하나님이 주신 언약을 가르쳐 전수했다는 사실이고, 둘째는 하나님이 3대 족장들에게는 친히 개별적으로 나타나시어 언약을 계시해 주셨다는 사실이다. 하나님의 처음 선민교육은 이렇게 3대에 걸쳐 철저하게 시작되었다.
　유대인의 3대 조상 야곱 역시 자신의 아들들에게 이것을 전수하였다. 다음은 야곱이 죽기 전에 요셉에게 전한 말씀이다.

> 내게 이르시되 내가 너로 생육하게 하며 번성하게 하여 네게서 많은 백성이 나게 하고 내가 이 땅을 네 후손에게 주어 영원한

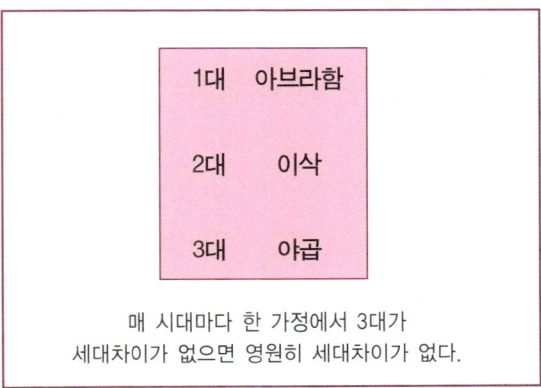

기업이 되게 하리라 하셨느니라. (창 48:4)

따라서 3대 족장의 후손들인 유대인들은 가나안을 하나님이 '아브라함과 이삭과 야곱에게 맹세하신 땅'이라고 표현한다(창 50:24; 출 33:1; 민 32:11; 신 1:8, 6:10). 2,000년이 지난 후 신약의 히브리서 기자는 이것을 이렇게 요약하였다.

> 믿음으로 저[아브라함]가 외방에 있는 것같이 약속하신 땅에 우거하여 동일한 약속을 유업으로 함께 받은 이삭과 야곱으로 더불어 장막에 거하였으니 이는 하나님의 경영하시고 지으실 터가 있는 성을 바랐음이니라. (히 11:9~10)

유대인의 이런 3대 신앙교육은 오늘날 유대인에게까지 4,000년 동안 이어져 오고 있다. 구약의 지상명령을 지켜 행했기 때문이다.

한국의 예를 들어 보자. **현재 한국의 손자 세대가 한국의 초대 교회 성도들이 얼마나 하나님을 사랑했으며 유대인처럼 철저하게 신앙생활을 했는지를 알고 본받으려고 하는가?** 선조들이 신앙을 지키기 위해 순교를 해가면서 일제강점기에 신사참배를 거부했고, 한국전쟁 때에는 공산당의 총칼 앞에서 예수님을 부인하지 않았던 고난을 왜 모르는가? 왜 일부 손자 세대들은 한국 전쟁을 남침이 아닌 북침이라고 하는가? 이것은 부모 세대뿐만 아니라 할아버지 세대의 교육이 유대인의 경우처럼 제대로 행해지지 못했기 때문이다.

따라서 **현재 한국 교회가 교회에서 운영하는 노인대학의 경영 방식을 바꾸어야 한다.** 대부분 교회에서는 노인들에게 점심식사를 대접하며 건강 강좌를 열고 레크레이션을 가르치고 있다. 물론 이런 것들도 가끔 해야 하지만, 이런 것들은 구청이나 동사무소에서도 해 줄 수 있는 것들이다.

신령한 교회에서는 노인들에게 구약의 지상명령 쉐마를 가르쳐서 그들이 죽기 전에 아브라함이 손자 야곱에게 했던 것처럼 손자들에게 말씀과 전통과 역사를 전수할 수 있도록 교육해야 한다. 그리고 자신들이 몸소 겪었던 일제강점기의 고난이나 한국전쟁 시대의 고난의 체험담을 가르치도록 해야 한다. 그들로 하여금 죽는 그날까지 손자들에게 말씀을 전수하여 영원한 가나안 천국에 함께 가야 한다는 거룩한 사명을 불일듯이 불어 넣어 주어야 한다.

3대는 한 가문의 3대를 뜻한다. 수직적 가족의 공동체다. 매 시대마다 한 가정에서 3대에 걸쳐 세대차이가 없으면 아브라함의 후손처럼 영원히 세대차이가 있을 수 없다. 3대 신앙교육이 그만큼 중요하다.

[저자 주: 일제강점기의 고난이나 한국전쟁 체험담은 선민의 역사는 아닐지라도 인성교육적 측면에서 자녀나 손자들의 뿌리 교육이나 정체성 교육에 유익하다. 저자의 저서 《현용수의 인성교육 노하우》(동아일보, 2008), 제1권 제2부 제2장 '인성교육의 본질과 원리: 수직문화와 수평문화' 참조]

교회의 노인대학에서 식사 대접, 건강 강좌 및 레크레이션을 하고 있다.
이런 것들은 구청에서도 할 수 있다.
신령한 교회에서는 노인들에게 아브라함이 손자 야곱에게 했던 것처럼
손자들에게 말씀과 전통과 역사를 전수할 수 있도록 교육해야 한다.

4. 아브라함 후손들의 3대가 말씀과 신앙 전수

아브라함과 이삭과 야곱, 3대 족장의 후손들인 유대인은 그 후 어떤 교육을 강조했는가? 3대 가정신앙교육을 강조했다. 아브라함의 증손자 요셉도 3대 조상들의 전통을 따라 그의 자손 삼대가 함께 신앙생활을 하며 말씀을 전수하였다. 성경은 요셉의 손자들

이 할아버지 요셉의 슬하에서 양육되었다고 적고 있다.

> 에브라임의 자손 삼 대를 보았으며 므낫세의 아들 마길의 아들들도 요셉의 슬하에서 양육되었더라. (창 50:23)

이것은 하나님의 언약 백성인 유대인이 하나님의 계명을 익히고 순종하는 삶은 반드시 "너와 네 아들과 네 손자들"(신 4:9, 6:2; 사 59:21) 3대에게 동일한 신앙교육을 강조한다는 것을 뜻한다. 이것은 자녀를 향한 부모교육도 중요하지만 손자를 향한 할아버지 할머니의 교육도 중요하다는 것을 말해 준다. 유대인은 3대 가정신앙교육을 복 중의 복으로 생각한다(욥 42:16; 시 128:6; 잠 17:6).

아브라함이 죽은 후(B.C. 2123년) 약 700년 후에, 모세도 계속하여 하나님이 아브라함에게 명령하신 구약의 지상명령을 자손 대대로 가르치고 실천하게 하는 3대 가정신앙교육을 강조했다(약 B.C. 1400년경). "너는 그 일들을 네 아들들과 네 손자들에게 알게 하라"고 했다(신 4:9). "너와 네 아들과 네 손자로 평생에 네 하나님 여호와를 경외하라"(신 6:2a)고 했다. 그리고 그들 3대에게 "내가 너희에게 명한 그 모든 규례와 명령을 지키게 하라"(신 6:2b)고 했다. 이것은 "네 날을 장구케 하기 위한 것이라"(신 6:2c)고 했다.

이것은 모세가 특별히 1세대가 체험한 것을 자녀들뿐만 아니라 손자들에게까지 가르치라고 간곡하게 말한 것이다.

> 오직 너는 스스로 삼가며 네 마음을 힘써 지키라 두렵건대 네가 그 목도한 일을 잊어버릴까 하노라 두렵건대 네 생존하는 날 동안에 그 일들이 네 마음에서 떠날까 하노라 너는 그 일들을 네 아들들과 네 손자들에게 알게 하라. (신 4:9)

유대인은 조상들의 신앙과 말씀, 그리고 전통과 역사를 자녀에게 전수하는 데 3대가 자리를 함께 하는 절기를 이용한다.
(사진: 8시간 동안 진행되는 유월절 잔치 식탁에서 3대가 조상들의 신앙과 말씀 그리고 전통과 역사를 전수하는 랍비 크래프트 씨 가족)

그 후 선지자들도 이 3대 가정신앙교육의 원리를 이스라엘 백성에게 계속하여 반복적으로 가르쳤다. 이것은 그들이 하나님 앞에서 회개하고 돌아오게 하는 데 지대한 공헌을 했다. 그리고 죄를 삼가게 하였다. B.C. 830년경 요엘 선지자는 이렇게 외쳤다.

> 너희는 이 일을 너희 자녀에게 고하고 너희 자녀는 자기 자녀에게 고하고 그 자녀는 후 시대에 고할 것이니라. (욜 1:3)

약 130년 후(B.C. 739~680)에 이사야 선지자도 3대 가정신앙교육을 강조하였다.

여호와께서 또 가라사대 내가 그들과 세운 나의 언약이 이러하니 곧 네 위에 있는 나의 신과 네 입에 둔 나의 말이 이제부터 영영토록 네 입에서와 네 후손의 입에서와 네 후손의 후손의 입에서 떠나지 아니하리라 하시니라 여호와의 말씀이니라. (사 59:21)

하나님은 유대인 부모를 통하여 그들의 자녀들에게 그리고 자녀의 자녀들에게(3대) 하나님의 말씀과 전통과 역사가 연속적으로 전수되기를 소원하신다. 3대를 통한 말씀과 신앙의 대물림, 그것이 구약의 지상명령의 교육 철학의 본질이다.

유대인이 하나님의 계명을 익히고 순종하는 삶은 반드시
"너와 네 아들과 네 손자들"(신 4:9) 3대에게 동일한 신앙교육을 강조한다.
이것은 자녀를 향한 부모교육도 중요하지만
손자를 향한 할아버지 할머니의 교육도 중요하다는 것을 말해 준다.

랍비의 토막 상식

예루살렘의 멸망은 잘못된 교육 때문이다

유대민족은 시도했던 일이 실패로 끝나면 먼저 자기들의 교육이 잘못되었기 때문이라고 생각한다. 그것은 하나님의 말씀을 배우는 것 자체가, 곧 하나님을 찬양하는 일이었고, 그래서 배움에 의해 하나님을 존경하고 하나님에게 가까워진다고 여겼다. 그렇게 되면 하나님의 능력이 그들을 지켜주신다고 믿는다.

예루살렘 성이 로마군에 의해 멸망되었을 때 유대인들은 로마의 힘 때문이 아니라, 잘못된 교육 때문이라고 생각하였다.

탈무드에 있는 얘기를 들어보자.

널리 이름난 랍비가 어느 마을을 찾아왔다. 마을의 책임자는 랍비를 안내하여 마을의 이곳저곳을 보여주었다. 가는 곳마다 작은 진지에 병사들이 차 있었고, 어느 곳에는 울타리로 방어망을 치고 있었다.

숙사로 들어온 랍비가 이렇게 말했다.

"나는 이 마을이 어떻게 지켜지고 있는지 아직 알 수가 없어요. 마을을 지키는 것은 병사나 울타리가 아니고 학교입니다. 왜 나를 학교로 먼저 안내하지 않았습니까?"

[편역자 주: 여기에 언급된 학교는 토라(하나님의 말씀)와 탈무드를 가르치고 배우는 유대인의 예시바를 뜻한다.]

학교란 외침을 방어하기 위한 목적에서 만들어지는 것이다. 만약 학교가 없어 유대민족에게 배움과 전통 그리고 사상이 이어지지 않는다면, 아무리 강한 군대를 만든다 해도 그 군대가 예루살렘을 지킬 수 없다는 것이다. 그러므로 먼저 지킬 학교를 만드는 것이 가장 훌륭한 방책이다.

_Tokayer, 탈무드 5: 탈무드의 잠언집, 동아일보, 2009, pp. 178~179.

II. 자녀나 손자들은 윗세대에게 질문하라
(신 32:7 강해)

옛날을 기억하라 역대의 연대를 생각하라
네 아비에게 물으라 그가 네게 설명할 것이요
네 어른들에게 물으라 그들이 네게 이르리로다. (신 32:7)

1. 옛날을 기억하라 역대의 연대를 생각하라

하나님은 이스라엘 백성이 말씀과 전통 그리고 역사를 전수할 수 있도록 훈련시키실 때, 부모나 할아버지 부부가 자녀나 손자에게 가르치는 것만 강조하셨는가? 아니다. 자녀들도 자기 조상들이 겪은 과거의 일과 오랜 역사 및 전통을 전수받기 위하여 부모와 어른들에게 계속 질문하라고 가르친다. 그리고 자녀들이 물으면 부모는 거절하지 말고 설명하라고 가르친다.

> 옛날을 기억하라 역대의 연대를 생각하라 네 아비에게 물으라 그가 네게 설명할 것이요 네 어른들에게 물으라 그들이 네게 이르리로다. (신 32:7)

이 말씀은 특별히 모세가 자녀들에게 말씀하신 것이다. "옛날을 기억하라. 역대의 연대를 생각하라"(신 32:7a)는 말씀을 간단하게 설명하면, 조상들이 옛날에 언제 무엇을 어디에서 어떻게 왜 했는지를 기억하고 조상들의 연대(the years of generation after generation)를 공부하라는 말씀이다. 이 말은 자녀들이 선민적 역사의식을 가지라는 뜻이다. 당대에만 매여 있지 말라는 것이다. 더 자세한 뜻을 알아보자.

왜 모세가 "옛날을 기억하라"(신 32:7aa)라고만 하지 않고, 이어서 "역대의 연대를 생각하라"(신 32:7ab)고 했는가? 이를 설명하기 위해 두 문장의 차이를 알아보자. 두 문장을 비교하면 중요한 두 가지 차이를 발견할 수 있다.

1) '옛날'과 '역대의 연대'와의 차이이고,
2) '기억하라'(신 32:7aa)와 '생각하라'(신 32:7ab)의 차이다.

두 가지 차이점을 더 자세히 알아보며 하나님의 뜻을 찾아보자.

A. '옛날'과 '역대의 연대'와의 차이

먼저 '옛날'과 '역대의 연대'에는 어떤 차이가 있는지에 대해 알아보자.

'옛날'(the days of old)은 과거의 일, 즉 역사를 말한다. '역대의 연대'(the years of generation after generation)는 과거 각 세대마다 있었던 역사의 구체적인 사건들을 말한다. 전자가 개론이라면, 후자는 각론이다. 전자가 나무의 전체 숲을 보는 맥크로이즘(Macroism)이라면, 후자는 숲의 가지와 나뭇잎까지 샅샅이 살피는 마이크로이즘(Microism)이다. 따라서 자녀는 전체 과거의 일뿐만 아니라 매 세대마다 있었던 자세한 역사를 소상하게 연구하고 알아야 한다.

'옛날'과 '역대의 연대'와의 차이

구분	옛날	역대의 연대
의미	역사(the days of old)	각 세대마다 있었던 자세한 역사의 사건들
비유 1	개론	각론
비유 2	맥크로이즘(Macroism)	마이크로이즘(Microism)
결론	따라서 자녀는 전체 과거의 역사뿐만 아니라 매세대마다 있었던 자세한 역사의 사건들을 소상하게 연구하고 알아야 한다.	

대부분 사람들의 본질적인 실수는
자신들이 과거와 상관없는 것처럼 여기는 데서 온다.
많은 사람들이 인생과 역사를 길게 내다보지 못한다.

B. '기억하라'와 '생각하라'의 차이: IQ 자녀와 EQ 자녀의 차이

모세는 '옛날을 기억하라'(신 32:7aa)고 했다. 왜 모세가 '옛날을 기억하라'고 했겠는가? 그것은 옛날을 기억하려 하지 않는 사람들이 많기 때문이다. 모세는 그들에게 옛날을 기억하는 것이 중요하다는 것을 가르치려 하고 있다. 왜 옛날을 기억하는 것이 중요한지 알아보자.

모세는 이어서 왜 옛날은 '기억하라'고 하고, 역대의 연대는 '생각하라'(신 32:7a)고 했는가? 우선 '기억하라(, 자칼)'(신 32:7aab)

옛날을 기억하고 생각하는 자녀의 3차원 단계

3차원 단계 자녀	옛날을 기억하고 생각하는 자녀
2차원 단계 자녀	옛날을 기억 하는 자녀
1차원 단계 자녀	옛날을 기억조차 하지 않는 자녀

비고: 단계가 높을수록 좋다.

와 '생각하라(זְכֹר, 빈)'(신 32:7abb)의 차이부터 알아보자. 어떤 사건의 내용이나 학습한 내용을 기억하는 것은 두뇌에서 하고, 그 내용을 생각하는 것은 마음이 하는 것이다(물론 과학적으로는 생각도 두뇌에서 하지만, 여기서는 IQ와 EQ를 구분하기 위하여 이렇게 표현한다.). 전자를 IQ(두뇌, 머리, 지식)의 학습 방법이라 한다면, 후자는 EQ(마음, 사랑, 정서)의 학습 방법이다. 순서로 보아 먼저 기억하고 후에 생각한다. 즉 생각은 학습하여 기억된 내용을 바탕으로 하게 된다.

[저자 주: IQ-EQ에 대해서는 저자의 저서 《현용수의 인성교육 노하우》(동아일보, 2008), 제3권 제4부 제1장 I. 'IQ와 EQ의 차이' 참조]

따라서 인간의 마음을 움직이기 위해서는 먼저 두뇌에 어떤 내용을 기억해 두어야 한다. 두뇌에 기억하지 않고는 그 다음 단계인 생각을 할 수 없다. 또한 역사를 깊이 생각하는 사람은 수직문화의 사람이기도 하다.

그런데 문제는 사람에 따라 기억에만 그치는 사람이 있고, 기억하고 생각까지 하는 사람이 있다는 데 있다. 전자를 IQ의 사람이라고 한다면, 후자는 EQ의 사람이다. 모세는 기억만 하지 말고 생각까지 하라는 것이다. 그래도 옛날을 기억하는 사람은 기억조차 하지 않는 사람보다는 낫다.

따라서 "옛날을 기억하라 역대의 연대를 생각하라"(신 32a)란 말씀에 따라 옛날을 기억하고 생각하는 자녀의 3가지 단계를 구분하면 다음과 같다. 1차원 단계: 옛날을 기억조차 하지 않는 자녀다. 가장 낮은 단계의 자녀. 2차원 단계: 옛날을 기억하는 자녀다. 중간 단계의 자녀. 3차원 단계: 옛날을 기억하고 생각하는 자녀다. 가장 높은 단계의 자녀.

따라서 자녀는 먼저 옛 역사를 공부하여 그대로 기억해야 한다. 그러나 각 세대에 일어났던 과거의 사건들은 기억하는데 그치면 안 된다. 각 사건마다 그 사건을 분석하여 그 사건이 주는 의미를 새기고 교훈을 얻기 위해 깊게 생각해야 한다. 그래서 더 좋은 미래를 만들도록 준비해야 한다.

유대인은 자녀들에게 어떻게 역대의 연대를 생각하게 교육 시키는지 실례를 들어보자.

> 이스라엘 공립초등학교에서는 공식적으로 체벌이 금지되어 있다. 그러나 예외가 있다. 성경공부 시간에는 체벌을 가할 수 있다. 그렇다면 성경공부 중 어느 때에 체벌이 가능한가?
> 토라(성경) 수업에서 어린 학생들에게 성경을 읽게 한다. 그들은 매일 읽어야 할 성경의 할당량이 있다. 선생이 학생들에게 성경을 읽게 하고는 각 학생에게 다가가 "너는 이 내용에 대해 어떻

게 생각하느냐?"고 묻는다.

이때 학생이 예를 들어 출애굽기 12장을 읽고 "저는 우리 조상이 이집트에서 그 혹독한 노예 생활에서 해방된 유월절이 너무나 감사했습니다. 저도 크면 모세처럼 하나님과 우리 민족을 위해 살겠습니다."라고 대답하면, "좋아!" 하고는 다음 학생에게 다가간다.

이때 만약 다음 학생이 아무런 대답을 못하면 이렇게 다그치며 매를 든다.

"너는 왜 생각이 없느냐? 생각 좀 해라!"

생각하는 것도 낮은 단계와 높은 단계가 있다. 그냥 곰곰이 생각만 해서는 안 된다. 높은 단계의 생각하는 방법은 의문을 제기하고 그에 대한 답을 찾는 것으로 이루어진다. 그래서 탈무드는 의문이 많은 사람을 지혜자라고 한다(Tokayer, 탈무드 3: 탈무드의 처세술, 2009, pp. 68~70).

[질문하는 방법은 저자의 저서 《유대인 아버지의 4차원 영재교육》(동아일보, 2007), 제3부 제4장 '제2차원 영재교육: 질문식과 탈무드 논쟁식 IQ계발교육' 참조].

역사의 사건을 생각하는 자녀도 다음과 같이 4차원 단계로 나눌 수 있다. 1차원 단계: 역사의 사건을 기억조차 하지 않는 자녀다. 가장 낮은 단계의 자녀다. 2차원 단계: 역사의 사건을 기억은 하지만 생각하지는 않는 자녀다. 낮은 단계의 자녀다. 3차원 단계: 역사의 사건에 대해 생각나는대로 혼자 곰곰이 생각하는 자녀다. 높은 단계의 자녀다. 4차원 단계: 역사의 사건에 대해 의문을 제기하고 그에 대한 답을 찾는 자녀다. 가장 높은 단계의 자녀다.

역사의 사건을 생각하는 자녀의 4차원 단계

비고: 단계가 높을수록 좋다.

4차원 단계 자녀	의문을 제기하고 그에 대한 답을 찾는 자녀
3차원 단계 자녀	곰곰이 생각하는 자녀
2차원 단계 자녀	기억하지만 생각하지 않는 자녀
1차원 단계 자녀	기억조차 하지 않는 자녀

〈예: 부모와 자녀들이 한국의 3.1운동 사건을 여기에 적용해 보라〉

  오늘날 많은 이들이 역사 공부는 하지만 역사의식이 없는 이유는 무엇인가? 역사 공부를 입시 시험에 합격하기 위하여 암기만 하기 때문이다. 역사의 의미를 생각하려 하지 않기 때문이다. 현대는 깊게 생각하는 것을 싫어하는 세대다. 역사의 지식만 갖고 있는 사람은 IQ의 사람이고, 역사를 깊이 생각하는 사람은 EQ의 사람이며, 또한 수직문화의 사람이다. 그래서 현대는 지식은 많으나 지혜는 부족한 세대가 되어가고 있다.

  유대인은 자녀들에게 성경을 읽고 자신에 대해, 부모에 대해, 가정에 대해, 민족에 대해, 하나님에 관하여 넓고 깊게 질문하고 답을 찾도록 가르친다. 그리고 끊임없이 진리를 찾아 토론한다. 그들은 1차원 단계의 자녀들에게도 이런 교육을 통하여 4차원 단계의 자녀로 성장시키도록 노력한다. 자녀를 매사에 생각하는 사람으로 키워야 똑똑하고 주체의식이 강한 큰 인물이 될 수 있다.

왜 모세가 그토록 강하게 "옛날을 기억하라 역대의 연대를 생각하라"고 했을까? 대부분 사람들의 본질적인 실수가 자신들이 과거와 상관없는 것처럼 여기는 데서 오기 때문이다. 많은 사람들이 인생과 역사를 길게 내다보지 못한다(a lack of perspective)는 것이다. 모세는 미래에 이런 바보 같은 실수 때문에 고통당하지 말라는 것이다(Scherman & Zlotowitz, The Chumash, 2005, p. 1101).

유대인 주석가 라쉬는 과거를 기억해야 하는 목적을 하나님께서 유대인에게 어떻게 하셨는지 그리고 무엇 때문에 하나님이 유대인들에게 분노하셨는지를 알게 하기 위함이다(Rashi, The Metsudah Chumash, 2003, p. 335)라고 설명했다. 그래서 유대인은 하나님의 징계를 받은 이유를 깊게 생각하고 회개한다. 그리고 그런 고난의 역사가 반복되지 않도록 노력한다.

따라서 자녀들은 옛 역사를 기억할 뿐만 아니라, 각 세대에 있었던 역사적인 사건들의 의미를 깊이 생각해야 한다.

과거의 역사를 생각하는 것도 낮고 높은 단계가 있다.
그냥 곰곰이 생각만 해서는 안 된다.
고도의 생각하는 방법은 의문을 제기하고
그에 대한 답을 찾는 것으로 이루어진다.

2. 네 아비와 네 어른들에게 물으라

앞에서 신명기 32장 7절 전반의 "옛날을 기억하라 역대의 연대를 생각하라"의 뜻을 설명했다. 이제 후반의 "아비에게 물으라. 그가 네게 설명할 것이요. 네 어른들에게 물으라. 그들이 네게 이르리로다."란 말씀의 뜻을 알아보자.

이 말씀을 두 문장으로 나누어 설명해 보자.

1) "아비에게 물으라. 그가 네게 설명할 것이요."이고,
2) "네 어른들에게 물으라. 그들이 네게 이르리로다."이다.

두 문장을 비교하면 하나의 공통점과 두 가지의 차이점을 발견할 수 있다. 하나의 공통점은 네 아비와 네 어른들에게 '물으라'는 것이다. '물으라'의 히브리어는 '솨엘(שׁאל)'인데, '요청하다(ask)', 혹은 '간청하다(beg)'라는 뜻이 있다. 이것은 자녀들이 부모나 어른들에게 물어볼 때 일상적인 평범한 질문으로 끝내지 말고, 찾고자 하는 답이 나올 때까지 집요하게 질문하라는 뜻이 있다. 따라서 자녀들은 부모나 어른들에게 옛날의 역사나 각 세대의 구체적인 역사적 사건들을 알기 위하여 사명감을 갖고 능동적으로 끈질기게 질문해야 한다.

그리고 두 가지의 차이점은 다음과 같다.

첫째는 '네 아비'와 '네 어른'의 차이이고,
둘째는 '설명하다'와 '이르리로다'의 차이이다.

두 가지 차이점을 더 자세히 알아보며 하나님의 뜻을 찾아보자.

A. '네 아비' 와 '네 어른'의 차이

왜 모세는 자녀들이 물어볼 대상을 '네 아비'와 '네 어른', 두 부류로 나누어 지정했는가? 여기에는 중요한 의미가 있다. '아비(אָב, 아바)'는 한 가정의 혈통적인 '아버지'를 뜻하고, '어른(זָקֵן, 자켄)'은 자신이 속한 공동체의 '지혜자(Sages)', 즉 지도자를 뜻한다(Rashi, *The Metsudah Chumash*, 2003, p. 335). (저자 주: 여기서는 '아버지'를 편의상 '부모'로 표기한다.)

이것은 각 가정의 부모들과 그들이 속한 공동체의 어른들이 유기적으로 함께 사명의식을 갖고 과거의 역사를 후손들에게 전수해야 한다는 것을 뜻한다. 첫 번째 책임은 가정의 부모에게 있고, 두 번째 책임은 공동체의 어른들, 즉 성경을 가르치는 지도자들에게 있다는 것을 뜻한다. 그래서 유대인은 고난의 역사를 전수하는 방법을 개발할 때 가정에서 해야 할 것과 유대인 공동체가 해야 할 것을 나누어 개발해 놓은 것들이 많다.

따라서 자녀는 먼저 부모에게 질문해야 한다. 이 때 먼저 자신의 직계 가문에 관한 개인적인 사건들(사적인 일)에 관해 질문해야 한다. 개인적인 가문의 뿌리 이야기의 모음이 바로 각 가정의 족보다. 창세기 족장들의 족보나 마태복음과 누가복음에 나타난 예수님의 족보(마 1장; 눅 3:23~38)가 그 예다. 그 다음에 자녀는 부모에게 자신이 속한 공동체에 일어났던 사건(공적인 일)에 대해 질문해야 한다. 그리고 각 시대마다 자신의 가문이 공동체에서 일어

유대인은 자녀교육의 프로그램을 만들 때
대부분 가정과 회당 그리고 공동체에서 할 프로그램을 따로 만든다.

가정에서: 유대인은 부림절에 가정마다 절기 식탁을 함께 하고, 가정끼리
선물을 교환하는 풍습이 있다.

회당에서: 3대가 회당에 함께 모여 랍비가 에스더서를 읽을 때 자신들의 조상을 괴롭힌 하만 장군의 이름이 나올 적마다 모두 소리나는 도구를 들고 흔들며 '하만!' '하만!'을 외치며 기뻐하는 모습.
고난의 역사를 3대가 함께 기억하는 교육이다.

자녀들이 아비와 어른들에게 질문할 내용

구분	부모에게 질문할 내용	공동체 지도자에게 질문할 내용
사적인 일	자신의 가문에 관한 개인적인 사건들 (예: 할아버지가 피난 갔던 일, 족보 등)	없음
공적인 일	각 세대마다 공동체가 겪었던 역사적 사건들 (부모가 조상대대로 전수된 것 설명)	각 세대마다 공동체가 겪었던 역사적 사건들 (공동체 지도자가 종합하여 설명)
가문과 공동체와의 관계	각 세대마다 공동체가 겪었던 역사적 사건들과 본인의 가문과의 관계 (부모가 조상대대로 전수된 것 설명)	각 세대마다 공동체가 겪었던 역사적 사건들과 본인 가문과의 관계 (공동체 지도자가 객관적 자료로 설명, 다른 가문의 것들도 설명)

났던 사건들과 어떻게 관련되어 있었는지에 대해 질문해야 한다.

또한 그 자녀는 부모에게 질문하는 것에만 그치지 말고, 공동체의 어른들, 즉 지도자들에게도 질문을 해야 한다. 그들은 공동체의 역사적인 사건들을 공적인 입장에서 설명해 줄 수 있다. 그들은 여러 경로로 많은 증거들을 수집하여 갖고 있다. 따라서 그들은 부모가 설명할 수 없는 부분들도 많은 증거들을 제시해 가면서 각 세대마다 일어났던 공동체의 사건들에 대하여 자세히 설명할 수 있다. 이 때 자녀들은 자신의 가문이 공동체의 역사적 사건에 어떠한 관계가 있었는지에 대해서도 질문해야 한다. 그리고 부모의 증언과 비교해 보고, 만약 부모의 증언과 다르다면, 왜 다른지, 그 이유를 알아보아야 한다. 확실한 진실을 찾기 위함이다.

이런 공동체의 역사 공부는 한 공동체의 정체성을 세우는데도 대단히 중요하다. 여기에서 말하는 공동체란 한 부족일수도 있고,

민족, 혹은 국가일수도 있다. 구약 성경은 이런 과정을 통하여 쓰여졌다. 창세기를 뺀 모세오경(출애굽기, 레위기, 민수기, 신명기), 열왕기상하, 역대상하 그리고 선지서 등이 좋은 예다.

따라서 모세가 자녀는 부모와 공동체의 지도자에게 나누어 질문하도록 하게 한 것은 매우 중요한 목적이 있었음을 발견할 수 있다. 이것은 마치 교회 목사가 교인들의 개인적인 족보를 알 수 없듯이, 유대인 공동체의 지도자들도 각 유대인들의 개인적인 족보를 알 길이 없었을 것이다. 이런 개인의 가문에 관한 역사들은 오직 부모만이 전할 수 있는 것이다.

그런데도 대부분 한국인 부모들이 가정에서 자신이 자녀를 가르칠 생각은 하지 않고, 교회나 학교에만 의존하는 것은 매우 잘못된 것이다.

구약성경을 보면 창세기까지는 대부분 개인적인 족보로 형성되어 있고, 유대인의 공동체의 역사는 출애굽기 이후부터 시작되었다. 따라서 자녀들은 반드시 두 가지, 자신의 개인적인 족보와 자신이 속한 공동체의 역사를 기억하고 생각해야 한다.

**유대인은 고난의 역사를 전수하는 방법을 개발할 때
가정에서, 회당에서 그리고 공동체에서
해야 할 것을 나누어 개발한다.**

B. '설명하다'와 '이르리로다' 의 차이

왜 모세가 "아비에게 물을 때는 그가 네게 설명할 것이요"라고 하고, "어른들에게 물을 때는 그들이 네게 이르리로다"(신 32:7b)라고 했는가? '설명하다(נָגַד, 나가드)'와 '이르리로다(אָמַר, 아마르)'의 차이는 무엇이 다른가?

유대인 주석가 라쉬는 "아비에게 물으라. 그가 네게 설명할 것이요"(신 32:7ba)를 아버지는 아들에게 그 사건이 너와 어떤 관계가 있는지를 설명할 것이요(he will relate it to you)라고 번역했다 (Rashi, The Metsudah Chumash, 2003, p. 335).

이것은 아버지가 아들에게 자신의 가문과 직접 관련이 있는 두 가지 역사를 전해주라는 말이다.

1) 아버지는 자신에게 일어났던 옛 일들을 자녀에게 전해주고(예; 자신의 할아버지가 피난 온 이야기나 자신의 결혼 이야기 혹은 개인적인 족보 이야기 등),

2) 자신의 가문이 그 당시 자신이 속한 공동체의 역사에 어떠한 관계가 있었는지를 설명해 주라는 것이다. 그리고 공동체의 역사적 사건에 긍정적인 영향을 주었는지, 아니면 부정적인 영향을 주었는지에 대해서도 설명해 주어야 한다. 그리고 왜 그렇게 했는지 그 원인을 설명해 주고, 앞으로 하나님의 말씀에 따라 어떻게 해야 할 것인지를 설명해야 한다. 이것은 남보다는 아버지만이 솔직하게 얘기 할 수 있는 내용들이다. 이것이 곧 가문의 생존의 방법이며, 가문의 역사를 더 번창시키고 풍요롭게 하는 방법이다.

"어른들에게 물으라. 그들이 네게 이르리로다."(신 32:7bb)는 "지혜자들(Sages)은 너에게 말할 것(tell)이다"라고 번역했다(Rashi, The Metsudah Chumash, 2003, p. 335). 이것은 공동체 지도자들은 앞에서 설명한대로 공동체의 공적인 사건들을 후대에게 전해 준다는 것을 뜻한다.

이 때 공동체 지도자들은 질문한 자녀들의 가문이 공동체의 역사적 사건에 어떠한 관련이 있었는지에 대해서도 설명해 주어야 한다. 뿐만 아니라 공동체 사건들과 다른 가문들의 관계도 설명해 주어야 한다. 그리고 가문과 가문끼리의 것들도 비교하며 설명해 주어야 한다.

따라서 자녀는 개인적인 역사의 사건들과 공동체의 역사의 사건을 모두 알아야 할 책임이 있다.

**모세는 왜 자녀에게 부모와 공동체의 지도자에게 나누어 질문하도록 했는가?
자녀는 개인적인 역사의 사건들과 공동체의 역사의 사건을
모두 알아야 할 책임이 있기 때문이다.**

적용하기

유대인의 교육 방법은 인성교육적 측면에서 한국인에게도 그대로 적용할 수 있다. 〈역사 토론하기 예: 부모는 자녀와 함께 한국에서 일어났던 3.1운동(1919년)이나 한국전쟁(1950~1953년)에 대하여 생각해 보라. 자신들은 어느 단계에 있는지 평가하고 4차원 단계로 발전하기 위해 무엇을 어떻게 해야 할지를 본문에서 찾아 실천해 보라.〉

Ⅲ. 과거를 가르치는 부모와 배우는 자녀의 유형

1. 과거를 가르치는 부모의 네 가지 유형

하나님은 어떤 유형의 부모를 원하시나? 신명기 32장 7절의 말씀에 따라 과거의 역사를 가르치는 부모의 유형을 네 가지로 분류하고 하나님이 원하시는 부모의 유형을 찾아보자.

첫째 유형 부모: 첫째 유형의 부모는 자녀에게 과거를 숨기는 부모다.

자녀가 질문을 하려고 해도 질문하지 못하게 한다. 그들은 자신과 민족의 수치스런 고난의 역사가 자녀교육에 도움이 되지 않는다고 판단한다. 자녀들에게 수치심을 유발하여 자긍심을 해치고 열등의식을 갖게 하기 쉽다는 것이다.

[저자 주: 고난의 역사교육의 유익은 저자의 저서 《IQ는 아버지 EQ는 어머니 몫이다》(쉐마, 2005), 제3권 제7부 '고난의 역사교육' 참조]

이런 부모는 역사의식이 전혀 없는 부모다. 당대에 현실의 출세에만 집착하는 이기적인 부모다. 그 결과 자녀가 자신의 뿌리를 전혀 모르고 성장하여 자신과 민족의 과거 역사와 단절된다. 따라서 이전 세대와 현저한 세대차이가 난다. 이런 가정은 당대에는 흥할지 모르나 다음 세대에 긍정적인 미래를 기대하기 힘들다.

첫째 유형의 부모는 자신의 주관은 정리되어 있는 사람이다. 그리고 현실 사회에서 성실한 시민일 수 있다. 그러나 잘못된 교육관을 갖고 잘못된 판단을 하고 있는 것이다. 우리가 분명히 알아야 할 것은 부모의 잘못된 교육관이 자녀의 미래를 망칠 수 있다는 점이다. 바른 교육이 그만큼 중요하다.

둘째 유형 부모: 둘째 유형의 부모는 자녀에게 과거를 가르치지 않는 부모다.

자신의 과거와 민족의 역사에 별 관심이 없거나 바쁘기 때문에 가르치지 못하는 경우도 있다. 물론 이런 부모는 역사의식이 거의 없는 부모다. 그들은 자녀가 부모의 과거에 대해 질문을 한다 해도 귀찮아한다. 자신의 당대만 생각한다. 그 결과 자녀가 자신의 뿌리를 모르고 성장하여 과거의 역사와 연속성이 거의 없다. 따라서 세대차이가 많다. 이런 가정은 당대에는 흥할지 모르나 다음 세대에 긍정적인 미래를 기대하기 힘들다.

수직문화를 싫어하고 수평문화에 동화된 부모들이 거의 두 번째 유형의 부모에 속한다. 그러나 현실에 충실하고 선량한 부모라 해도 그들이 자신들의 부모로부터 역사교육을 받지 못하여 역사의식을 갖고 있지 못하는 경우도 있을 수 있다. 그들은 과거의 역사를 자녀들에게 가르치는 것이 얼마나 중요한지를 모른다.

셋째 유형 부모: 셋째 유형의 부모는 자녀에게 과거를 가르치는 부모다.

역사의식이 있는 부모다. 자신의 과거와 민족의 역사에 관심을 갖고 공부한 부모다. 따라서 부모세대나 부모 이전 세대의 역사에 대해 알고 있는 부모다. 이런 부모는 자녀의 질문에 잘 답변한다. 가정과 민족의 공동체에 관심이 있고, 가정과 공동체의 미래

과거를 가르치는 부모의 4가지 유형

(오른쪽으로 갈수록 더 바람직한 부모의 유형이다)

구분	첫째 유형 부모	둘째 유형 부모	셋째 유형 부모	넷째 유형 부모
자녀에 대한 태도	자녀에게 과거를 숨기는 부모	무관심으로 자녀에게 과거를 안 가르치는 부모	자녀에게 과거를 가르치는 부모	자녀에게 과거를 적극적으로 가르치는 부모
자녀에 대한 관심도	자녀에게 질문하지 못하게 한다.	자녀의 질문을 귀찮아 한다.	자녀의 질문에 잘 답변한다.	자녀에게 질문을 하라고 권한다.
역사에 대한 이해도	고난의 역사가 자녀교육에 도움이 되지 않는다고 판단하는 부모	부모와 부모 이전 세대의 역사에 관심이 없는 부모	부모와 부모 이전 세대의 역사에 대해 아는 부모	부모와 부모 이전 세대의 역사에 대해 소상히 아는 부모
역사의식	역사의식이 전혀 없다. 현실의 출세에만 집착하는 부모.	역사의식이 거의 없는 부모. 자신의 당대만 생각한다.	역사의식이 있는 부모. 가정과 공동체의 미래를 준비하는 부모	역사의식이 강한 부모. 가정과 공동체의 미래를 적극적으로 준비하는 부모
결과	자녀가 자신의 뿌리를 전혀 모르고 성장. 과거의 역사와 단절. 현저한 세대차이. 다음 세대가 부정적이다.	자녀가 자신의 뿌리를 모르고 성장. 과거의 역사와 연속성이 거의 없다. 세대차이가 많다. 다음 세대가 부정적이다.	자녀가 자신의 뿌리를 알고 성장. 과거의 역사와 연속성이 있다. 세대차이가 적다. 다음 세대가 긍정적이다.	자녀가 자신의 뿌리를 완전히 알고 성장. 과거의 역사와 연속성이 강하다. 세대차이가 없다. 다음 세대가 매우 긍정적이다.
비고	현실에 충실한 선량한 부모라 해도 그들이 자신들의 부모로부터 역사교육을 받지 못하여 역사의식을 갖고 있지 못하는 경우도 있을 수 있다. 바른 교육이 그만큼 중요하다.			

를 준비하는 부모다. 그 결과 자녀가 자신의 뿌리를 알고 성장하여 과거의 역사와 연속성이 있다. 따라서 세대차이가 적다. 이런 가정은 당대는 물론 다음 세대에도 긍정적인 미래가 준비되어 있는 편이다.

넷째 유형 부모: 넷째 유형의 부모는 자녀에게 과거를 적극적

으로 가르치는 부모다.

역사의식이 강한 부모다. 자신의 과거와 민족의 역사에 관심을 갖고 공부한 부모다. 따라서 부모세대나 부모 이전 세대의 역사에 대해 소상히 알고 있는 부모다. 이런 부모는 자녀가 질문을 하지 않으려고 해도 질문을 하라고 권한다. 가정과 민족의 공동체에 관심이 있고, 가정과 공동체의 미래를 적극적으로 준비하는 부모다. 그 결과 자녀가 자신의 뿌리를 완전히 알고 성장하여 과거의 역사와 연속성이 강하다. 따라서 세대차이가 없다. 이런 가정은 당대는 물론 다음 세대에도 긍정적인 미래가 잘 준비되어 있다.

이상으로 과거를 가르치는 부모의 네 가지 유형을 알아보았다. 하나님이 가장 원하시는 부모의 유형은 네 번째 유형이다. 이런 부모는 구약의 지상명령을 잘 성취할 수 있다. 그 다음 하나님이 원하시는 유형의 부모는 세 번째 유형이다. 하나님은 첫 번째 유형과 두 번째 유형의 부모를 가장 싫어하신다.

하나님이 가장 원하시는 부모의 유형은
자녀에게 과거를 적극적으로 가르치는 부모이고,
가장 싫어하시는 부모의 유형은 자녀에게 과거를 숨기는 부모다.

2. 부모의 과거에 대해 질문하는 자녀의 네 가지 유형

하나님은 어떤 유형의 자녀를 원하시나? 신명기 32장 7절의 말씀에 따라 부모의 과거에 질문하는 자녀의 네 가지 유형을 제시하고 하나님이 원하시는 자녀상을 정리해 보자.

첫째 유형의 자녀: 부모의 과거에 전혀 관심이 없고, 부모가 가르쳐 주어도 배우지 않으려는 자녀다.

부모의 과거에 대해 전혀 질문하지 않는다. 이런 자녀는 자신의 뿌리를 전혀 모르고 성장한다. 따라서 부모의 과거뿐 아니라 부모세대 및 부모 이전 세대의 역사에 대해 전혀 모른다. 역사의식이 전혀 없는 자녀다.

오직 현재 세상의 수평문화에만 관심이 있고 수직문화에는 관심이 전혀 없는 자녀다. 그 결과 이런 자녀는 과거의 역사와 단절되어 이전 세대와 세대차이가 현저히 난다. 그리고 다음 세대에 긍정적인 미래를 기대하기 힘들다.

둘째 유형의 자녀: 부모의 과거에 관심이 없지만, 부모가 가르쳐 주면 싫더라도 수동적으로 배우는 자녀다.

부모의 과거에 대해 거의 질문하지 않는다. 이런 자녀는 부모에게 배운 만큼만 자신의 뿌리를 약간 알고 성장한다. 따라서 부모의 과거뿐 아니라 부모세대 및 부모 이전 세대의 역사에 대해 조금은 아는 자녀다. 역사의식이 거의 없는 자녀다. 주로 세상의 수평문화에 관심이 많고 수직문화에는 관심이 약간 있는 자녀다.

그 결과 이런 자녀는 과거의 역사와 연속성이 강하지 않기 때문에 세대차이가 많다. 그나마 다음 세대에 긍정적인 미래가 약간 보이는 이유는 부모가 자녀에게 과거의 역사를 억지로라도 가르쳤기 때문이다.

셋째 유형의 자녀: 부모의 과거에 관심이 있어서 부모가 가르쳐주는 것을 능동적으로 배우는 자녀다.

부모의 과거에 대해 가끔 질문한다. 이런 자녀는 자신의 뿌리를 알고 성장한다. 따라서 부모의 과거뿐 아니라 부모세대 및 부모 이전 세대의 역사에 대해 어느 정도 안다. 역사의식이 어느 정도 있는 자녀다. 세상의 수평문화뿐만 아니라 수직문화에도 관심이 있는 자녀다. 그 결과 과거의 역사와 연속성이 있어서 세대차이가 적다. 그리고 다음 세대에 긍정적인 미래가 준비되어 있는 편이다.

넷째 유형의 자녀: 부모의 과거에 관심이 많아 부모가 가르쳐주는 것을 능동적으로 배우려는 자녀다.

이런 자녀는 설사 부모가 무관심하거나 바빠서 가르치지 않는다고 해도, 그리고 가르치지만 빠진 과거사에 대해서 더 알고자 적극적으로 질문한다. 이런 자녀는 자신의 뿌리를 완전히 알고 성장한다.

따라서 부모의 과거뿐 아니라 부모세대 및 부모 이전 세대의 역사에 대해 소상히 잘 안다. 역사의식이 강한 자녀다. 세상의 수평문화에는 관심이 없고 수직문화에만 관심이 많은 자녀다. 그 결

부모의 과거에 질문하는 자녀의 4가지 유형

(오른쪽으로 갈수록 더 바람직한 자녀의 유형이다)

구분	첫째 유형 자녀	둘째 유형 자녀	셋째 유형 자녀	넷째 유형 자녀
부모에 대한 태도	부모의 과거에 관심 없고, 부모가 가르쳐도 안 배우는 자녀.	부모의 과거에 관심이 없지만, 부모의 가르침에 수동적으로 배우는 자녀.	부모의 과거에 관심이 있어서 부모의 가르침에 능동적으로 배우는 자녀.	부모의 과거에 관심이 많아 부모의 가르침에 능동적으로 배우는 자녀.
부모에게 질문 정도	부모의 과거에 대해 전혀 질문이 없다.	부모의 과거에 대해 질문이 거의 없다.	부모의 과거에 대해 가끔 질문한다.	부모의 과거에 대해 적극적으로 질문한다.
부모세대에 대한 이해도	부모의 과거와 부모 이전 세대의 역사를 전혀 모른다.	부모의 과거와 부모 이전 세대의 역사를 조금 안다.	부모의 과거와 부모 이전 세대의 역사를 안다.	부모의 과거와 부모 이전 세대의 역사를 소상히 안다.
역사의식	역사의식이 전혀 없다.	역사의식이 거의 없다.	역사의식이 있다.	역사의식이 강하다.
결과	자신의 뿌리를 전혀 모르고 성장. 과거의 역사와 단절. 현저한 세대차이. 다음 세대가 매우 부정적이다.	자신의 뿌리를 약간 알고 성장. 과거의 역사와 연속성이 약간 있다. 세대차이가 많다. 다음 세대가 약간 부정적이다.	자신의 뿌리를 알고 성장. 과거의 역사와 연속성이 있다. 세대차이가 적다. 다음 세대가 긍정적이다.	자신의 뿌리를 완전히 알고 성장. 과거의 역사와 연속성이 강하다. 세대차이가 없다. 다음 세대가 매우 긍정적이다.
비고	물론 현실에 충실하고 선량한 자녀라 해도 부모의 역사교육을 받지 못하여 역사의식을 가질 수 없는 경우가 있을 수 있다.			

과 과거의 역사와 연속성이 강하여 세대차이가 없다. 그리고 다음 세대에 긍정적인 미래가 잘 준비되어 있다.

이상으로 부모의 과거에 질문하는 자녀의 네 가지 유형을 알아보았다. 여기에서 짚고 넘어가야 할 것이 있다. 역사의식이 없는 자녀들은 모두 불량하다는 것인가 하는 문제다. 그렇지 않다, 선량한 자녀들도 있을 수 있다. 그들 중에는 부모의 역사교육을 받지 못하여 역사의식을 갖지 못한 경우도 있을 것이다. 역사의식을 갖는 것은 대부분 선천적이라기보다는 후천적 교육에 의해 형성되기 때문이다. 유대민족이 역사의식이 강한 이유도 그들의 고난의 역사교육이 있었기 때문이다. 따라서 부모가 자녀에게 역사의식 교육을 시키는 것이 그만큼 중요하다.

하나님은 네 번째 유형의 자녀를 가장 원하신다. 이런 자녀를 갖고 있는 부모는 구약의 지상명령을 잘 성취할 수 있다. 그 다음 하나님이 원하시는 자녀의 순서는 세 번째 유형이고, 그 다음은 두 번째 유형이다. 하나님은 첫 번째 유형의 자녀를 가장 싫어하신다.

하나님이 원하시는 이상적인 가정은 네 번째 유형의 부모와 네 번째 유형의 자녀를 가진 가정이다. 이런 가정은 구약의 지상명령을 잘 성취할 수 있다. 가장 잘못된 가정의 모델은 첫 번째와 두 번째 유형의 부모와 첫 번째 유형의 자녀를 가진 가정이다.

독자들은 자신들의 가정이 어떤 가정인지 네 가지 부모의 유형과 네 가지 자녀의 유형을 서로 비교해 가면서 스스로 평가해 보기 바란다. 그리고 더 늦기 전에 바람직한 유형으로 변하도록 노력해야 한다.

결론적으로 **현대인의 가정교육에는 교육자와 피교육자 모두에게 문제가 있다고 보아야 한다. 부모들은 자녀들에게 과거의 역사를 잘 가르치지도 않거니와, 자녀들도 부모에게 묻지 않는 편이다. 혹 자녀들이 부모에게 물어도 부모는 그것을 귀찮게 생각하거나 대답해 주기를 주저하는 이들도 있다.** 그렇다고 이웃 어른세대가 적극적으로 나서서 가르쳐 주지도 않고, 자녀세대가 적극적으로 나서서 어른세대로부터 배우려고 노력하지도 않는다. 어른세대는 어른세대끼리만 모이고, 자녀세대는 자녀세대끼리만 모인다. 이것이 세대 간에 세대차이를 나게 하는 근본 원인이 된다. 이대로 간다면 몇 세대 후에는 하나님의 말씀과 전통과 역사의 연속성은 없어지게 된다.

자녀들은 부모의 가르침이 소극적이거나 부실할 경우에도
적극적으로 그들에게 질문하여 조상 대대로 내려오는
말씀과 전통과 역사를 전수받으라.
그만큼 절박하게 하나님의 말씀은 대를 이어 전수되어야 한다.

3. 요약 및 결론

요약하면, 교육학적 입장에서 말씀과 전통과 역사를 자녀들에게 가르치는 임무는 부모에게 있지만, 자녀들이 그것을 더 많이 배우고 흡수하기 위하여 부모에게 질문할 책임은 자녀들에게 있다는 것이다. 이 말씀은 혹시 부모나 할아버지 부부의 가르침이 소극적이거나 부실할 경우가 있다하더라도 자녀들은 적극적으로 나서서 그들에게 질문하여 조상 대대로 내려오는 말씀과 전통과 역사를 전수받으라는 강한 도전을 준다(신 32:8b). 그만큼 절박하게 하나님의 말씀은 자손 대대로 이어져야 했다.

모세는 자녀들이 부모에게 질문하고 부모가 답변하는 교육을 실 예를 들어 설명했다. 출애굽기 13장 14절 말씀을 보자. 장래에 네 아들이 네게 묻기를 "이것이 어찜이뇨?" 하거든 너는 그에게 이르기를 "여호와께서 그 손의 권능으로 우리를 애굽에서 곧 종이 되었던 집에서 인도하여 내실새……"(출 13:14)하고 출애굽 사건을 설명하라는 것이다.

이것은 무엇을 의미하는가? 교육에는 교육자와 피교육자가 함께 노력해야 최대의 교육 효과를 얻을 수 있다는 것을 교훈하고 있다. 하나님의 말씀이 전수되기 위하여 교육자에게만 의존하지 말라는 것이다. 피교육자도 적극적으로 알려고 노력하라는 것이다. 얼마나 적극적이고 효과적인 교육방법인가?

유대인의 공동체 개념 입장에서 보면 여기에서 교육자는 부모뿐만 아니라 유대인 공동체의 전체 어른 세대를 말하고, 피교육자는 한 가정의 자녀뿐만 아니라 유대인 공동체의 전체 자녀 세대를 말한다. 그렇게 해야 한 가정은 가정대로, 그 가정이 속한 민족은 민족대로 말씀과 전통과 역사에 단절이 없어진다. 세대 간에 세대차이가 나지 않는다.

특히 우리가 주목해야 할 점은 모세가 말하는 유대인의 조상들의 옛 역사적 사건들은 선민의 역사로 거의 모두 하나님의 말씀에 포함되었다는 점이다. 따라서 부모가 자녀에게 유대인의 역사를 가르치는 것은 하나님의 말씀을 가르치는 것이다. 여기에는 유대민족의 성공한 역사뿐만 아니라 실패한 고난의 역사도 포함된다. 오히려 그들의 죄악과 실패의 역사가 더 많다.

하나님의 말씀인 구약성경 39권은 하루에 완성된 것이 아니다. 유대인의 긴 역사를 통하여 점점 더 깊고 넓고 많은 양의 성경 내용이 축적되었다. 그 과정에서 하나님의 말씀에 근거해 형성된 유대인의 전통이나 역사 또한 중요한 교육 자료다. 구약성경이 쓰여진 배경에는 신명기 32장 7절과 같은 하나님의 교육 방법이 있었다는 사실을 기억해야 한다. 이것은 또한 우리가 본받아야 할 교육방법이기도 하다.

랍비의 유머

유대인의 기부금 나누는 방법

유대의 조크에는 랍비와 가톨릭의 신부와 프로테스탄트의 목사 이렇게 세 사람이 등장하는 이야기가 많다. 또 한 가지 이야기를 들어 보자.

랍비와 신부 그리고 목사 세 사람이 교회와 회당(유대교의 예배소)에서 모금한 기부금을 어떻게 배분할 것인가에 대해서 의논을 하고 있었다. 기부금의 일부는 자선사업에 쓰이고, 일부는 신부와 목사 그리고 랍비의 생활에 충당되는 것이다.

신부가 말하였다.

"나는 땅위에 둥근 원을 그려 놓고 모아진 돈을 전부 공중을 향해 던집니다. 그리고 둥근 원밖에 떨어진 돈은 자선사업에 돌리고, 원 안에 떨어진 돈은 자신의 생활비로 비축해 둡니다."

프로테스탄트의 목사가 놀라면서 말했다.

"네. 그렇습니까! 저도 역시 그렇게 하고 있습니다."

그리고 말을 이었다.

"다만 나는 땅 위에 선을 그어 놓고 돈을 공중에 던져 왼쪽에 떨어진 돈은 자선사업에 사용하고, 오른쪽에 떨어진 돈은 나 자신을 위해서 쓰고 있습니다. 이것이 모두 하나님의 뜻이니까요."

그렇게 목사가 말하자 가톨릭의 신부는 머리를 크게 끄덕였다.

"그런데 당신은 어떻게 하고 계십니까?"

두 사람은 랍비에게 물었다.

"나도 역시 여러분과 마찬가지로 모인 돈은 전부 하늘을 향해 던집니다. 그렇게 하면 하나님께서 필요하신 돈은 스스로 취하시고, 나에게 주시는 돈은 전부 땅 위에 떨어지는 셈이지요."

_Tokayer, 탈무드 4: 탈무드의 생명력, 동아일보, 2009, pp 50~53.

IV. 요약 및 결론

지금까지 독자들은 아브라함이 하나님이 주신 지상명령을 실천한 방법에 대해 알아 보았다.

여기에서 발견한 점은 하나님께서 아브라함에게 구약의 지상명령을 주셨고, 구약의 지상명령은 예루살렘 성전이나 회당에서 이루어지는 것이 아니고, 가정이란 성전에서 이루어진다는 점이다.

하나님께서 아브라함의 가정을 택하신 이유도 오실 메시아 예수님을 준비하기 위해 구약의 지상명령을 실천하게 하기 위함이었다. 따라서 아브라함의 가정은 구약의 지상명령을 실천한 가정교육신학의 모델이 된다.

한걸음 더 나아가 독자들은 아브라함과 이삭과 야곱 3대 족장의 가정교육을 연구하면서 3대 가정교육신학의 중요성을 알게 되었을 것이다. 그리고 아브라함과 이삭과 야곱 3대 가정교육이 3대 가정교육신학의 모델임을 발견하게 되었을 것이다. 여기에는 아버지의 교육신학과 할아버지의 교육신학도 포함되어 있다.

하나님께서 선민의 조상으로 아브라함과 이삭과 야곱 3대 족장을 택하신 이유 중의 하나도 3대 가정교육신학의 모델을 만들기 위한 하나님의 계획이 있었음을 발견할 수 있다. 물론 구약의 지상명령을 실천하게 하기 위함이었다. 따라서 3대 가정교육신학은 구약의 지상명령을 실천하는 데 반드시 필요한 교육신학이다.

특히 구약의 지상명령 차원에서 아브라함이 자신의 아들 이삭과 손자 야곱을 어떠한 마음으로 어떻게 가르쳤는지를 연구하면서 그가 아버지 교육신학과 할아버지 교육신학의 원조가 될 뿐만 아니라, 이상적인 모델이 된다는 것을 발견하게 되었다. 모두 가정에서 하나님의 말씀과 전통과 역사를 자손 대대로 세대차이 없이 전수하기 위함이다.

이것은 곧 신약시대의 모든 기독교인이 본 받아야 할 가정목회신학이며, 3대 가정교육신학이다.

하나님께서 선민의 조상으로 아브라함과 이삭과 야곱
3대 족장을 택하신 이유 중의 하나도
3대 가정교육신학의 모델을 만들기 위한 하나님의 계획이 있었음을 알게 되었다.
이것은 하나님이 구약의 지상명령을 이루시기 위함이다.

SHEMA · SHEMA · SHEMA
제 4 장

구·신약 **지상명령**의 균형을 잃은 결과:
기독교교육의 근본 오류 분석

I. 하나님의 구원 계획에 두 지상명령이 포함된 근거
II. 수직전도와 수평전도
III. 구약과 신약의 지상명령을 받은 원조의 차이와 동질성
IV. 지상명령 측면에서 본 구약과 신약의 마지막 말씀의 차이

I. 하나님의 구원 계획에 두 지상명령이 포함된 근거

1. 하나님이 아브라함에게 주신 언약에 두 지상명령이 포함되었다

A. 로컬리즘(구약의 지상명령)과 유니버설리즘(신약의 지상명령)

신·구약 성경을 구원론적 입장에서 요약한다면, 창세기 1장에서 11장까지는 인류의 역사다. 그리고 창세기 12장 1절에 하나님이 선민의 조상 아브라함을 택하신 이후부터 선민의 역사가 시작된다. 이 선민의 역사는 신약성경의 마지막 책인 계시록 끝에서 마친다.

하나님은 아브라함에게 타락한 인류를 구원하시기 위한 언약을 주셨다. "너는 복의 근원이 될 것이고, 땅의 모든 족속이 너를 인하여 복을 얻을 것이다"(창 12:2~3)라는 말씀이다.

> 여호와께서 아브람에게 이르시되 너는 너의 본토 친척 아비 집을 떠나 내가 네게 지시할 땅으로 가라 내가 너로 큰 민족을 이루고 네게 복을 주어 네 이름을 창대케 하리니 너는 복의 근원이 될지라 너를 축복하는 자에게는 내가 복을 내리고 너를 저주하는 자에게는 내가 저주하리니 땅의 모든 족속이 너를 인하여 복을 얻을 것이니라 하신지라. (창 12:1~3)

이 언약의 말씀에 의하면, 하나님이 타락한 인간을 구원하시기 위해 처음 선민의 조상 아브라함을 택하셨을 때부터 그 구원의 범위를 아브라함의 혈통적 후손인 유대인과 이방인을 함께 두셨다는 것을 뜻한다. 시간적으로는 약 2,000년 후에 구약의 지상명령을 거쳐 예수님이 오신 후 신약의 지상명령에 따라 이방인에게 복음이 전파 될 것을 염두에 두시고 하신 말씀이다. 따라서 하나님이 아브라함에게 주신 언약에는 구약의 지상명령과 신약의 지상명령, 두 지상명령이 포함되었다고 보아야 한다.

이 언약의 말씀은 아브라함이 유대인의 조상도 되지만 신약의 기독교인들의 조상도 될 수 있다는 것을 말해 주고 있다(갈 3:6~9, 갈 3:29). 바울이 아브라함을 하나님 앞에서 우리 모든 사람의 조상(롬 4:16)이라고 부르는 이유가 여기에 있다.

구약과 신약의 두 지상명령을 성취하는 과정에는 민족적으로, 또 시간적, 공간적으로 차이가 있다. 하나님은 구약의 지상명령을 이루시기 위해서 시간은 구약시대에 아브라함부터 예수님 오실 때까지 약 2,000년 동안, 민족은 유대민족을, 공간은 이스라엘(가나안)이라는 제한된 영토를 택하셨다. 이것은 로컬리즘이다. (물론 유대인이 타국에서 노예생활을 한 적은 있지만 다시 가나안 땅으로 돌아왔다.)

반면, 신약의 지상명령을 이루시기 위해서는 시간은 신약시대에 예수님 오신 후 종말까지, 민족은 모든 족속을, 공간은 전 세계의 영토를 택하셨다. 이것은 유니버셜리즘이다.

이것은 구약의 지상명령을 지켜 행하는 구약시대는 수직전도이

구약과 신약의 지상명령의 시간, 공간 및 민족의 차이

구 분	구약의 지상명령	신약의 지상명령
시간의 차이	구약시대	신약시대
공간의 차이	가나안(이스라엘)의 영토 (로컬리즘)	전 세계 영토 (유니버설리즘)
민족의 차이	유대인	온 족속

며 제한적 로컬리즘을 지향했고, 신약의 지상명령을 지켜 행하는 신약시대에는 수평적이며 무제한적 유니버설리즘을 지향한다는 것을 뜻한다.

따라서 구약과 신약의 두 가지 지상명령은 인류 구원을 위하여 반드시 필요한 것이다. 신약의 기독교인들이 복음을 전파하기 위하여 순교를 하는 것처럼, 유대인은 구약의 지상명령을 지키기 위해 순교까지 하는 이유가 여기에 있다.

요약하면, 하나님이 창세기 12장 3절에 아브라함에게 주신 언약은 장차 이루어질 '인류 구원에 대한 대선언으로서의 약속'이고, 하나님이 그 언약을 이루어 가시는 과정에 두 가지 지상명령을 주셨다는 것이다. 하나는 "부모가 자녀들에게 말씀을 자손대대로 전수하라"는 구약의 지상명령(창 18:19; 신 6:4~9)이고, 다른 하나는 "복음을 만방에 전파하라"는 신약의 지상명령(마 28:19~20)이다. 이는 구약과 신약의 지상명령에 명기된 실천 강령의 차이다. 구약과 신약의 지상명령의 목적에도 차이가 있다. 구약의 지상명령의 목적은 오실 메시아, 예수님을 준비하기 위함이고, 신약의 지상명령의 목적은 세계선교를 위함이다.

B. 카이저의 창세기 12장 3절 견해에 대한 저자의 의견

구약에도 지상명령이 있다는 주장을 한 학자가 있다. 전 트리니티 신학대학원 구약학 교수이며, 현재 고든콘웰(Gordon-Conwell)신학대학원 명예총장인 월터 카이저는 자신이 저술한 '구약성경과 선교'라는 책에서 예수님이 명령하신 지상명령(마 28:19~20; 막 16:15)을 창세기 12장 3절 말씀과 연관시키어 '구약에서 찾은 지상명령'이라고 주장한다(Walter Kaiser, Mission in the old testament, 2005, p. 9).

그는 특히 창세기 12장 3절, "너를 축복하는 자에게는 내가 복을 내리고 너를 저주하는 자에게는 내가 저주하리니 땅의 모든 족속이 너를 인하여 복을 얻을 것이니라 하신지라"라는 말씀 중에서 "땅의 모든 족속이 너를 인하여 복을 얻을 것이니라"라는 말씀이 그가 찾은 구약의 지상명령이라고 주장한다(p. 9).

그는 아브라함이 "모든 민족들을 대상으로 복음의 메시지를 전하라는 사명을 받은 첫 번째 사람이다"(p. 11)라고 주장한다. 그는 이 책에서 유대인은 '이방의 빛'(사 49:6)이기 때문에 당연히 구약에도 선교가 활발하게 이루어 졌다는 논리를 전개한다. 그의 책은 대부분 시작부터 끝까지 구약에 나타난 선교적 예들을 조목 조목 소개한다. 물론 룻기나 요나서 등도 포함된다. 이것은 카이저가 창세기 12장 3절 말씀을 하나님이 아브라함에게 주신 구약의 지상명령이라고 주장한다는 해석도 가능하게 한다.

저자는 개인적으로 그의 저술을 통한 많은 학문적 공헌에 존경을 표한다. 그럴지라도 구약의 지상명령에 대해 저술하는 저자는 독자들의 혼돈을 막기 위해 카이저의 주장에 대해 반론을 제기하지 않을 수 없다. 어떤 이는 창세기 18장 19절에 근거한 구약의 지상명령을 주장하는 저자에게 그의 견해를 근거로 하나님이 아브라함에게 주신 구약의 지상명령은 창세기 12장 3절 말씀이라고 주장하기 때문이다. 더구나 카이저는 세계적인 영향력 있는 구약학자이기 때문에 더욱 그의 주장에 대한 견해를 밝히지 않을 수 없다.

물론 저자는 그의 "구약 전체에 하나님의 선교계획이 드러나 있다"(p. 19)는 주장에 대해서는 일부 수용할 수 있다. 구약에 나타난 선민 유대인들과 주변 이방인들과의 접촉을 통한 하나님의 의와 공도를 부각시키고, 인류 구원을 향한 하나님의 공의의 역사를 진행시킨다는 것을 부정할 수는 없다. 또한 유대인의 불순종에 대한 하나님의 심판의 도구(사 10:5, 막대기나 몽둥이)로 이방나라를 사용하셨다는 것도 사실이다.

그러나 이것을 이방선교로 보는 것은 무리가 있다. 더구나 구약성경 전체를 신약성경과 동일하게 이방에 대한 선교사역으로 일관되어 있다는 데는 동의 할 수 없다. (독자들은 본서 3권을 다 읽으면 그것을 선명하게 깨달을 수 있다.)

그렇다면 창세기 12장 3절 말씀을 무엇으로 보아야 타당한가? 지상명령인가? 아니면 언약(약속)인가? 한 마디로 창세기 12장 3절 말씀은 하나님이 아브라함에게 주신 구약의 지상명령이 아니라, 하나님이 인류 구원을 위해 믿음의 조상 아브라함에게 주신 대선

언적 언약(약속)이라고 보아야 옳다. 몇 가지 이유를 들어 보자.

첫째, 창세기 12장 1~3절을 크게 두 주제로 구별하면, 1절은 아브라함의 소명(calling)이고, 2~3절은 하나님께서 아브라함에게 장차 될 일을 언약(약속)하신 것이다. 하나님은 이 언약이 예수님의 지상명령(마 20:28~29) 이후 성취될 것을 아시고 미리 예언하신 것이다.

오히려 이 언약에는 이 언약이 성취되기 위해 반드시 필요한 "네 후손에게 말씀을 가르쳐 전수하라"(창 18:19; 신 6:4~9)는 구약의 지상명령 내용이 전혀 없다는데 주목해야 한다.

둘째, 하나님은 창세기 12장 3절 말씀을 창세기 18장 19절 하반 절에 하나님이 아브라함에게 '약속하신 것(what He has promised him, NIV, RSV)'이라고 친히 말씀하셨기 때문이다.

셋째, 창세기 12장 3절 말씀이 지상명령이라면, 신약의 지상명령인 마태복음 28:19~20 말씀처럼 "누가, 왜, 어떻게, 누구에게, 무엇을 행하라"는 지상명령의 목적과 이유 그리고 실천 강령이 있어야 하는데, 그런 내용들이 없다. 따라서 창세기 12장 3절 말씀은 구약의 지상명령이 될 수 없다.

넷째, 이 말씀이 구약의 지상명령이라면 신약의 지상명령과 시대적으로 그 목적과 실천 사항에 차이가 있어야 하는데, 그런 것들이 없다. 더구나 본 언약의 구속의 범위도 구약에만 해당되는 되는 것이 아니고 구약시대의 유대인과 신약시대의 이방인 모두를 포함하고 있다. 따라서 특별히 이를 신약의 지상명령과 대조하여 구약의 지상명령이라고 보기에는 무리가 있다.

물론 그는 창세기 12장 3절 말씀을 신약의 지상명령을 구약에서 찾은 지상명령이라고 말한다. 그래도 이 말씀을 지상명령이라고 보기보다는 신약의 지상명령을 구약에서 찾은 하나님의 '언약(약속)'이라고 보아야 옳다. 오히려 그 약속 속에 하나님이 아브라함을 선택하셨을 때부터 구원의 범위를 유대인뿐만 아니라 이방인까지 포함시키셨다는 근거로 삼는 것이 합리적이다.

다섯째, '지상명령'이라고 말할 때는 명령을 하는 이가 명령을 받는 이에게 '명령하다(command, הָוָצ, 짜바)'란 단어를 사용하거나, 동사를 명령형으로 사용해야 하는데, 창세기 12장 3절 말씀에는 그 단어가 없다. 즉 창세기 12장 3절 말씀에는 하나님이 아브라함에게 명령하신 사실이 없다.

여섯째, 카이저의 주장대로 "아브라함이 모든 민족들을 대상으로 복음의 메시지를 전하라는 사명을 받은 첫 번째 사람"(p. 11)이라면, 왜 아브라함은 자신이 거주하는 가나안에서 사라와 함께 일평생 한 명만 목회를 했겠는가? 물론 아브라함의 아들 이삭도 일평생 한 명만을 목회했고, 아브라함의 손자 야곱도 일평생 12명을 목회했다. 왜 족장 시대에 그들은 232년 동안 단 한명도 전도를 하지 않았는가? 이렇게 무책임한 이방 선교사가 어디에 있는가? (족장 시대 이후에도 대부분 마찬가지이지만 지면상 설명은 생략한다.)

이것은 무엇을 말하는가? 구약시대에는 가족을 중심으로 한 가정목회였다는 것을 증명한다. 이것은 구약시대와 신약시대 목회의 패러다임이 다르다는 것을 증명한다. (자세한 것은 제2부 제2장 V. '아브라함은 평생 몇 명 목회했는가: 구약과 신약의 지상명령의 차이' 참조) 그렇다고 해서 저자가 구약에도 선교적 예들이 있다는 것을 부인하는 것은 아니다. 그러나 그것들은 단지 예외일 뿐이라는 것이다.

따라서 저자는 월터 카이저가 창세기 12장 3절 말씀을 구약에서 발견한 지상명령이라는 데에 동의하기 힘들다. 더구나 일부 학자들이 그의 주장을 근거로 창세기 12장 3절 말씀을 하나님이 아브라함에게 주신 구약의 지상명령이라고 인식하는 것은 더욱 동의하기 힘들다.

반면, 저자가 창세기 18장 19절을 구약의 지상명령이라고 명명할 수 있는 이유는 제2부 제2~3장에서 서술한대로 위의 조건들을 모두 만족시키기 때문이다. 물론 구약의 지상명령(창 18:19; 신 6:4~9)은 신약의 지상명령(마 28:19~20)의 목적과 실천 강령에도 뚜렷한 차이를 보인다. 그 차이는 하나님이 인류 구원을 위해 필요한 보완의 관계다.

구약 학자 월터 카이저는 예수님의 지상명령(마 28:19~20)을 창세기 12장 3절 말씀과 연관시키어 '구약에서 찾은 지상명령'이라고 주장한다. 창세기 12장 3절 말씀은 지상명령인가? 아니면 언약(약속)인가?

2. 예수님의 지상명령에도 구약의 지상명령(쉐마)이 포함되었다

왜 신약시대의 초대교회는 자손 대대로 살아남는 데 실패했는가? 부모들이 자손 대대로 자녀들을 말씀의 제자 삼는 데 실패했기 때문이다. 그 이유는 무엇인가? 예수님의 지상명령(마 28:19~20)을 잘못 이해한 것도 한 가지 이유가 된다.

> 그러므로 너희는 가서 모든 족속으로 제자를 삼아 아버지와 아들과 성령의 이름으로 세례를 주고 내가 너희에게 분부한 모든 것을 가르쳐 지키게 하라 볼지어다 내가 세상 끝날까지 너희와 항상 함께 있으리라 하시니라. (마 28:19~20)

이제 수평적 선민교육과 수직적 선민교육의 측면에서 예수님이 명령하신 "너희는 가서 모든 족속으로 제자를 삼아 아버지와 아들과 성령의 이름으로 세례를 주고 내가 너희에게 분부한 모든 것을 가르쳐 지키게 하라"(마 28:19~20a)는 말씀을 다시 조명해 보자.

예수님은 먼저 모든 족속의 구원을 위하여 세계선교를 명하셨다. 그리고 예수님은 제자들에게 "분부하신 모든 것을 가르쳐 지키게 하라"고 명하셨다. 즉 '교육의 내용을 가르치는 것'과 '지켜 행하게 하는 임무(교육의 형식)'를 주셨다. 왜 가르치는가? 지켜 행하기 위함이다. 그래서 유대인은 하나님의 말씀을 배우는 이유가 그 말씀을 지켜 행하기 위함이라고 말한다. 이것은 지극히 유대교적인 표현이다.

왜 예수님이 유대교적인 표현을 쓸 수밖에 없었는가? 그 분 스스로 아버지 요셉과 어머니 마리아로부터 유대인의 쉐마교육을 받아 "그 지혜와 키가 자라가며 하나님과 사람에게 더 사랑스러워졌기"(눅 2:52) 때문이다. 이것은 복음을 전하는 선교 이후에도 성도들에게 유대교적 성화의 교육이 필요하다는 것을 뜻한다.

예수님의 제자들이 복음을 받아들인 성도에게 가르쳐 지켜 행하도록 해야 할 교육의 내용은 무엇인가? 즉 무엇을 가르쳐 지키게 할 것인가? '예수님이 제자들에게 분부하신 모든 것'이다. 이는 예수님이 말씀하신 모든 교훈을 뜻한다.

'예수님이 말씀하신 모든 교훈'이란 무엇인가? 두 가지 측면에서 설명할 수 있다. 좁은 의미로는 4복음서의 내용이다. 그리고 넓은 의미로는 다음 세 가지를 다 포함한다. **첫째**, 복음의 내용, **둘째, 신약성경과 구약성경의 진리의 말씀들**, **셋째, 구약에 근거한 유대인의 선민교육, 즉 '쉐마'**다.

왜냐하면 예수님은 말씀이 육신이 되어 오신 분(요 1:14)이기 때문이다[저자의 저서 《부모여 자녀를 제자 삼아라》(쉐마, 2005), 제1권 제1장 IV. 질문 3, '구약만 강해해도 예수님을 증거하는 것인가?' 참조]. 그리고 예수님도 쉐마를 말씀하셨다(마 22:37; 막 12:30, 12:33).

위의 세 가지 교육 내용의 목적은 무엇인가?

첫째, 복음은 영혼 구원을 위한 내용이다.

둘째, 신약성경과 구약성경의 진리의 말씀들은 성도의 영혼을 살찌게 하는 영적 양식이다.

셋째, 구약에 근거한 유대인의 선민교육(쉐마)은 가정에서 부모가 자녀들에게 말씀을 전수하여 자손 대대로 자녀를 말씀의 제자로 삼는 데 필수적인 교육 내용이다. 이것은 구약에서 하나님이 아브라함에게 명하신 지상명령(창 18:19)임을 기억해야 한다.

첫 번째와 두 번째 교육의 내용은 본인의 영성 개발과 타인을 제자 삼는 수평적 선민교육에 유익하고, 세 번째 내용은 부모가 **자녀에게 말씀을 전수하여 자녀를 제자 삼는 수직적 선민교육에 필요하다.**

예수님의 지상명령에도 구약의 지상명령(쉐마)이 포함되었다는 증거는 신약성경 여러 곳에서 찾아 볼 수 있다. 구원을 말할 때 개인뿐만 아니라 그가 속한 가정을 함께 언급한 것이다. 예수님께서도 삭개오의 구원을 가정과 결부시켜 말씀하셨다(눅 19:1~9).

> 예수께서 이르시되 오늘 구원이 이 집에 이르렀으니 이 사람도 아브라함의 자손임이로다. (눅 19:9)

예수님의 제자들도 개인의 구원을 언급할 때 그의 가정을 함께 결부시키곤 했다. '너희와 저희 자녀'(행 2:39), '너와 네 집'(행 11:14, 16:31), 그리고 "저와 그 집이 다 세례를 받고"(행 16:15) 등이다.

> 이 약속은 너희와 너희 자녀와 모든 먼 데 사람 곧 주 우리 하나님이 얼마든지 부르시는 자들에게 하신 것이라 하고……. (행 2:39)

> 가로되 주 예수를 믿으라 그리하면 너와 네 집이 구원을 얻으리
> 라. (행 16:31) (저자 주: 본문 강해는 p. 256 하단 '저자 주' 참조)

'너와 네 집' 혹은 '너와 네 자녀'란 용어는 어디에서 나왔는가? 구약의 지상명령 쉐마를 실천했던 구약의 선민 유대인이 사용했던 용어다(신 12:7, 12, 15:16, 16:11, 26:11; 삿 12:1; 잠 27:27; 렘 20:6). 즉 쉐마적 용어다. 구약성경을 보자.

> 네 하나님 여호와께서 너와 네 집에 주신 모든 복을 인하여 너
> 는 레위인과 너의 중에 우거하는 객과 함께 즐거워할지니라. (신
> 26:11)

> 너희와 너희 자녀와 노비와 함께 너희 하나님 여호와 앞에서 즐
> 거워할 것이요 네 성중에 거하는 레위인과도 그리할지니 레위
> 인은 너희 중에 분깃이나 기업이 없음이니라. (신 12:12)

따라서 이 용어는 신약시대의 초대교회에도 그대로 사용되었다. 왜냐하면 초대교회에 예수님을 비롯한 사도들이 모두 유대인들이었기 때문이다. 이것은 예수님의 지상명령에도 구약의 지상명령(쉐마)이 포함되었다는 것을 증명한다.

그런데 불행하게도 신약시대 2,000년간 기독교인들은 유대인을 미워한 나머지 예수님이 명하신 가정과 교회에서 가르쳐 지켜 행하여야 할 교육의 내용 중 유대인의 선민교육(쉐마)은 알려고 하

지 않았다. 모르는 것을 어떻게 가르치고 실천하겠는가? 그리고 대부분 복음과 신·구약 성경 말씀에 의한 영성 개발에만 주력하였다.

그 결과 어느 민족이나 이웃과 타민족에게 복음은 전했으면서도 정작 자신의 가정과 민족의 후대에게 말씀을 전수하는 데는 실패하였다. 가정에서 부모가 자녀들에게 자손 대대로 하나님의 말씀을 전수하는 데에는 실패했기 때문이다.

이제 신약시대의 교회는 이러한 잘못을 반복해서는 안 된다. 하나님의 말씀을 주님 오실 때까지 후손들에게 전수하여 한국 교회가 살아야 한다. 그래야 세계선교도 더 오래 할 수 있다.

따라서 구약의 유대인과 신약의 기독교인이 지켜야 할 지상명령의 차이를 설명한다면 다음과 같이 요약할 수 있다. 유대인이 오실 메시아(예수님)를 준비하기 위하여 구약의 지상명령을 지켰다면, 신약의 기독교인은 다시 오실 예수님(재림)을 준비하기 위해 구약의 지상명령과 신약의 지상명령을 함께 균형과 조화를 맞추어 지켜야 한다.

유대인이 오실 메시아(예수님)를 준비하기 위하여 구약의 지상명령을 지켰다면, 신약의 기독교인은 다시 오실 예수님(재림)을 준비하기 위해 구약과 신약의 지상명령을 함께 균형과 조화를 맞추어 지켜야 한다.

II. 수직전도와 수평전도

구약시대에는 요나의 니느웨 지방 선교와 같은 부분적 예를 제외하고는 이방 전도가 없었다. 그러므로 유대인의 전도 및 선교 대상자는 바로 가정의 자녀뿐이었다. 더구나 유대인은 선민의식이 강하다. 그렇기 때문에 자신들의 자손 이외에 타민족에게 하나님 말씀을 전파해야 할 필요성을 느끼지 못했다.

탈무드에도 이방인에게 하나님의 거룩한 말씀을 주지 말라고 명시되어 있다. 유대인이셨던 예수님의 모습에서 보듯이 설사 그들이 수평전도를 한다 하더라도 타민족이 아닌 이스라엘 집의 잃어버린 양을 찾는 것이 목적이었다(마 10:5~6, 15:21~28). 이것은 그들이 자녀를 위해 말씀 전수 교육에 더욱 충성하는 동기가 되었다. 유대인은 설사 남에게 전도를 한다 하여도 신앙이 약한 자기 민족 사람들에게 전도한다.

신약시대에는 전도의 방향을 전도 대상자에 따라 둘로 나눌 수 있다. 수직전도와 수평전도다.

첫째, 수직전도는 전도 대상자가 할아버지, 아버지, 손자로 이어지는 방법, 즉 가정에서 혈통적인 자녀에게 말씀을 가르치는 것이다(창 18:19). 이것은 구약의 지상명령(창 18:19)이다.

기독교인은 먼저 수직전도인 자녀 제자 삼는 교육을 하고 수평전도인 이웃 전도와 세계선교를 해야 한다.
(사진: 미국에서 흑인 노숙자 선교를 하고 있는 저자. 미국 LA Times, 1992년 11월 27일)

둘째, 수평전도란 신약시대에 수평적으로 타인에게 복음을 전하여 천국을 확장하는 데 사용되는 용어다. 이웃 전도와 세계선교가 여기에 속한다(마 20:18~19; 행 1:8). 이것은 신약의 지상명령이다. 이웃 전도는 전도 대상자가 자신과 문화가 동일한 이웃일 때, 그리고 세계선교는 문화가 다른 타민족일 때 쓰이는 용어다. 여기에는 두 가지, '전도(Evangelism)'와 '제자 양육(Discipleship)'이 필요하다.

따라서 신약시대의 성도에게는 두 종류의 아버지, 즉 육체를 낳아주신 육신의 아버지와 전도하고 양육한 영적인 아버지가 따로 있을 수 있다. 바울은 한 영혼을 전도하여 그리스도의 형상을 이루기까지 양육하는 것을 '해산의 수고'(갈 4:19)라고 표현하였다. 이는 전도자를 '영적으로 낳은 부모'로 보는 것이다. 그러므로 모든 성도는 이웃에게 전도하여 부지런히 영적 자녀를 생산해야 한다.

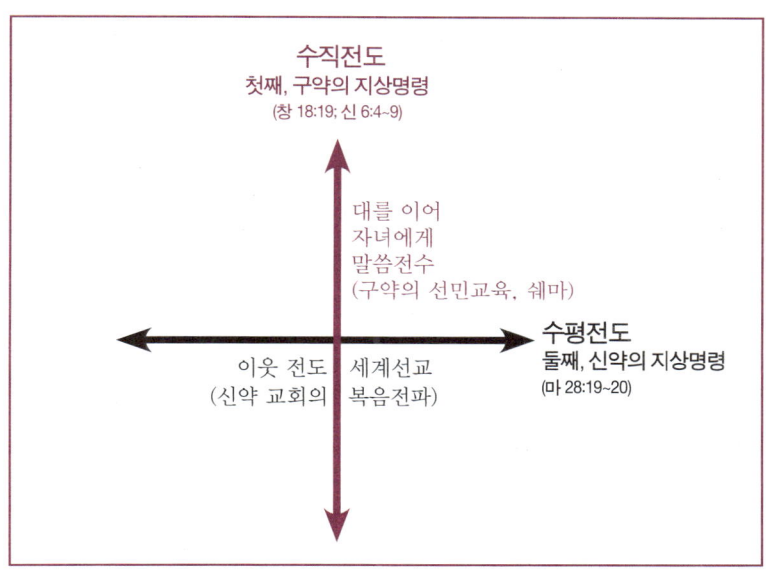

이 때 가장 이상적이고 성경적인 아버지 상은 유대인처럼 육신의 아버지가 영적 아버지도 겸하는 경우다. 그 이후에 가족 이외의 다른 사람들에게 전도해야 한다. 따라서 전도의 우선순위는 마땅히 첫째가 자녀교육이요(구약의 지상명령, 창 18:19; 신 6:4~9), 둘째가 이웃 전도와 세계선교여야 한다(신약의 지상명령, 마 28:19~20).

만일 하나님이 어떤 사람에게 세계선교의 사명을 주셨다면, 그는 선교사로 현지 사역지에 가서도 먼저 자녀에게 선민교육을 시키면서 선교사역을 해야 한다. 즉 수직전도와 수평전도의 균형과 조화가 필요하다. 그러나 신약시대의 성도들은 너무나 이웃 전도와 세계선교에만 치우친 나머지 가정의 자녀 전도에 무관심한 경우가 많았다.

　신약시대에는 어느 단일 민족도 2,000년간 지속적으로 세계선교 역사의 주역이 된 예가 없었다. 미국도 이제 약 300년간 제3세계에 성령의 불을 붙이고 자신들은 역사의 뒤안길로 물러서고 있다. 그 이유는 그들이 이웃 전도와 세계선교인 수평적 전도에는 성공했을지라도 정작 가장 중요한 자신들의 자녀에게 대를 이어 말씀을 전수하는 교육에는 실패했기 때문이다.

　신약시대의 기독교인들이 자녀교육에 실패한 이유는 무엇인가? 그 요인은 다음의 네 가지로 요약할 수 있다.

　첫째, 자녀교육에 대한 교육신학의 빈곤이다. 구약의 '쉐마'가 하나님이 기독교인에게 주신 지상명령인 줄을 몰랐다. 그리고 그 쉐마교육의 내용과 형식이 오늘날 정통파 유대인의 교육인지를 몰랐다. 따라서 자녀교육의 중요성을 유대인만큼 절실하게 깨닫지 못했다.

　둘째, 그들의 자녀교육 방법이 유대인만큼 성경적이지 못했다.

　셋째, 자녀교육의 질이 유대인만큼 철저하지 못했다.

　넷째, 정통파 유대인처럼 자녀교육에 대한 일정한 원칙 없이 세속적인 인본주의와 타협했다.

그 결과 그들은 자신이 갖고 있었던 신앙과 자녀들의 신앙 사이에 커다란 세대차이를 허락하고 말았다. 이러한 현상은 이제 남의 일이 아닌 우리의 일이 되었다. 설상가상으로 현대는 급진적 수평문화(TV나 컴퓨터 게임 및 야동 등)의 발달로 기독교교육을 위협하고 있다. 우리도 자녀에게 말씀 교육을 튼튼하게 해놓지 못하면 한국 민족의 미래는 어두울 수밖에 없다.

성경적인 아버지 상은 유대인처럼
육신의 아버지가 영적 아버지도 겸하는 경우다.
따라서 전도의 우선순위는 마땅히 첫째가 자녀교육이요,
둘째가 이웃 전도와 세계선교여야 한다.
수직전도와 수평전도의 균형과 조화가 필요하다.

III. 구약과 신약의 지상명령을 받은 원조의 차이와 동질성

1. 아브라함은 자녀가 있는데, 왜 바울은 자녀가 없을까

A. 아브라함은 구약의 지상명령을 받은 원조, 바울은 신약의 지상명령을 받은 원조다

위에서 신약시대의 기독교인들이 자녀들에게 말씀을 전수하는 자녀교육에 실패한 네 가지 요인들을 살펴보았다. 그렇다면 신약시대에는 기독교인들도 구약의 유대인처럼 하나님의 백성인데 왜 유대인처럼 자녀교육에 성공하지 못하고 실패한 요인들을 갖게 되었는가? 그 원인을 알고 대안을 제시해야 실패를 막을 수 있다.

물론 다른 요인들도 있겠지만, 가장 큰 요인은 구약과 신약의 지상명령을 받은 원조의 차이다. 그들의 삶의 목적은 무엇이 다른가? 이를 설명하기 위해서는 하나님께서 그들에게 주신 사명이 무엇인지를 알아야 한다. 그리고 그 차이를 비교해야 한다.

[더 자세한 내용은 《부모여 자녀를 제자 삼아라》(쉐마, 2005), 제2권 제7장 I. '초대교회 교인이 대부분 유대인인데 왜 말씀을 자자손손 전수하는 데 실패했나' 참조]

최초로 구약의 지상명령을 주신 분은 하나님이시고, 받은 사람은 아브라함(창 18:19)이다. 최초로 신약의 지상명령을 주신 분은 예수님이시고(마 28:19~20), 받은 사람은 예수님의 제자들과 바울이다[물론 원론적인 입장에서 둘 다 하나님께서 주셨다고 보아야 한다(창

12:1~3).]. 아브라함은 혈통적 유대인의 시조이고, 예수님은 유대인이시지만 기독교인의 영적 시조이시다. 또한 아브라함은 유대교의 시조이고, 예수님은 기독교의 시조이시다.

그런데 아브라함과 예수님을 비교하는 데는 무리가 있다. 아브라함은 피조물로 하나님으로부터 구약의 지상명령을 받은 사람이고(창 18:19), 예수님은 삼위일체의 한 분으로 근본 하나님의 본체(빌 2:6)이시며, 직접 제자들에게 신약의 지상명령을 주신 분이시기 때문이다.

따라서 구약의 지상명령을 받은 아브라함과 신약의 지상명령을 받은 대표 제자 한 사람을 비교하는 것이 옳을 것이다. 누가 대표 제자로 적합한가? 물론 베드로를 말할 수 있겠으나 세 가지 면에서 바울을 꼽는 것이 옳을 것이다.

첫째는 예수님이 십자가에서 죽으심으로 인류 구원을 이루신 분이라면, 바울은 예수님이 십자가에서 죽으심과 부활을 기초로 기독교 교리를 정립하여 기독교라는 종교를 창설하는데 공헌한 대표적인 인물이기 때문이다.

둘째는 베드로는 목회자이지만, 바울은 신약의 지상명령인 세계선교를 성공적으로 개척한 최초의 모델이기 때문이다.

셋째는 뿐만 아니라, 바울은 세계 모든 기독교인들이 예수님 다음으로 바울의 가르침과 삶을 기독교인의 모델로 삼기 때문이다.

따라서 구약의 아브라함과 신약의 바울, 두 대표적인 인물의 신상명세서를 살펴보며, 그들의 삶의 목적이 무엇이 다른지 대조해 보자.

구약의 지상명령을 받고 실천한 아브라함은 결혼을 하여 가정을 갖고 자녀를 낳았다. 반면 신약의 지상명령을 받고 실천한 바울은 고린도전서 9장 5절의 말씀에 근거해 결혼을 한 경험이 있다고 보는 견해도 있지만, 신약성경에 나타난 그의 행적과 그의 고백에 의하면, 가정 없이 독신으로 산 것이 확실하다(고전 7:7~8, 32). 따라서 그에게는 부인과 자녀가 없었다.

(물론 신약의 지상명령을 주신 예수님도 결혼을 하시지 않아 가정이 없었다. 그러나 예수님의 예는 이 논제에서 제외한다. 왜냐하면 예수님은 하나님의 아들로 타락한 인류의 구속을 위해 십자가를 지신 분으로 삶의 목적이 바울과 차원이 다르기 때문이다.)

아브라함은 가정을 가졌는데, 왜 기독교의 바울은 가정을 갖지 않았는가? (당시 구약의 지상명령인 유대교의 쉐마교육을 철저히 받고 자란 바울이 독신으로 지냈다는 것은 대단히 획기적인 사건이다.) 그 이유를 알면 구약과 신약의 지상명령의 차이를 발견할 수 있다.

두 지상명령을 관계적 측면에서 살펴보면, 구약의 지상명령은 부모와 자녀 그리고 후손과의 수직적 관계인데, 신약의 지상명령은 이웃과 다른 민족과의 수평적 관계다. 즉 구약의 지상명령이 수직적 대를 잇는 가족 관계라면, 신약의 지상명령은 수평적인 대인 관계, 즉 수평전도다.

따라서 유대인들이 "자녀에게 말씀을 전수하라"는 구약의 지상명령을 실천하기 위해서는 두 가지가 필요하다. 첫째는 결혼하여 가정을 갖고 자녀를 낳아야 하고, 둘째는 부모가 자녀에게 말씀을 전수할 수 있는 선민교육 방법인 쉐마가 필요하다.

그런 면에서 유대인의 시조가 결혼을 하여 가정을 갖고 자녀를 갖는 것은 필수조건이다. 자녀는 말씀을 담는 그릇과 같기 때문이다. 자녀가 없이 어떻게 말씀을 자손대대로 전수할 수 있겠는가? 학생이 없는 학교를 상상할 수 없듯이, 자녀 없는 쉐마교육은 상상할 수 없다.

그래서 유대인들은 자녀 갖기를 원하고, 자녀를 많이 갖는 것이 복 중의 복이다(시 127:3, 시 128:6, 본서 제2권 제5부 '자녀신학' 참조). 대신 자녀를 생산치 못하는 여인은 저주 받은 여인이다(삼하 6:23; 렘 15:7). 그리고 그들의 삶의 중심 주제가 구약의 지상명령을 성취하기 위한 쉐마, 즉 자녀교육(선민교육)이다. 유대인은 전혀 독신 생활을 권하지 않는다. 오히려 탈무드는 "결혼하지 않은 인간은 진정한 의미에서 '사람'이 아니다(Jeb. 63a)"고 말한다.

반면, 신약의 지상명령을 받고 실천한 바울의 중심 주제는 복음과 이방 구원을 위한 세계선교다. 때문에 그는 결혼을 하지 않아도 되었다. 아니 오히려 세계선교를 위해서는 독신으로 사는 것이 훨씬 유익하다고 여겼다. 왜냐하면 가족 때문에 마음이 나뉘지 않게 하기 때문이다. 바울의 결혼에 관한 권고를 보자.

> 너희가 염려 없기를 원하노라 장가가지 않은 자는 주의 일을 염려하여 어찌하여야 주를 기쁘시게 할꼬 하되 장가간 자는 세상 일을 염려하여 어찌하여야 아내를 기쁘게 할꼬 하여 마음이 나누이며 시집가지 않은 자와 처녀는 주의 일을 염려하여 몸과 영

을 다 거룩하게 하려 하되 시집간 자는 세상 일을 염려하여 어 찌하여야 남편을 기쁘게 할꼬 하느니라. (고전 7:32~34)

예수님께서 왜 하필 바울을 이방을 위한 선교사로 택하셨는가? 물론 여러 가지 이유도 있지만, 수평전도 입장에서 그가 독신이라는 점도 그 중의 하나라고 생각해 볼 수 있다. 왜냐하면, 바울의 말대로 장가가지 않은 남자는 "주의 일을 염려하여 어찌하여야 주를 기쁘시게 할꼬" 하지만, 장가간 자는 "어찌하여야 아내를 기쁘게 할꼬" 하기 때문이다. 즉 장가를 간 사람은 가족에게 얽매여 마음이 나뉘어 100% 세계선교에만 전념하는데 지장이 있기 때문이다.

이것은 무엇을 뜻하는가? 가족이 있으면 구약의 지상명령을 실천하기 위하여 100% 신약의 지상명령을 실천할 수 없다는 얘기다. 따라서 자신이 독신 생활을 하는 것은 신약의 지상명령을 주신 주님을 기쁘게 하기 위함이라고 했다. 바울은 이것도 하나님이 주신 은사로 여겼다(고전 7:7).

결론적으로 아브라함은 결혼하여 자녀가 있었지만, 바울은 결혼하지 않아 자녀가 없었다. 때문에 구약의 지상명령을 실천할 명분이 없었다. 즉 쉐마교육을 실천할 기회가 없었다. 그 대신 바울의 사역지는 혈통적이고 수직적인 가정이 아니고, 혈통과 상관없는 수평적 전 세계의 족속들이다. 그는 이를 위해 순교까지 했다.

따라서 신약의 기독교인들이 바울을 모델로 사는 것은 좋으나, 결혼한 기독교인들조차 바울의 수평적 지상명령인 선교의 열정만 본받고, 구약의 지상명령인 자녀에게 말씀을 전수하는데 소홀히 한 것은 크게 잘못된 것이다. 물론 독신으로 사는 사람들은 바울처럼 수평적 지상명령인 선교에만 전심을 다해도 괜찮다.

**구약의 유대인보다 신약의 기독교인이 자녀교육에 더 소홀한 이유는 무엇인가?
구약의 지상명령을 받은 유대인들은 이를 실천하기 위하여
결혼하여 자녀를 갖는 것이 필수다.
반면, 신약의 지상명령을 주신 예수님이나 이에 헌신한 바울은
이방 선교가 우선이기 때문에 결혼도 하지 않았고 자녀도 없었다.**

B. '예수님과 바울처럼 사는 것'과 '아브라함과 바울처럼 사는 것'의 차이

신약교회는 역사적으로 성도들에게 구약에 나타난 인물보다는 신약의 예수님과 바울처럼 살 것을 강조해 왔다. 예수님과 바울이 성도들의 모델임을 강조했다. 그래서 복음성가 가사에도 "예수님처럼 바울처럼 그렇게 살 순 없을까"가 성도들의 표어다.

물론 예수님이나 바울처럼 하나님을 향한 열정이나 자신의 몸을 온전히 남을 위해 희생하며 산다는 것을 강조하는 것이 잘못된 것은 아니다. 당연한 것이다. 그러나 이것은 신약의 지상명령인 수평선교적인 입장에서만 옳다.

구약의 지상명령인 수직선교적인 입장에서는 옳지가 않다. 즉 가정신학적 입장에서는 옳지 않다. 그 이유는 예수님과 바울, 두

분의 공통점은 결혼을 하지 아니하셨다는 점이다. 그래서 복음을 전한 후에 집에 들어가면 아내와 자녀가 없었다. 그렇기 때문에 그분들은 "자녀에게 말씀을 전수하라"는 구약의 지상명령을 실천하고 싶어도 할 수 없었다. 자나 깨나 100% 수평적인 이웃전도나 세계선교에만 전념하실 수밖에 없었다.

그러나 결혼한 우리는 다르다. 아브라함처럼 가정에 들어가면 아내와 자녀들이 있다. 그래서 구약의 지상명령을 지켜 행해야 한다. 가장은 우선적으로 가정에서 한 아내에게 남편의 역할을 해야 하고, 자녀들에게 아버지의 역할도 해야 한다. 아내도 남편에게 아내의 역할과 자녀에게 어머니의 역할을 감당해야 한다. 이런 점이 우리가 예수님과 바울처럼만으로는 살 수 없는 이유다.

이것은 가정신학적 입장에서 예수님이나 바울의 조건은 신약의 지상명령인 세계선교의 사역자로는 적합하지만, 구약의 지상명령을 수행하는 데는 한계가 있다는 것을 뜻한다. 예수님이나 바울처럼 산다고 하여 모든 성도들이 결혼도 하지 않고 자녀를 갖지 않는다면 어떻게 하나님의 뜻(창 1: 27~28)대로 하나님의 백성이 번성할 수 있겠는가? (물론 천주교 신부나 수녀처럼 독신으로 사는 이들은 예수님처럼 바울처럼 살아야 한다.)

신약교회 2,000년간은 '예수님처럼 바울처럼'만을 강조했기 때문에 세계선교를 이루는 데는 성공했는데, 자녀들에게 말씀을 대대로 전수하는 데는 성공하지 못했다. 현대의 대부분 목회자나 선교사들도 수평전도에는 열심이지만 자녀에게 말씀을 전하는 데는 약하다.

믿음이 좋다는 대부분의 열정적인 평신도들도 교회일이나 이웃 전도 및 세계선교에는 열심이지만 가정에서 자신들의 자녀들에게 말씀을 전수하는 데는 열심을 다하지 않은 것이 사실이다. 그 이유는 신약교회가 '바울처럼 사는 것'만 강조했지 '아브라함처럼 사는 것'을 강조하지 않았기 때문이다.

따라서 구약과 신약의 지상명령적 차원에서 "예수님처럼 바울처럼 그렇게 살 순 없을까"라는 표어의 내용은 이렇게 바꾸어야 할 것이다.

"아브라함처럼 바울처럼 그렇게 살 순 없을까"

아브라함이 구약의 지상명령의 시조로서 자녀들에게 말씀을 전수한 모델이라면, 바울은 이방인에게 말씀(복음)을 전한 대표적인 모델이기 때문이다. 전자는 수직전도의 모델이라면, 후자는 수평전도의 모델이다. 이 두 모델은 신약의 성도들이 본받아야 할 귀중한 삶의 두 축이다. 이것이 '예수님과 바울처럼 사는 것'과 '아브라함과 바울처럼 사는 것'의 차이다. 따라서 신약교회 성도들은 아브라함과 바울처럼 살아야 한다. 그래야 가정도 살고 세계선교도 성공할 수 있지 않을까.

교회에서 평신도들을 가르치는 강사들을 초청할 때도 바울 같은 전도자나 선교사만 초청할 것이 아니라, 아브라함처럼 자녀에게 말씀을 가르칠 것을 강조하는 쉐마전도사들도 초청해야 한다. 신약시대의 교회는 구약과 신약의 지상명령의 균형과 조화를 이루어야 한다는 말이다.

가정신학적인 입장에서 복음성가의 가사를
"예수님처럼 바울처럼 그렇게 살 순 없을까"에서
"아브라함처럼 바울처럼 그렇게 살 순 없을까"로 바꾸어야 한다.
아브라함은 구약의 지상명령, 바울은 신약의 지상명령의 대표 사역자다.
그래야 가정도 살고 세계선교도 성공할 수 있다.

2. 예수님이 가정을 버리라고 말씀하신 이유

A. 유대교는 가족의 족보와 전통을, 기독교는 교회성장과 세계선교를 강조

유대인과 기독교인은 교회의 개념도 다르게 생각했다. 구약의 유대인은 가정이 성전인데, 예수님은 "두 세 사람이 예수님의 이름으로 모인 곳을 교회"라고 정의 하셨다(마 18:20). 즉 신약은 믿는 자들이 모인 공동체 교회 개념이다. (물론 유대인도 예루살렘 성전이 있지만 그 기능이 다르다. 자세한 것은 본서 제2부 제2장 I. 1. A. '아브라함이 자식들과 자손을 잘 가르치게 하기 위함이다: 가정 성전과 신약교회의 차이' 참조)

따라서 구약의 지상명령을 받은 유대인은 가정에서 자녀를 말씀의 제자로 삼는데, 바울은 늘 이방인에게 전도하고 그들을 공동체 교회에 모아 제자로 양육하였다[예: 바울의 제자 디모데와 디도 및 두아디라 성의 자주 장사 루디아(행 16:14)].

신약의 지상명령을 주신 예수님도 그 분이 사셨던 공동체에서 수평적으로 열두 제자를 선택하시고 그들을 양육하셨다. 유월절은 가족끼리 지내는 유대인의 대표적인 절기 중의 하나인데, 예수님은 12제자들과 함께 유월절을 지내셨다(마 26:17~19). 이런 일들은 당시 정통파 유대인 사회에서 일대 혁명적인 사건으로 볼 수 있다.

　유대교와 기독교는 전도의 대상도 다르다. 유대인은 이방인이 아니라, 잃어버린 이스라엘인을 찾는다(렘 50:6; 겔 34:16 마 10:6, 15:24). 유대교는 혈통을 귀하게 여기기 때문에 족보를 중요하게 생각한다(신 32:7; 역대 상하 참조). 유대교에서 기독교로 개종한 유대인 기독교인을 위해 유대인이었던 마태가 쓴 마태복음도 아브라함과 다윗의 족보로 시작한다(마 1장 참조).

> 아브라함과 다윗의 자손 예수 그리스도의 세계라 아브라함이 이삭을 낳고 이삭은 야곱을 낳고 야곱은 유다와 그의 형제를 낳고……. (마 1:1~2)

　반면, 기독교의 바울은 인종이나 피부색, 남자나 여자나, 종이나 자유자나 모든 세계인을 대상으로 복음을 전했다(고전 12:13; 갈 3:28; 골 3:11). 특히 바울은 복음을 전하는 상황에서 유대인에게 신화와 끝없는 족보에 착념치 말도록 권면했다(딤전 1:4; 딛 3:9).

> 너희는 유대인이나 헬라인이나 종이나 자주자나 남자나 여자 없이 다 그리스도 예수 안에서 하나이니라. (갈 3:28)

구약과 신약의 지상명령을 받은 원조의 차이

구 분	구약의 지상명령을 받은 이	신약의 지상명령을 받은 이
원 조	아브라함 - 유대교의 시조 -	바울 - 기독교의 신학 정립 -
사 명	오실 예수님을 준비하기 위해 후손에게 말씀 전수의 사명 (창 18:19)	예수님의 지상명령, 가서 모든 민족으로 제자 삼는 사명 (마 28:19~20)
중심 주제	선민교육, 쉐마 = 자녀교육(수직전도) 다음 세대를 중요하게 여긴다.	복음과 선교(수평전도) 다음 세대에 대한 언급이 거의 없다.
가정과 자녀의 유무(有無)	결혼하여 가정(부인과 자손)이 있다. (구약의 지상명령을 실천하기 위한 필수 조건이다. 예: 자녀를 생산치 못하는 여인은 저주 받은 여인)	가정(부인과 자손)이 없다. (신약의 지상명령만을 실천하기 위해서는 가정이 없어도 된다. 예: 가톨릭의 신부와 수녀)
사역의 시작	가정에서 부모가 수직적 자녀를 말씀의 제자 삼았다.	이웃과 타민족을 제자로 삼았다. 예: 바울의 제자, 디모데, 예수님의 12제자
구 호	부모여 자녀를 말씀의 제자 삼아라!	모이면 기도하고 흩어지면 전도하라(행 6:4)! 가서 모든 족속으로 제자 삼아라!
사역의 범위	자신의 가정과 이스라엘 민족(수직적)	전 세계(수평적)
교회론의 차이	유대교는 두 성전; 가정이란 성전과 공동체를 위한 예루살렘 성전이 있다.	믿는 자들의 공동체(공동체 교회) 두 세 사람이 예수님의 이름으로 모인 곳이 교회다(마 18:20).
전도의 대상	자녀와 후손들: 유대인의 족보와 혈통을 강조 (신 32:7; 역대 상하 참조)	복음을 세계 모든 인종에게 전했다. (고전 12:13; 갈 3:28; 골 3:11)
결 과	가정에서 대를 이어 말씀 전수에 성공 - 가정 사역에 성공 -	- 가정 사역을 할 수 없었다. - 대신 세계선교를 위해 순교
후세대의 문제점	유대인은 예수님을 믿지 않아 타 민족의 구원에 관심이 없다.	기독교인은 바울만 본받아 지나치게 세계선교만 강조했다. 자손대로 말씀을 전수하는데 실패.
바람직한 기독교인의 의무	복음으로 구원받은 기독교인은 영적 유대인이다. 따라서 먼저 구약의 지상명령의 원조인 아브라함의 가정 사역 방법들(쉐마)을 본받고, 후에 신약의 지상명령의 원조인 바울의 세계선교에도 함께 동참해야 한다.	

구약시대나 신약시대나 전체는 아니지만 일부 남은 자들이 자신들이 받은 지상명령을 지켜 행하는 데 최선을 다했다. 구약의 지상명령을 받은 유대인이 조상대대로 내려오는 말씀을 전수받고, 이를 자녀들에게 전수하지 않을 경우 화가 미칠 것을 두려워한 것처럼, 신약의 지상명령을 받은 바울도 복음을 받은 후 남에게 이를 전하지 않을 경우 화가 있을 것을 두려워했다(고전 9:16). 얼마나 대조적인가!

구약의 중심주제 혹은 키워드가 자녀교육을 위한 '쉐마'라면, 신약의 중심주제가 구원을 위한 '복음'이라는 이유가 여기에 있다. 또한 신약성경에서 복음과 선교에 관한 말씀을 찾기는 쉬우나, 가정이나 자녀 및 어린이에 대한 말씀을 찾기가 힘든 이유도 여기에 있다. (물론 신약성경에 예수님이나 바울이 구약성경에 나타난 가정의 가치관을 부분적으로 인용 한 것이 있긴 하다.)

바울뿐만 아니라 대부분 성령을 받은 초대교회 지도자들도 "기도하는 것과 말씀 전하는 것에 전무했다"(행 6:4). 그래서 이 말씀에 근거해 만든 교회 주보의 구호도 "모이면 기도하고 흩어지면 전도하라"다. 따라서 그들은 이웃에게 복음을 전하여 교회를 성장시키고, 다른 민족에게 복음을 전하는 세계선교에 전력을 다했다. 그리고 그들의 수고로 복음은 전 세계로 퍼지기 시작했다. 이것이 신약교회의 목적이다.

심지어 바울은 복음 전도자들을 '그리스도 예수의 좋은 군사'(딤후 2:3; 빌 2:25)로 비유했다. 바울은 '좋은 군사'를 이렇게 정의했다.

군사로 다니는 자는 자기 생활에 얽매이는 자가 하나도 없나니,

> 이는 군사로 모집한 자를 기쁘게 하려 함이라. (딤후 2:4)

누가 누구를 군사로 모집했는가? 예수님이 복음전파자들을 군사로 모집하셨다. 복음전파 군사들은 수평적 목회와 선교 사역에만 전념하고, 가족이나 자기 개인 생활에 얽매이지 말라는 뜻이다. 그 뿐인가? 복음과 선교를 강조하는 기독교 지도자들은 이보다 더한 예수님의 말씀도 인용한다.

> 내가 온 것은 사람이 그 아비와, 딸이 어미와, 며느리가 시어미와 불화하게 하려 함이니, 사람의 원수가 자기 집안 식구리라. (마 10:35~36)

> 예수께서 가라사대 내가 진실로 너희에게 이르노니 나와 및 복음을 위하여 집이나 형제나 자매나 어미나 아비나 자식이나 전토를 버린 자는 금세에 있어 집과 형제와 자매와 모친과 자식과 전토를 백 배나 받되 핍박을 겸하여 받고 내세에 영생을 받지 못할 자가 없느니라. (막 10:29~30)

이쯤 되면 왜 2,000년 동안 신약교회가 세계선교에는 성공했는데, 자손대대로 말씀을 전수하는 데에는 실패했는지, 그 원인을 알 수 있을 것이다. 2,000년간 바울과 초대교회 지도자들을 모델로 삼기를 결심한 신약의 기독교 지도자들이 자신의 자녀들에게 말씀을 대물림하라는 구약의 지상명령에 소홀히 한 것은 오히려 당연하다고 볼 수 있을 것이다.

예수님이나 바울이 얼마나 가족을 경시하는 것처럼 오해 할 만한가? 사실이 그러한가? 이제 이어지는 이런 말씀들이 나오게 된 배경을 알게 되면 오해가 풀릴 것이다.

구약의 지상명령을 받은 유대인이 조상대대로 내려오는 말씀을 전수받고, 이를 자녀들에게 전수하지 않을 경우 화가 미칠 것을 두려워한 것처럼, 신약의 지상명령을 받은 바울도 복음을 받은 후 남에게 이를 전하지 않을 경우 화가 있을 것을 두려워했다(고전 9:16).

B. 바울은 왜 자녀교육 실패자를 교회 지도자에서 제외했나 (신약교회 지도자의 자격 조건도 유대교의 쉐마에 근거했다)

위에서 예수님이 유대인에게 가정을 깨뜨리는 듯 한 말씀을 한 것을 소개했다. 이 말씀은 성경의 난해구절 중 하나다. 우리는 구약과 신약의 지상명령의 균형 잡힌 시각을 갖기 위하여, 왜 예수님께서 동족 유대인에게 이렇게까지 강하게 말씀할 수밖에 없었나 하는 이유를 알아야 한다. 이를 알기 위해서는 당시 유대인 사회의 배경을 이해해야 한다.

당시 성령을 받지 못해 예수님을 믿지 않는 유대인들은 오직 구약의 지상명령을 지켜 행하는 데만 전력을 다했다. 따라서 그들은 너무 수직적인 전도를 위해 가족 사랑에 단단히 얽매어 있을 수밖에 없었다. 그들에게서는 이방인에 대한 관심을 찾아 볼 수 없었다. (물론 현대 정통파 유대인도 마찬가지다.)

그런데 예수님의 사명은 전 인류를 구원하시는 일 아닌가! 때가 차서 이 땅에 오신 것이다. 그런데 그 상황에서는 **이방을 위한 수평적 복음 전도를 도저히 할 수가 없었다. 예수님이 유대인에게 아무리 이방 구원을 외쳐도 그들은 움직이지 않았다. 더구나 유대인이 예수님을 메시아로 영접치 않은 상황에서는 더 그랬다. 예수님은 어쩔 수 없이 제자들에게 그 반작용으로 이렇게 강한 말씀을 하실 수밖에 없었다.**

(저자 주: 구약시대에 구약의 지상명령에 충실했던 유대인 요나가 이방인인 느니웨 성의 백성들에게 복음을 전하라는 하나님의 명령에 불순종한 것도 같은 맥락에서 이해할 수 있다. 요나서 참조)

분명히 알아야 할 것은 예수님께서 예수님과 복음을 위하여 집이나 형제나 자매나 어머나 아비나 자식이나 전토를 버리라(막 10:29~30)고 말씀하신 이유는 사랑의 우선순위를 가르쳐 주시기 **위함이다.** 자신에게 가장 중요한 것 하나를 선택해야 할 경우 가정보다 예수님의 복음사역, 즉 하나님의 나라를 먼저 선택하라는 말씀이다. 당시 하나님의 이방 구원의 계획은 이미 확고하다. 누구도 막을 수 없었다. 유대인이 살 길은 오직 하나님의 뜻에 순종하는 것뿐이었다. 그러나 유대인은 이에 불순종하여 하나님의 구원이 유대인을 버리고 이방에 이르게 된다(롬 11:11~12, 30~32; 벧전 2:8). 따라서 마가복음 10장 29~30절 말씀을 가정을 버리라는 말씀으로 이해하면 안 된다.

그 성경적 근거는 신약 교회의 지도자들을 선출하는 기준에서

찾을 수 있다. 바울은 디모데와 디도에게 목회를 가르칠 때 교회의 지도자는 유대교식 지도자의 자질을 가진 자를 선출하라고 했다. 다음은 감독, 장로 및 집사가 될 수 있는 조건들이다.

> 그러므로 감독은 책망할 것이 없으며 한 아내의 남편이 되며 절제하며 근신하며 아담하며 나그네를 대접하며 가르치기를 잘하며 술을 즐기지 아니하며 구타하지 아니하며 오직 관용하며 다투지 아니하며 돈을 사랑치 아니하며 자기 집을 잘 다스려 자녀들로 모든 단정함으로 복종케 하는 자라야 할지며 (사람이 자기 집을 다스릴 줄 알지 못하면 어찌 하나님의 교회를 돌아보리요). (딤전 3:2~5)

> [장로는] 책망할 것이 없고 한 아내의 남편이며 방탕하다 하는 비방이나 불순종하는 일이 없는 믿는 자녀를 둔 자라야 할지라. (딛 1:6)

> 집사들은 한 아내의 남편이 되어 자녀와 자기 집을 잘 다스리는 자일지니... (딤전 3:12)

이것을 요약하면, 목사와 장로 그리고 집사 자격의 최대 조건은 "한 아내의 남편이 되며, 자녀와 자기 집을 잘 다스리는 자"(딤전 3:4, 12)다. 특히 여기에서 강조할 것은 첫째가 결혼한 남자(한 아내의 남편)여야 한다. 그리고 둘째, 자녀를 갖고 있어야 한다. 그런데 자녀를 어떻게 키웠느냐에 따라 지도자도 될 수도 있고, 되지 못할 수도 있다.

어떤 자녀를 갖고 있어야 지도자가 될 수 있는가? "방탕하다

하는 비방이나 불순종하는 일이 없는 믿는 자녀를 둔 자"(딛 1:6) 여야 한다. 즉 지도자는 말씀을 가르쳐 '믿는 자녀'로 키우는 것이 중요하다. 그리고 설사 믿는 자녀를 두었다 하더라도 그가 방탕하다 하는 비방을 받고, 불순종하는 일이 있으면 안 된다.

이것은 무엇을 뜻하는가? 가정에서 구약의 지상명령인 쉐마를 잘 지켜 행해 자녀를 말씀의 제자로 키운 사람이어야 교회 지도자가 될 수 있다는 말이다. 성경적 자녀교육에 실패한 사람은 교회 지도자가 될 자격이 없다는 말이다. 얼마나 구약의 지상명령, 쉐마에 근거한 유대교적 가치관인가! 바울이 자기 스스로는 아내와 자녀가 없더라도 교회 지도자의 자격으로 이런 조건을 제시한 것은 그만큼 구약의 유대식 가치관이 신약시대에도 동일한 하나님의 가치관이어야 한다는 점을 재확인 해 주는 것이다.

복음 전도자를 군사로 표현하고, 복음 전파를 위해 독신 생활을 장려했던 바울이 신약교회 지도자들의 자격 조건을 가정의 지도자 자격 조건과 동일하게 제시한 것은 이율배반적인 면이 있는 것처럼 보이나, 구약과 신약의 지상명령을 알고 나면 별 무리 없이 이해할 수 있다.

**바울은 왜 쉐마자녀교육 실패자를 교회 지도자에서 제외했나?
그것은 교회 지도자의 자격 조건도 유대교의 쉐마에 근거했기 때문이다.**

[저자 주: 바울이 개인 구원과 가족 구원을 함께 언급한 이유(행 16:31)는 p. 256의 본문 및 '저자 주' 참조]

3. 구약의 가정 성전과 신약교회 지도자의 자격 조건이 동일한 이유

바울은 교회 지도자를 선정할 때 그 자격을 우선 "자기 집을 잘 다스려 자녀들로 모든 단정함으로 복종케 하는 자"(딤전 3:4)라고 제시했다. 여기에서 우리는 다음의 질문들에 대하여 고민해 보아야 한다. 왜 바울은 하필 신약교회의 지도자의 자격 조건으로 가정의 좋은 지도자(아버지)를 요구 했는가? 왜 신약교회의 지도자의 자격 조건으로 구약의 가정 성전에서 요구하는 좋은 지도자(아버지)를 요구했는가? 왜 신약교회 지도자의 조건은 세상의 다른 지도자들; 왕이나 성주 그리고 기업인과 같은 지도자들의 자격 조건과 다른가?

바울은 그 이유를 이렇게 설명한다.

> 사람이 자기 집을 다스릴 줄 알지 못하면 어찌 하나님의 교회를 돌아보리요. (딤전 3:5)

우리는 이것을 언뜻 한국의 명언 '수신제가치국평천하(修身齊家治國平天下)'라고 생각하기 쉽다. 먼저 자신의 인격의 수양을 쌓고, 가정을 잘 다스린 후, 나라를 다스리고, 천하를 평정하라는 뜻이다.

그런데 바울의 뜻은 그렇지가 않다. 교회론적으로 신약교회를 구약의 가정 성전의 연장선으로 생각한 것이다. 그 근거는 여기에서 '자기 집'은 이어지는 15절의 '하나님의 집'과 연결된다는 점에 주목해야 한다. '하나님의 집'은 '하나님의 교회'와 동격이다(이상근, 살전-디도 주석, 1992). 이것은 무엇을 뜻하는가? 가정은 바로 신약 교회의 원형이며 축소판이라는 뜻이다. 즉 교회론적 입장에서 신약교회는 구약의 가정 성전이 확장된 개념이다.

예수님과 바울이 교회를 유대교적인 가정적인 용어로 표현한 이유도 바로 여기에 있다. 하나님을 아버지, 그리스도를 남편이라 하고(엡 5:24; 계 19:7), 기독교인들은 서로 '하나님의 권속'(엡 2: 19)이기 때문에 서로 형제, 자매라 부른다. 교회는 하나님의 집이라 하며, 천국은 아버지의 집이라 한다(요 14:2)(이상근, 살전-디도 주석, 1992).

신약교회는 가정과 같은 곳이다. 가정에서 부모가 자녀를 낳아 우유와 음식으로 양육하듯이 교회는 복음을 불신자에게 전하여 새생명을 낳고 여호와 하나님의 말씀으로 양육해야 하는 곳이다. 따라서 바울은 새생명을 낳는 것을 해산의 수고로 비유했다.

> 나의 자녀들아 너희 속에 그리스도의 형상이 이루기까지 다시 너희를 위하여 해산하는 수고를 하노니……. (갈 4:19)

바울은 하나님의 말씀도 난이도에 따라 어린이에게 주는 우유와 장성한 자에게 주는 단단한 식물로 구분하였다(히 5:14). 칼빈도 교회를 가정의 어머니에 비유하며 교회가 구원과 양육과 연합의 수단이 됨을 강조했다(칼빈, 존, 기독교 강요, 제4권 1장 1절).

이런 예는 바울이 사용한 '다스리다'(딤전 3:4, 5, 12)는 단어의 뜻에서도 발견할 수 있다. '다스리다'의 원어 '프로이스타메노스(proistamenos)'는 '지도자'란 뜻이다. '다스리다' '돌보다'라는 뜻이 합쳐진 것이다(John Stott, The Message of 1 Timothy & Titus, 1998). 디모데전서 3장 12절의 '다스리는'은 글자 그대로 '머리가 되는 것'

이다. 가정의 머리는 가정의 제사장, 즉 아버지다. 로마서 12장 8절과 데살로니가전서 5장 12절에서는 이 단어가 교회의 영적 지도자에게 쓰여졌다(페트라 성서주석). 바울은 구약의 지상명령을 실천하는 가정 성전을 설명하는 데 사용한 단어를 신약의 지상명령을 실천하는 신약교회에도 동일한 뜻으로 사용했다.

가정 성전의 지도자가 아버지인 것처럼, 교회 지도자는 영적 아버지가 된다. 둘 다 하나님의 대리자다. 이것은 바울이 자신의 제자 디모데와의 관계를 표현할 때, 자신을 아버지, 디모데를 아들로 여긴 것과 같다(딤전 1:2, 18; 딤후 1:2, 2:1). 이런 표현은 디도와 오네시모에게도 사용했다(딛 1:4; 몬 1:10).

> 믿음 안에서 참 아들 된 디모데에게 편지하노니 하나님 아버지와 그리스도 예수 우리 주께로부터 은혜와 긍휼과 평강이 네게 있을지어다. (딤전 1:2)

> 갇힌 중에서 낳은 아들 오네시모를 위하여 네게 간구하노라. (몬 1:10)

따라서 감독의 자격을 설명하는 디모데전서 3장 1~7절의 중요한 키워드들도 모두 구약의 가정 성전과 신약교회 지도자의 자격과 동일하다. 즉 결혼 생활의 신실성, 자제력, 나그네를 대접함, 가정의 아버지처럼 가르치기를 잘 함, 술버릇, 혈기와 기질, 돈을 대하는 태도, 가정생활, 영적 성숙도, 외부적 평판 등이다. 뿐만 아니라 신약시대의 초대교회도 모두 가정에서 시작되었다(행

1:13~15, 12:12, 16:15, 18:8, 28:30~31; 몬 1:2 롬 16:5; 골4:15).

이것은 왜 유대인 사도인 바울이 신약성경에서 가장 중요한 두 가지 명령인 "예수님을 믿으라"와 "성령의 충만함을 받으라"를 사용할 때, 그것을 가정과 연관지었는지를 알게 해 준다. 예를 들어보자. 바울은 감옥을 지켰던 간수에게 복음을 전할 때 "주 예수를 믿으라. 그리하면 너와 네 집이 구원을 얻으리라"(행 16:31)고 말했다(예수님도 삭개오에게 이렇게 말씀하셨다. 눅 19:9 참조). 그리고 바울이 교회론의 핵심을 정리한 에베소 교회에 쓴 편지에서 가정의 부도덕한 것들을 제하기 위하여 "오직 성령의 충만을 받으라"(엡 5:18)고 명령한 이 후 그리스도와 교회의 관계를 가정의 남편과 아내의 관계로 설명(엡 5장 22~25)했다.

이것은 신약 교회 기능의 원리를 가정에서 찾으라는 뜻이다. 구약의 혈통적 가족 공동체가 곧 교회 공동체의 표본이 된다는 것을 뜻한다. 따라서 정통파 유대인이었던 바울이 신약교회 지도자들의 자격 조건을 유대교적 가정 성전, 즉 쉐마의 것과 동일하게 제시한 것은 너무나 당연하다.

**바울이 신약교회 지도자들의 자격 조건을 유대교적 가정 성전과
동일하게 제시한 것은 가정 성전이 신약교회의 모형임을 뜻한다.**

[저자 주: 바울이 개인 구원과 가족 구원을 함께 언급한 이유(행 16:31)는 가정에서도 아버지가 예수님을 믿으면, 믿지 않는 아내와 자녀들을 버릴 것이 아니라, 그들에게 복음을 전하여 가정 성전을 세우게 하기 위함이다. 하나님이 그를 통하여 온 가족이 구원받기를 원하시기 때문이다. 기독교인은 부처에게 귀의하기 위해 가정을 버린(出家) 승려와 다르다.]

4. 왜 구약의 가정 성전과 신약교회 구성원에 차이가 나는가

 바울이 신약교회 지도자들의 자격 조건을 가정 성전의 지도자 자격 조건과 동일하게 제시했다. 그리고 신약교회를 가정 성전의 연장선에서 설명했다. 이것만 생각하면, 가정 성전과 신약교회에 차이가 없는 것처럼 보인다.
 그런데 의문이 남는다. 왜 신약의 기독교인들이 구약의 가정 성전에 대한 인식을 소홀히 했을까? 왜 부모가 교회일은 열심히 하면서 가정의 자녀들에게 말씀을 전수하는 데는 소홀히 했을까? 결국 그 원인은 구약과 신약의 지상명령의 차이에서 발견할 수 있다.

 그 결정적인 차이는 어디에서 발견할 수 있는가? 신약의 지상명령을 주신 예수님이 구약의 가정 성전과 신약교회의 구성원의 자격을 구분한 데서 현격하게 드러난다. 예수님은 교회에 속한 교인의 자격을 새롭게 정의하셨다. 혈통적 수직적 가족 중심의 성전 틀을 깨고, 수평적 예수님을 믿는 이들이 모인 '영적 가족'(마 12:47~50; 요 19:26~27)의 의미로 바꾸셨다.

> 말하던 사람에게 대답하여 가라사대 누가 내 모친이며 내 동생들이냐 하시고 손을 내밀어 제자들을 가리켜 가라사대 나의 모친과 나의 동생들을 보라 누구든지 하늘에 계신 내 아버지의 뜻대로 하는 자가 내 형제요 자매요 모친이니라 하시더라. (마 12:48~50)

이 말씀은 무엇을 뜻하나? 예수님 스스로 자신의 혈통적 모친과 형제, 자매를 가족으로 여기지 않으셨다는 것이다. 누가 예수님의 가족인가? 하나님 아버지의 뜻대로 하는 자들이다(마 12:50). 예수님께서 자신의 가족 자체도 그렇게 여기셨는데, 하물며 동족 유대인은 더 말할 필요가 없다. [물론 예수님이 돌아가신 후 오순절 성령강림의 때에 예수님의 가족도 기독교인이 된다(행 1:14, 2장; 약 1:1; 유 1:1)]. 이것은 신약시대에는 혈통적 가족보다 영적 가족을 더 중요하게 여긴다는 것을 말해준다. 즉 혈통이나 민족은 달라도 예수님을 믿고 구원받은 하나님의 백성들이 주님 안에서 모인 공동체가 한 가정이라는 뜻이다.

이것은 유대인들이 구약의 지상명령을 지켜 행해 오던 가정 성전의 수직적 개념을 완전히 깨뜨리고, 신약의 지상명령을 지켜 행해야 한다는 수평적 개념으로의 대전환이다. 이것은 아브라함 때부터 내려오는 혈통적 유대인이 더 이상 하나님의 백성이 될 수 없고, 오직 예수님을 믿는 사람이 의인이 되며, 하나님의 백성이 된다(갈 2:16)는 대 선언이다. 이것은 혈통적 가족을 매우 중요하게 여기는 구약의 유대인들에게 얼마나 혁명적인 선언인가!

예수님의 제자 바울도 예외일 수 없다. 그도 예수님과 동일한 견해를 가졌다. 예수님을 믿는 이들을 가족처럼 여겼다. 바울은 자신이 전도하여 제자 삼은 이들의 어머니도 자신의 모친이라고 불렀다.

주 안에서 택하심을 입은 루포와 그 어머니에게 문안하라 그 어

머니는 곧 내 어머니니라. (롬 16:13)

이것 역시 바울이 예수님을 본받은 것이다. 그 근거는 예수님이 십자가에 돌아가시기 전에 예수님의 모친 마리아의 노후 대책을 제자 요한에게 맡기시며, 모친에게 "여자여 보소서 아들이니이다" 라고 말씀하시고, 요한에게는 "보라 네 어머니라" 하신 것에서 찾을 수 있다.

예수께서 그 모친과 사랑하시는 제자가 곁에 섰는 것을 보시고 그 모친께 말씀하시되 여자여 보소서 아들이니이다 하시고 또 그 제자에게 이르시되 보라 네 어머니라 하신대 그 때부터 그 제자가 자기 집에 모시니라. (요 19:26~27)

혈통은 다르지만, 주님 안에서 예수님의 모친은 바로 요한의 모친도 되는 것이다. 따라서 신약교회에는 가족같은 공동체 생활을 해야 한다. 어른들은 어린 사람들을 사랑으로 보살피고, 아래 사람들은 어른들을 부모처럼 공경하고, 또래들은 형제·자매처럼 서로 사랑하고 격려해야 한다. 이것은 혈통만 다르지 하나님의 선민 유대인의 공동체와 같은 생활을 하는 것이다.

이렇게 예수님과 바울은 구약의 지상명령에 근거한 가정 성전에서의 수직적 가족의 개념을 신약의 지상명령에 근거한 신약교회에서의 수평적이고도 영적 가족의 개념으로 완전히 바꾸어 놓았다. 따라서 가정 성전과 신약교회의 구성원이 다른 이유를 묻는다면, "구약과 신약의 지상명령이 각각 다르기 때문이다"라고 대답할 수 있다.

이것은 자신들만 하나님의 백성이라고 여겼던 유대인에게는 너무나 황당한 논리다. 때문에 예수님과 바울은 유대인의 심한 저항에 부딪치지 않을 수 없었다. 그러나 도저히 깰 수 없었던 유대인의 저항도 오순절 성령의 강림 이후 어쩔 수 없이 무너질 수밖에 없었다. 그리고 하나님의 이방인 구원의 역사는 현재도 계속 진행 중이다.

이제 구약과 신약의 지상명령을 깨달은 현 시점에서 우리는 어떠한 삶을 살아야 하는가? 신약의 기독교인은 수평적 영적 가족만 중요하게 생각해야 하는가? 아니다. 구약의 지상명령적 가족의 틀과 신약의 지상명령적 가족의 틀을 함께 생각하고 균형과 조화를 이루어야 한다.

그 방법이 무엇인가? 신약 교회는 예수님을 믿는 영적 가족의 공동체 틀 속에서도 반드시 육신의 가족과 친족의 수직적 틀이 자리 잡을 수 있도록 도와주어야 한다. (물론 여기서 말하는 '육신의 가족과 친족'이 모두 기독교인이면 좋지만, 그렇지 않을 경우 먼저 믿은 이가 불신자 가족들에게 전도하도록 도와주어야 한다.)

그렇게 해야 건강한 가족의 공동체가 유지될 수 있고, 이런 가족 공동체들이 모인 교회가 건강하고 다음세대를 준비하는 이상적인 교회가 될 수 있다. 신약시대는 이것이 바로 잡혀져 있지 않았기 때문에 세계선교는 성공했는데 자손 대대로 말씀을 전수하는 데는 실패했다.

결론적으로 구약이나 신약이나 가정의 기본 신학은 두 가지 면에서 동일하다는 것을 뜻한다. 신약시대에도 유대인처럼 두 가지 성전; 가정 성전과 교회가 있다는 것이고, 두 기관의 지도자의 자질 역시 유대교처럼 동일하다는 뜻이다. 다만 교회의 기능적인 면에서 구약의 가정 성전은 구약의 지상명령을 실천해야 하고, 신약교회는 신약의 지상명령을 실천해야 한다.

따라서 신약시대의 기독교인들도 복음전파를 중요하게 생각할 뿐만 아니라, 가정에서 남편된 책임을 다하고, 자녀를 잘 다스려야 한다. 그리고 바울이 한 이 말씀을 마음 깊이 새겨야 한다.

> 누구든지 자기 친족, 특히 자기 가족을 돌아보지 아니하면 믿음을 배반한 자요, 불신자보다 더 악한 자니라. (딤전 5:8)

이제 우리가 바울의 사역을 너무 복음만 전하는 선교와 목회에만 열정을 바친 사람처럼 보는 편견을 가져서는 안 된다. 그는 가정이 없지만 틈이 날 때마다 부분적이지만 구약성경에 근거한 올바른 가정과 자녀교육에 관한 교훈을 주었다. 즉 유대교의 가치에 근거한 쉐마교육의 내용을 가르쳤다(고전 5~11장, 엡 5:22~6:4; 골 3:18~21; 딤후 3:15~17 등). 따라서 설사 결혼을 하지 않은 사역자라 할지라도 바울처럼 교회에서 교인들에게 올바른 가정과 자녀교육을 위해 쉐마교육의 내용들을 가르쳐야 한다.

예수님은 혈통적 수직적 가족 중심의 성전 틀을 깨고, 수평적 예수님을 믿는 이들이 모인 '영적 가족'(마 12:47~50; 요 19:26~27)의 의미로 바꾸셨다. 이것은 유대인에게 혁명적인 선언이었다. 그러나 예수님이나 바울은 가족도 강조하셨다(딤전 5:8).

IV. 지상명령 측면에서 본 구약과 신약의 마지막 말씀의 차이

하나님은 구약성경의 마지막에도 가정에서 아비와 아들의 수직적인 신앙의 연속성을 강조하셨다. 아비는 자녀에게 마음을 돌이키고, 자녀는 아비, 즉 조상들의 경건한 신앙으로 돌이키라는 뜻이다. 조상들이 자녀에게 말씀을 전수한 것처럼 너희도 그렇게 하라는 말씀이다. 만약 그렇지 못할 경우에는 하나님께서 오셔서 그 땅을 치겠다고 말씀하셨다. 얼마나 엄중한 경고인가!

> 그가 아비의 마음을 자녀에게로 돌이키게 하고 자녀들의 마음을 그들의 아비에게로 돌이키게 하리라 돌이키지 아니하면 두렵건대 내가 와서 저주로 그 땅을 칠까 하노라 하시니라. (말 4:6)

그 이유는 무엇인가? 하나님이 인류 구속의 역사를 이루시려는 의지가 그만큼 강했다는 것을 뜻한다. 유대인이 자손들에게 말씀을 전수하라는 구약의 지상명령을 지켜 행할 때만이 메시아이신 예수님이 인류 구원을 위하여 오실 수 있기 때문이다. 만약 그렇지 못한다면 예수님이 오실 수 없다. 성경의 역사를 보면 말라기의 이 말씀 이후 약 400년간의 신·구약 중간기를 거쳐 비로소 예수님께서 오셨다.

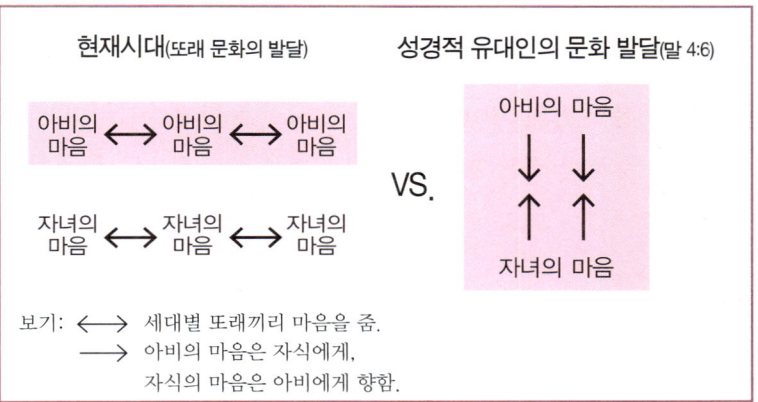

따라서 그들은 언제나 자녀와 손자 그리고 자손들에게 대를 이어 토라와 과거의 역사 그리고 전통을 전수하고, 믿음으로 행함을 실천하는 데 성공했다. 즉 아브라함의 후손들은 계속 부모가 자녀를 말씀의 제자 삼는 3대 가정교육의 내용과 방법을 지켜 행했다. 그 결과 그들은 구약성경을 2,000년간 자손 대대로 전수하여 신약시대 기독교인들의 손에까지 전수하는 데 성공했다.

유대인이신 예수님은 아브라함의 혈통에서 나셨다(마 1:1). 마태복음의 족보(마 1:1~17)는 바로 말씀전수의 족보와 같다. "낳고 → 낳고 → 낳고 → ……."의 연속성은 바로 혈통적 육신의 낳음의 연속만이 아니고 말씀의 연속성을 동시에 보여주는 것이다. 말씀이 대를 이어 전수되지 못했다면 그 족보 자체도 이어질 수 없었기 때문이다. 그리고 예수님도 어린 시절 아버지 요셉을 통하여 토라(구약의 율법)를 전수받으셨다. 그리고 구약성경에 근거하여 복음을 전파하셨다.

우리는 여기에서 구약성경의 마지막 구절 말씀과 신약성경의 마지막 구절 말씀의 차이에서 놀라운 사실을 발견할 수 있다. 이것은 구약성경과 신약성경의 목적이 너무나 극적으로 대조됨을 잘 보여준다.

> 그가 아비의 마음을 자녀에게로 돌이키게 하고 자녀들의 마음을 그들의 아비에게로 돌이키게 하리라 돌이키지 아니하면 두렵건대 내가 와서 저주로 그 땅을 칠까 하노라 하시니라. (말 4:6)

> 이것들을 증거하신 이가 가라사대, 내가 진실로 속히 오리라 하시거늘, 아멘 주 예수여 오시옵소서. 주 예수의 은혜가 모든 자들에게 있을지어다. 아멘. (계 22:20~21)

구약성경의 마지막 구절 말씀(말 4:6)이 구약의 지상명령을 지켜 행하여 초림 예수님을 준비하라는 준엄한 경고의 말씀이었다면, 신약성경의 마지막 구절 말씀(계 22:20~21)은 신약의 지상명령을 지켜 행하여 예수님의 재림을 기다리라는 말씀이다. 첫 사람 아담이 타락한 이후(창 3장) 구약과 신약의 지상명령이 완성되었을 때 하나님의 인류 구원의 역사는 끝이 난다. 참으로 하나님의 비밀이 크도다.

그런데 신약시대의 기독교인들은 구약과 신약의 지상명령을 함께 지켜 행해야 하는 데도 불구하고, 신약의 지상명령만 지켜 행했기 때문에 구원 받은 백성의 수가 차지 않아, 아직도 예수님의 재림이 미루어지고 있다. (더 자세한 내용은 본서 제3권 제5부 제3장 '기독교와 쉐마교육선교 전략' 참조)

구약성경의 마지막 구절 말씀(말 4:6)**이 구약의 지상명령을 실천하여
초림 예수님을 준비하라는 말씀이었다면,
신약성경의 마지막 구절 말씀**(계 22:20~21)**은
신약의 지상명령을 실천하여 예수님의 재림을 준비하라는 말씀이다.**

 **랍비의 유머**

문제

랍비가 말했다.
"당신이 세계에서 가장 옷을 잘 만든다는 양복장이군요. 양복 한 벌을 만드는데 시간이 얼마나 걸립니까?"
양복장이가 대답했다.
"두 달이 걸립니다."
"허허, 양복 한 벌 짓는데 두 달씩이나 걸리다니, 하나님은 세상을 창조하시는 데 불과 엿새밖에 걸리지 않았는데!"
"그러니 세상에 문제가 좀 많습니까?"

_Tokayer, 탈무드 6: 탈무드의 웃음, 동아일보, 2009, p. 167.

제2부 제5장 '결론과 적용'부터는 제2권에 이어집니다.

쉐마지도자클리닉 참석자들의 증언

> 편집자 주: 쉐마지도자클리닉을 수료하신 분들 중 훌륭한 간증문들이 많으나, 지면상 네 분의 간증문만을 싣게 되어 나머지 분들께 죄송한 마음을 전합니다.

구약신학적 입장

- 한국의 총체적 교육 문제점의 정확한 진단, 명쾌한 성경적 해법 제시
  - 김진섭 박사 (백석대학교 신학부총장, Ph.D., 구약학)
- '현용수 쉐마학파'의 태동을 알리는 학설 (서평)
- 하버드에서 배울 수 없는 것들 배워 (증언)
  - 윤사무엘 박사 (미국 Geneva College 교수, Ph.D., 구약학)
- '구약의 지상명령 쉐마'는 구약학계의 Blind Spot을 세계 최초로 발견한 것
  - 김상진 박사 (미국 달라스 크리스챤바이블신학교 교수, Ph.D. 구약학)

가정과 교회목회 적용

- 주일 낮, 저녁에도 앉을 자리가 없습니다
  - 이한의 목사 (부산 은항교회, D.Min. 수료, 목회학)

쉐마클리닉 참석자들의 증언!

구약신학적 입장

한국의 총체적 교육 문제점의 정확한 진단, 명쾌한 성경적 해법 제시

김진섭 박사(Ph.D., 구약학)

- 백석대학교 신학부총장
- 복음주의 구약학회 회장
- 미국 Dropsie 대학교 고대근동학(M.A., Ph.D.)
- 미국 Covenant 신학대학원 구약학(Th. M.)
- 고려신학대학원 목회학(M.Div.)
- 서울대학교 농화학과 졸업(BA)

〈1차 학기 소감문〉

약 25,000명의 백석대학교의 인성교육 대안을 찾기 위해 참석

이미 현용수 박사님과의 교분 속에서 '쉐마지도자클리닉'을 잘 알고 있었습니다. 제가 참석하게 된 동기는 특별히 약 25,000명의 학교법인 백석대학교의 인성교육을 위해 꼭 유익할 것 같아 결단하게 되었습니다.

강의를 듣고 보니 특별히 하나님께서 현용수 박사님을 철저히 준비시켜서

강의를 듣고 보니 특별히 하나님께서 어떻게 현용수 박사님을 철저히 준비시켜서 이 총체적이고 방대한, 그러면서도 철저하고 정확한 문제 진단과 명쾌한 성경적 해법을 제시하는 지, 또한 기도의 용사로서 실제로 모든 수강자들을 무릎 꿇게 하고 하나님 앞에 회개, 결단하게 하는 모습들에서, 강의의 이론과 실제적 결단의 조화에 대한 깊은 감동의 현장이었습니다.

특별히 저는 신학대학원의 원장과 신학부총장의 책임과 함께, 한국 교계와 신학계에 대한 보다 구체적인 현장인 백석대학교와 기독신학대학원에 대한 시대적 책임 의식을 더욱 절감하면서 성령 하나님께서 지적하신, 그리고 회개하게 하신 문제들에 대한 구체적 실천을 위한 대안을 찾았고 이렇게 실천할 것입니다.

우선 나와 우리 가족 그리고 내게 주신 모든 활동 영역에서 인성교육과 쉐마를 전파할 것

1. 저는 한국인에게 하나님께서 일반 은총으로 심겨주신 수직적문화의 모든 소중한 것들을 잘 정리하여(예: 한복, 한국음식, 한국인의 심성과 의식구조와 관련된 고전, 한국 역사와 하나님의 주권적 섭리, 예의범절 등) 우선 나와 우리 가족부터 그리고 내게 주신 모든 활동 영역에서 글과 강연과 설교와 시범으로 인성교육과 쉐마교육을 확산해 나갈 것입니다.

2. 애국 애족은 성령과 역사에 정확한 좌표로서 한국(자유민주주의와 자유 시장경제를 드러내는)의 국가적 주권 확립·계발과 직결되어 있기 때문에 특별히 미국을 우방으로, 이스라엘(유대인)을 하나님이 선택하신 민족으로, 세계복음화에 중심 기수로 사용하시려는 한국교회를 계속 회개·각성하게 하고, 특별히 일본과 중국의 참된 그리스도인들과 함께, '우리는 한 가족'이라는 신앙적 슬로건으로 세계 복음화에 공동적으로 진력하도록, 맡겨주신 역할 분담에 최선을 다할 것입니다.

3. 현용수 박사님의 사명과 가치에 대한 보다 더 깊은 존경과 신뢰를 갖고 계속 쉐마지도자클리닉과 또한 졸업생들이 다양하

게 확산하여 구체적인 사역으로 진행하는 모든 사역을 적극 홍보, 지원하며, 세계 178개 국가의 750만명 Korean Diaspora를 향한 쉐마교육운동 확산, 정착에도 최선을 다해 협력할 것입니다.

〈2차학기 소감문 요약〉

고도의 전문지식의 이론과 실제가
잘 조화를 이룬 탁월한 강의였습니다

확실한 체험과 이해에 기초한 매 강의는 깊은 동의와 큰 감동을 가져왔습니다. 교육학, 기독교 교육학, 구약의 유대인(쉐마) 교육학, 개혁주의 언약 신학, 한국정신문화사, 한국기독교회사…… 등 잘 배합된 고도의 전문지식의 이론이 이제는 가정을 이룬 4아들들의 양육과 간호사인 사모님과의 체험적 간증, 또한 지구상 가장 전통파 유대인의 전통과 내용을 잘 간수하고 있는 LA 유대인 공동체에 인접하여 직접 교제하며 확인하고 실천한 감동적인 실제가 잘 조화를 이룬 탁월한 강의였습니다.

특별히 '말씀 전수'라는 기본 틀에서 쉐마정신을 이해했다는데서 신학적 탁월함이 있습니다. 한국의 효도 사상과 가정의 아버지, 어머니 역할에 대한 강의는 현 박사님이 한국인이기에 감동적인 애국운동으로 승화시킬 수 있습니다. '진정한 그리스도인, 즉 쉐마교육을 실천하는 그리스도인은 애국자이다'라는 명제를 생각하게 했습니다. (총체적 정치, 경제, 사회, 문화, 교육, 안보, 종교, 기독교의 갈등과 위기에 대한 해결 방안 제시)

특별히 조국의 현실을 적나라하게 지적하고 그 대안을 명시하는 감동과 그에 따른 합심 통성기도를 통한 회개, 결단의 시간도 귀한 순간이었습니다. 전심전력 깊은 내용을 강력한 성령님의 능력으로 모든 수강자에게 깊은 감동을 주신 현용수 박사님께 진심으로 감사를 드립니다.

쉐마지도자클리닉에서 토론하는 학계 및 목회자들.
좌로부터 고용남 목사 김진섭 박사 박재영 목사
이근수 목사 윤희주 목사

 금번에 '쉐마교육학회'(가칭) 준비위원장을 맡아, 쉐마목회자클리닉 졸업생 중 교수들과 영향력 있는 지역교회 목회자를 중심한 지부장들을 중심으로 보다 쉐마교육연구원의 정착 활성화를 위한 학회 창립과 발전을 위해 그리고 쉐마교육의 더욱 풍성한 결실을 위해 진력할 것입니다.

구약학적 입장

현용수 저 《잃어버린 구약의 지상명령 쉐마》(쉐마, 2006)를 읽고

'현용수 쉐마학파'의 태동을 알리는 학설

윤 사무엘 박사(Ph.D., 구약학)

- 미국 Geneva College 교수, Ph.D.
- Faith Theological Seminary & Christian College(Ph.D., 구약학)
- Harvard University 졸(Th.M. 고대근동학 전공)
- 장로회 신학대학 신학대학원(M.Div. 과정)
- 연세대 및 연세대 대학원 신학과 졸(신학석사, 구약학 전공)
- 대구 경북고 졸

편집자 주: 지면상 윤사무엘 박사의 서평은 책 머리의 서평란에 싣지 못하고 그가 쉐마지도자클리닉에 참석하고 쓴 증언과 함께 여기에 싣습니다.

저는 구약을 25년간 연구한 재미 구약학자로서 구약의 모체인 쥬다이즘을 연구하기 위해 미국에 사는 유대인들을 만나 그들의 생활을 연구하기도 했습니다. 그리고 현용수 박사님의 저서들을 처음부터 자세히 읽은 독자였습니다. 그리고 지난 9월 미국 시카고에서 개최된 쉐마목회자클리닉에 참석하여 공부하면서 새로운 학파의 태동을 감지하며 흥분하기 시작했습니다. 소위 '현용수 쉐마학파'(Hyun's Shema School=Schule)입니다.

흔히 신학계에서 학파란 튀빙겐학파(복음서 연구에 대한 비평학), 시카고학파(종교사학 입장, 설교의 생활화 강조), 예일학파(케류그마적 설교)처럼 이 운동이 시작되고 발전한 학교 이름을 지칭합니다. 에피쿠루스학파(The school of Epicurus), 헤겔학파(The Hegelian school) 등 창시자의 이름을 따른 학파 이름도 있습니다.

구약학계에서는 신명기 신학을 발전시킨 신명기학파

(Deuteronomistic School), 역대기 사관을 발전시킨 역대기학파(Chronicler's School), 지혜학파(Wisdom School), 예언학파(Prophet School) 등을 말합니다. 이사야학파(Isaianic School)는 예루살렘 이사야의 영향을 받은 제자들이 미가, 스바냐, 포수기 시절(사 40~55장), 초기 묵시 사상(사 56~66장)으로 지속시킨 일군의 제자들을 말하기도 합니다. 학파가 형성되기 위해서는 먼저 학파의 주제와 교육의 내용이 확실해야 합니다. 그리고 학풍(a school tradition, academic traditions)이나 운동(movement, campaign)이 일어나야 합니다.

현 박사님은 미주 한인사회의 2세 신앙교육에 대한 고민 중 정통파 유대인의 가정교육을 연구하시며 한국의 좋은 효 사상을 쉐마와 접목하시면서 한국인 기독교인의 기독교교육의 새로운 파라다임을 구축하셨습니다. 지난 18년간 14권의 저서를 출판하시면서 다음과 같은 '현용수 쉐마학파'에 필요한 교육의 내용들을 정리하셨습니다.

1) 왜 유대인의 선민교육이 기독교교육에 필요한가? 2) 교육 신학 3) 자녀신학 4) 가정 신학 5) 아버지 신학 6) 할아버지 신학 7) 경제신학 8) 어머니 신학 9) 효 신학 10) 고난의 역사 신학 등입니다.

현 박사님의 학설들은 거의 모두가 세계 최초의 학설들이라는 점에서 다른 학파들과 차별된다는 것에 주목해야 합니다. 이것은 한국인에 의해 창설된 세계 최초의 학파라는 점에서 더욱 깊은 의미가 있습니다.

현 박사님께서 이번에 출판하신 《잃어버린 구약의 지상명령 쉐마》는 기독교 교육신학의 근본 원리를 성경적으로, 신학적으로, 역사적으로, 실천적으로 잘 정리했습니다. 그동안 우리는 주님의 '지상명제'는 잘 알고 있었지만, 현 박사님께서 구약의 '지상명제'를 창세기 18장 19절에서 찾으신 것은 놀라운 사실입니다. 하나님의 말씀을 먼저 자녀에게 철저하고 성실하게 그리고 정직하게 전하여 수직전도(후손에게 말씀전수)를 이룸으로 신명기 6장 4~9절의 쉐마교육의 기초를 이루었다는 발견입니다. 이것은 쉐마교육신학에 기둥을 세우는 주옥과 같은 걸작품입니다.

'현용수 쉐마학파'는 오신 예수님을 준비한 구약의 지상명제와, 다시 오실 예수님을 기다리는 신약의 지상명제를 접목하여 인간의 인성교육, 성경적 쉐마교육, 신앙의 뿌리교육, 전인교육, 천재교육, 가정목회에 초점을 맞출 것입니다.

아직은 쉐마학파의 초기 단계지만, 앞으로 인종, 언어, 세대, 문화, 국경, 남녀노소를 초월하여 기독교적 쉐마교육과 훈련이 지속된다면, '현용수 쉐마학파'는 확실히 자리매김할 것입니다. 이러기 위해서 쉐마교육을 받은 각 분야의 전문인들이 함께 참석하고 상부상조하여 쉐마를 지속적으로 연구하고 적용한다면 세계인의 인성교육과 기독교교육 살리기에 크게 이바지 할 것이라 확신합니다.

쉐마 내용이 하나님께서 우리의 인생을 마음을 다하고 목숨을 다하고 최선을 다하여 사랑하시는 것처럼(참고, 요 13:34), 우리도 마음(Lev)을 다하고, 성품(=목숨 Nefesh)을 다하고, 힘(Meod, 최선)을 다하여 주님을 사랑하면, 거룩한 백성(=택하신 족속, 왕 같은 제사장, 소유된 백성, 출 19:5~6, 벧전 2:9)이 될 수 있다는 것입니다.

이런 하나님 사랑을 항상 염두에 두고 하나님 우선주의(너희는 먼저! 마 6:33), 신본주의, 신권주의, 하나님 경외(잠 1:7, 9:10, 전 12:13), 부모에게 효도, 이웃 사랑, 이런 주제가 쉐마학파의 특징일 것입니다.

현 박사님께서 제안하신 쉐마학파에 기쁨으로 동참하여 이를 발전시켜 세계적으로 보급하고 싶습니다. 이를 영어로 번역하여 한인 차세대뿐만 아니라 세계 학계에 소개하고 선교지에도 구약의 지상명제, 신약의 지상명제를 소개하여, 세계 각지에 무너져 가는 가정을 쉐마교육으로 회복시키는데 남은 여생을 바치고 싶습니다.

쉐마클리닉 참석자들의 증언!

구약신학적 입장

하버드에서 배울 수 없는 것들 배워

윤 사무엘 박사(Ph.D., 구약학)

구약과 신약을 보는 눈이 뜨여졌다(1, 2차 학기)

쉐마교육을 받고 보니 그 동안 몰랐던 구약과 신약을 보는 눈이 뜨여졌다. 현 박사님이 창안한 처음 들어보는 독특한 용어들, 특히 구약의 지상명령(창 18:18~19, 아브라함에게 주신 하나님의 말씀)을 설명하시며, 어머니신학, 아버지신학, 효신학(Theology of HYO), 가정신학, 경제신학 및 고난의 역사신학이란 강의를 접하면서 생생한 체험이 담긴 예화와 함께 설득력 있는 논리적인 강의 내용에 충격을 받았다. 기독교 역사에서 어느 학자들도 발견치 못했던 분야들이다.

이제 현 박사님은 이미 쉐마 학파(Schema Schule = Shema School)를 창안하셨다. 나도 이를 영어로 번역하여 세계 학계에 소개하고 선교지에도 구약의 지상명령과 함께 신약의 지상명령도 소개하여, 쉐마교육의 중요성을 가르치고 싶다.

이 학파의 가능성은 (1) 쉐마교육의 이론이 잘 정립되어 있고 (2) 구체적으로 실천할 수 있도록 교안이 준비되어 있고 (3) 쉐마교육을 통하여 2000년간 적대시한 유대인과 화합할 뿐만 아니라 이스마엘과 이삭, 에서와 야곱이 다시 만나 예수님의 재림을 준비하는 믿음의 공동체를 이룰 수 있다는 점이다. 그래서 쉐마 운동이 펼쳐지는 곳마다 쉐마가족이 되어 하나님께서 원하시고 기뻐하시는 예배의 공동체를 이루어 나갈 수 있음을 확신한다.

(3차 학기 후)
현 박사께서 창안하신 쉐마학파를 세계에 알리는 전략 필요
'내가 3학기 강의를 모두 들어야 하나'하는
주저에 부끄러움 느껴

사실 쉐마클리닉을 졸업하려면 3학기로 짜여진 세미나에 모두 참석해야 한다는 원칙을 듣고 처음에는 주저했었지만 이제는 부끄러움을 느낍니다.

참석하기 전에 가졌던 기대 이상으로 책을 읽던 것과는 달리 내용이 방대했습니다. 이 방대한 내용을 구체적으로 일목요연하게 정리할 수 있었습니다. 특히 교수님의 직접 강의와 기도회를 통해 쉐마를 전수 받는 과정에서 느끼는 피부에 와 닿는 강한 성령님의 역사를 체험했습니다.

구약학에서 접하지 못했던 기독교교육신학적 입장을 배울 수 있었고, 또한 반복과 훈련의 방법을 통해 '쉐마의 생활화'(Living the Shema)를 몸소 체험하게 되었습니다. 그리고 함께 공부하며 경험담을 나누고 공동체 생활을 한 동료 목회자들과 동창들과의 만남이 귀했습니다.

3차 세미나를 참석하면서 느낀 점은 정통 유대인들의 세계에 쉽게 접근할 수 있는 기회가 없었는데, 정통파 랍비와 만나 대화를 나누고, 서기관(scribe)의 강의를 듣고, 성경 필사를 직접 눈으로 확인하며 경문(테필림)을 팔, 손, 그리고 이마에 매는 시범을 직접 볼 수 있어 좋았습니다.

하버드에서 배운 구약학보다
정통파 유대인의 쉐마교육에 더 흥분

저는 하버드 대학교 고대근동학을 2년간 연구하면서 고대근동 언어와 특히 히브리어 알파벳의 기원과 발전을 두루 공부했지만,

미국 쉐마지도자클리닉 졸업식에서 수료증을 받는 윤사무엘 박사.

크래프트 서기관의 설명은 처음 대하는 것이어서 신기하게 느껴졌습니다. 왜냐하면 이들의 것이 더 정통적인 남은 자들의 본래 모습이었기 때문입니다.

정통 유대인의 일상신앙생활을 견학하면서 인상적인 것은 이들이 지금까지 성경에서 지시하는 기본원칙(basic principle)을 2000년 이상 고수하며 이를 지금도 그대로 지키고 있다는 것입니다. 이을 직접 눈으로 마음으로 확인하는 일은 저를 흥분케 했습니다.

아울러 이 쉐마학파가 세계적으로 뻗어나가기 위해서 몇 가지 과제를 생각해 봅니다.

1. 쉐마교육 이론의 발전입니다

이를 지식사회학(sociology of knowledge)적으로 정리해 봅시다. 막스 웨버의 종교사회학을 피터 버그(Peter L. Berger)와 토마스 러크만(Thomas Luckmann)이 《실재의 사회적 구성(The Social Construction of Reality)》(1966)에서 지식과 이론의 구성을 분석하고 있습니다. 이 지식사회학은 지난 20여 년간 신학과 종교학 분야에 지대한 공헌을 해 왔습니다. 어떤 지식이 학계에 공인을 받으려면 세 단계가 필요하다는 것입니다. 외형화(externalization) → 객관화(objectivation) → 내면화(internalization)의 과정을 거치면 쉐마학파의 기본구조(개연성, infrastructure=plausibility structure)가 든든히 구축된다는 이론입니다.

인성교육(수직교육, EQ교육, 자녀를 제자삼기)은 외형화에 해당한다고 볼 수 있습니다. 수평문화를 지양하고 수직문화 교육을 구축해 나가며, EQ 교육을 통해 가정의 성전화를 가르치고 있습니다. 인성계발과 경건훈련을 통해 하나님의 형상을 회복할 수 있습니다. 버그가 언급한 대로 "교육은 인간의 산물이다"에 해당합니다.

쉐마교육은 객관화에 해당할 수 있습니다. 아브라함, 모세, 다윗, 에스라를 통해 내려온 쉐마교육은 하나님 경외사상과 하나님의 법도를 준수하고 자녀들에게 신앙을 전수하는 일은 주관적인 하나님의 체험을 객관적인 교육으로 전수하여 누구나 공감하는 믿음의 내용을 자손에게 전수하는 교육의 과정을 포함하고 있습니다.

하나님의 은총과 축복으로 선민이 된 이스라엘은 또한 성민이 되어 세상과는 구별된 생활을 실천하고 있습니다. 마찬가지로 복음적 쉐마를 전수한 그리스도인들은 하나님의 선민이며 동시에 성민입니다. 그리스도인답게 살아가는 의무와 책임이 있습니다. 이를 지식사회학적으로 표현하면 쉐마는 그 자체가 실재입니다(Shema becomes a reality sui generis) 쉐마교육이 객관화가 되면 정당성(legitimation)을 가집니다. 쉐마는 하나님 신앙과 구체적인 사랑의 방법을 제시하고 있어서 성화생활의 정당성을 제공합니다.

이를 다시 내면화한 것이 바로 쉐마 이론이 되어야 하며 쉐마학파의 준거틀(frame of reference, paradigm)입니다. 쉐마 학파가 이제부터 내실화를 기하여 기본 이론을 든든히 세워 나간다면 쉐마교육을 성서학, 목회학, 상담학, 설교학, 가정학, 역사학으로 확대되어 나갈 수 있을 것입니다. 내면화의 과정에는 내면치유 및 내면 성숙을 위한 성장 아픔을 감수해야 합니다.

2. 쉐마 이론의 다양한 적용입니다

쉐마학파의 태동은 기독교 교육의 장에서 비롯되었습니다. 이어서 목회자의 세미나를 통하여 목회의 장으로 전개되고 있습니다. 상담, 기독교교육, 봉사활동, 가정회복 등 다양하게 전개되고 있습니다. 동시에 학문적으로 계속 세워나가고 토론과 포럼을 통해 발전되어가야 합니다.

또 각 분야의 전문가들의 도움과 참여로 쉐마 학파의 전문성이 확립되어져 가야 합니다. 먼저 신학계에서 쉐마 학파가 검증되어져야 하며, 영문 자료로 번역되어 세계적인 학자들의 견해와 조언을 받아, 영어 쉐마 세미나 및 클리닉이 시작되어야 합니다. 해외 차세대들도 적극적으로 참여할 수 있는 장을 계속 마련해 나가야 합니다. 또한 각 분야의 학술지와 학회에 발표되어서 쉐마를 세계에 알려야 합니다.

3. 쉐마대학교, 대안학교 설립입니다

학파가 발전되기 위해서는 전문적인 교육기관이 필요합니다. 지금까지 전개해온 쉐마 클리닉을 한층 업그레이드하여 쉐마대안학교 및 쉐마대학원, 대학교 등이 세워지면 쉐마인들을 구체적으로 양육할 수 있을 것입니다. 정통 유대인들의 예시바(Yeshiva) 학교와 같은 교육기관이 설립되어, 성경을 집중적으로 가르치며 (유대인들의 교육방식을 적극 도입하여, 한복을 입고, 하나님의 말씀을 팔과 이마에 달고, 온 가족이 입학하여 새벽기도회부터 회당교육, 저녁 가정예배 등), 복음의 전사로 양육하는 것입니다. 쉐마교육이야말로 장래 한국을 살리는 교육으로 정착해 나가야 합니다.

다시 한번 쉐마 세미나를 3차에 걸쳐서 공부하며 훈련받게 해주신 하나님의 은혜를 감사드리고, 쉐마의 가족이 된 것을 자랑스럽게 생각하며 이 글을 마칩니다.

살롬 알레이켐!(Shalom 'Aleikem = Peace be with you!)

쉐마클리닉 참석자들의 증언!

구약신학적 입장

'구약의 지상명령 쉐마'는 구약학계의 Blind Spot을 세계 최초로 발견한 것

김상진 박사(Ph.D., 구약학)

- 미국 달라스 크리스챤바이블신학교 교수
- 미국 DFC 국제교육국장
- Education Director of Disciples For Christ
- Dallas Theological Seminary, Ph.D.
- Northwest Baptist Seminary S.T.M
- Faith Seminary M.Div.
- 충남대학교 영문과(BA)

구약의 지상명령 쉐마는
오염된 교육에 희망의 불꽃을 밝혀 주었다

본인은 달라스 신학대학원에서 구약학 중에 성경신학을 전공했다. 구약학은 주경신학, 성경신학, 언어학, 역사학, 성경지리, 문학비평 등 다양한 분야로 나눠진다. 하지만 구약학을 교육학적 관점, 특히 교육의 실천과 연결시키는 면이 매우 부족했다. 그래서 늘 구약성경 말씀을 어떻게 삶의 실천에 연결시킬 수 있을까 그 방법을 간절히 찾고 있었다. 그러던 차 하나님께서 2008년 3월에 달라스에서 개최된 현 박사님의 쉐마교육 강의로 인도하셨다. 그 후 12월에 인성교육 강의를 더 공부하고, 마지막으로 금년 2월 3차 학기에 정통파 유대인 공동체 견학과 유대인 랍비들의 강의를 듣고 졸업을 하였다.

한 마디로 현 박사님이 발견하신 구약의 지상명령 쉐마(이스라엘 신앙과 말씀 전수)는 일반 구약신학계에서 간과했던 Blind Spot이었다. 현재 공교육이 흔들리고 교회의 신앙교육도 무신론적 인본주의 쓰나미에 휩쓸려 갈 위기를 느끼는 상황에서 쉐마는 오염된 교육의 순결을 회복할 수 있는 희망의 불꽃을 밝혀 주었다.

쉐마는 하나님 백성이 하나님의 형상을 닮게 하는 성결교육, 세대차가 없는 말씀 전수교육 등을 일깨우게 하는 최선의 성경적 자녀교육의 모델이다. 이것은 구약에서 찾은 현재 당면한 교육 문제를 근본부터 치료해갈 수 있는 성경적 교육신학이다.

쉐마는 구약의 중요한 맥을 신약까지 연결해 주는 탁월한 성경신학이다

구약신학적 관점에서 현 박사님의 구약의 지상명령(창 18:19)의 발견은 창세기부터 흐르는 구약 전체의 '복'의 개념을 명쾌하게 정리하였다(창 1:26~28). 이 복은 궁극적으로 아브라함의 후손으로 오시는 예수 그리스도를 통한 구원과 축복을 의미한다.

구약의 지상명령 바로 앞 창세기 18장 18절에 보면 하나님께서 "천하 만민은 그(아브라함)를 인하여 복을 받게 될 것이 아니냐"라고 아브라함을 선택하신 뜻을 선포하고 계신다. 쉐마는 시내산 언약 이후 모세가 아브라함에게 주신 구약의 지상명령을 율법과 함께 이스라엘 민족의 교육철학으로 구체화한 것이다.

어떻게 보면 중심 성구인 신명기 6장5~9절 뿐만 아니라 신명기 전체가 말씀에 근거한 교육철학인 쉐마로 꽉 채워져 있는 셈이다(4:5~6; 11:13; 28:1~2; 30:15~16, 19~20). 이스라엘의 영적인 장래, 축복/번성과 멸망/쇠퇴는 새로운 세대들이 쉐마에 따라 하나님의 율법을 지키고 순종하느냐 아니냐에 달려 있음을 모세는 영적 지도자로서 깊이 인식하고 있었던 것이다(신 11:26).

쉐마는 아브라함에게 약속하신 복의 실체(말씀 전수)를 담고 있다. 유대인이 세대차이 없이 '하나님의 말씀 맡은 자'(롬 3:2)로 후손들을 교육하므로 장차 이방인도 복을 받을 것이기 때문이다.

'이방인의 빛'의 신학을 설파하는 이사야는 이스라엘의 이 사명을 잘 선포하고 있다(42:6; 49:6; 60:3). 복음서의 저자들과 사도 바울은 이러한 유대인의 '이방인의 빛'된 사명의 중요성을 잘 알고 순종하려 했다(눅 2:32; 행 13:47). 따라서 현 박사님이 발견하신 구약의 지상명령 쉐마는 구약의 중요한 맥(coherence)을 신약까지 연결해 주는 탁월한 성경 신학이다.

예수님은 한 유대인 가정에 태어나 쉐마교육을 철저하게 받으신 분이다(눅 2:41~51; cf. 마 5:17~18; 눅 16:16~17; 롬 10:4). 예수님이 받으셨던 교육방법(가정)과 내용(쉐마)은 오늘 날 기독교 교육에서도 마땅히 강조되어야 할 모델인 것은 당연하다.

현 박사님에 의해
구약의 지상명령이 발견되었다는 것이 의아해
메릴 박사님에게 물었더니…

솔직하게 말해 나는 구약학을 전공했지만 역사적으로 구약의 지상명령을 처음 발견했다는 것 자체가 이해가 되지 않았다. 그것도 기독교교육학자인 한국인인 현용수 박사님에 의해서 발견되었다는 것 자체가 의아했다.

그래서 본인이 달라스 신학대학원에서 구약학을 연구할 때 멘토이시며 금년도 미국 복음주의학회(ETS) 회장으로 선출되신 세계적인 구약학계 권위자이신 유진 메릴 박사님(달라스 신학교 구약신학 석좌교수)에게 이를 확인하기 위해 물은 적이 있다. "역사적으로 창세기 18장 19절을 구약의 지상명령으로 명명한 학자가 정말 없었습니까?" 그의 대답은 현 박사님이 처음이라고 하셨다.

그러면서 그는 이렇게 언급하셨다. "나는 이스라엘 공동체의 신앙이 하나님의 왕국(God's Kingdom) 개념으로 계속 전수되어 왔다고는 이해했지만, 하나님의 말씀이 각 가정의 가장을 통해 세대와 세대(generation to generation)로 전수되어 왔다는 것은 전혀 생각하

쉐마지도자클리닉 졸업식에서 수료증을 받는 김상진 박사

지 못했다." 그리고 그는 이 책은 전 세계 모든 기독교인 부모들이 읽어야 할 필독서라며, 먼저 영어로 번역할 것을 권면하셨다.

본인은 어느 구약학 교수님이 현 박사님이 개발한 쉐마교육을 "한국인에 의해 창설된 세계 최초의 학파"라고 하신 의견에 전적으로 동감한다. 제3차 쉐마교육에 유대인의 회당과 가정을 직접 방문하고 랍비(i.e., Rabbi Adlerstein)들의 강의를 들으며 잃어버린 지상명령 쉐마 집필은 현 박사님이 기독교 교육학을 공부하고 직접 정통파 유대인의 가정교육과 학교교육을 몸소 체험하셨기에 가능했다는 생각을 금할 수 없었다.

아브라함 때부터 전수되어 온 유대인의 신앙교육의 실체가 이방인인 한국인에게도 전달된 것은 하나님의 귀한 섭리라고 믿는다. 잃어버린 지상명령 쉐마는 하나님께서 아브라함에게 약속하신 축복이 한국인을 통하여 전 세계 다른 민족과 국가에 흐를 수 있는 길임을 확신하기 때문이다.

현 박사님을 만나게 해주신 하나님께 감사를 드린다. 그리고 3학기 동안 열정적으로 강의해 주신 것을 감사를 드린다. 앞으로 기회가 되는대로 '현용수의 쉐마학파'의 발전을 위해 헌신하고자 다짐하며, 부족하지만 이번에 안병만 박사님(한국)과 함께 '쉐마교육학회 창립' 미국 준비위원으로 위촉된 것을 하나님께 감사드린다.

쉐마클리닉 참석자들의 증언!

가정과 교회목회 적용

주일 낮, 저녁에도 앉을 자리가 없습니다

이한의 목사(D.Min. 수료, 목회학)

- 부산 은항교회 담임
- Reform Theological Seminary(D.Min. 수료)
- 고려신학대학원 졸업(M.Div.)
- 인하대학교 화학공학과 졸업(B.S)

현 목사님 강의 듣고 내가 깨졌습니다 (제1신)

할렐루야! 현 목사님! 주님 안에서 승리하시리라 믿습니다.
저는 목회에 미쳐서 헌신한다(?)고 설쳐 댔는데 현 목사님 강의 듣고 내가 깨졌습니다. 저는 그때 은혜를 받고 지금 주일 저녁 예배마다 '쉐마평신도클리닉'이라는 주제로 특강을 하고 있습니다.
제 개인적으로는 매일 그 어떤 일이 있어도 가정 예배를 드리고 있습니다. 전에는 일주일에 한 번 제 아내가 아이들하고 가정 예배를 드렸습니다.
저는 지금 설교 시간마다 쉐마자녀교육의 중요성을 강조하고 3대가 예배드릴 것을 강조하니 주일 저녁 예배나 수요저녁 예배에 앉을 자리가 없습니다. 어린 아이들까지 데리고 저녁 예배를 드리러 오는 바람에 지금 제가 즐거운 비명을 지르고 있습니다. 부산에서 큰 교회인 호산나교회(새중앙교회/최홍준목사)에 가정사역 아카데미 강의 차 갔다가 쉐마에 대해 잠깐 언급했더니 호산나 교회 당회장 사모님께서 강의를 듣고는 미국에 갔을 때 꼭 받고 싶다고 연락처를 알려달라고 해서 가르쳐 드렸습니다. 하여튼 여러 가지로 현 목사님께 감사드립니다.

교회는 물론이고 내가 당장 살고 내 가족이 살아나고 있다는 것이 얼마나 고마운지 모릅니다. 지난 주일 저녁에는 강의 도중 국악 찬양인 '쉐마3대찬양'을 불렀더니 배꼽을 잡고 웃고, 제가 일절을 먼저 선창하니 박수를 치고 난리였습니다. 다음 주 경주 쪽에 여전도회 연합회 집회를 가는데 집회 중에 낮 공부를 '쉐마어머니클리닉'이라는 제목으로 강의하려고 합니다. 아마 뒤집어지는 역사가 나타날 것입니다.

내년에 미국에서 2차 '쉐마교사대학'에도 꼭 갈 것입니다. 늘 건강하시고 더 좋은 일들이 많아지도록 기도하겠습니다. 샬롬!

가정과 교회에서 쉐마를 실천했더니 치유와 부흥이… (제2신)

저는 가정은 버리고 교회만 사랑했습니다 〈쉐마를 받기 전〉
저는 한 교회를 담임하는 목사로서 그저 목회에 충실하게 십여 년을 달려온 사람이다. 교회도 30여 명에서 800여명으로 성장하는 하나님의 은혜를 맛보았다(편집자 주: 쉐마목회자클리닉을 2001년 졸은 후 2009년 현재 장년 2000여명의 교회로 성장했다.). 가정보다는 교회, 자식보다는 교회의 학생들, 아내보다는 교회의 성도들에게 더 관심을 많이 가지고 한 주간을 뛰어다녔다.

은항교회는 제자훈련으로 다져지고 성장한 교회라고 볼 수 있다. 저는 제자훈련에 미쳐서 낮밤을 가리지고 않고 성도들을 교회에서 양육했다. 자식은 가르치지 않았지만 남은 가르치기 위해서 생명을 걸었다. 저는 이것이 훌륭한 목회자의 표상이라고 생각했다.

교단의 어르신 목사님 한 분이 "난 한 평생 내 자식 한 번 팔에 안아 보지 않고 목회했다. 나는 그만큼 교회를 사랑했다"라고 말씀하시는 소리를 들을 때 "참으로 훌륭한 분이시구나!" 하고 생각했다. 그리고 "나도 저렇게 한 평생 목회하리라"고 다짐하였던 것이 오늘의 내 모습이었다.

목양실에 아침에 출근하면 밤 12시에 들어가는 것이 다반사였다. 혹 내가 집회를 하기 위해서 집을 떠나 있다가 집에 전화를 하여 아이들이 전화를 받으면 아이들은 마치 이웃집 어느 집사님의 전화를 받듯이 했다. 집에 있으나 나가 있으나 보지 못하는 아버지는 마찬가지였기 때문이다.

그런데 2001년 8월에 한 달 동안 미주 집회에 오게 되었을 때 '제2기 쉐마목회자클리닉' 홍보물을 보게 되어 등록하고 세미나를 받게 되었다. 강의를 들으면서 "참으로 내가 잘 왔구나!" 하는 생각을 몇 번이고 하게 되었다.

유대인은 소수 민족이면서 아브라함 이후부터 지금까지 3대가 세대차이가 없이 자기 정체성을 잃지 않고 같은 하나님, 같은 문화와 언어, 같은 사상을 가지고 살아오고 있고 또 그렇게 살아가고 있다는 것을 깨닫고 참으로 위대한 민족이구나 하는 것을 새삼 깨달았다. "수많은 고난의 역사 속에서도 큰 인물들을 배출하며 살아남은 그들의 힘은 과연 무엇인가?" 하는 의문을 하면서 배우기 시작했다.

유대인의 교육 현장은 감동 그 자체였다 〈쉐마의 충격〉

만약 지금까지 내 자식들을 그렇게 키웠다면…. 후회와 아쉬움이 밀려왔다.

유대인은 가정을 중요시했다. 특히 아버지의 역할은 가정의 제사장으로서 그 위치를 견고히 했다는 것을 배웠을 때 "나는 참으로 내 자신이 얼마나 잘못된 아버지인가"하는 것을 가슴 속에 되뇌이게 되었다. 아버지가 가정에서 자녀들을 무릎에 앉혀놓고 성경을 가르쳐 주는 모습은 참으로 감동 그 자체였다.

내가 만약 지금까지 내 자식들을 그렇게 키웠다면 지금의 우리

미국 쉐마지도자클리닉 졸업식에서 자신의 잘못된 목회 철학을 회개하는 마음으로 간증하는 이한의 목사. 현재 그의 교회는 쉐마를 실천하여 주일 저녁과 수요일 저녁에도 앉을 자리가 없이 성장하고 있다.

아이들은 또 다른 모습으로 자라가고 있을 텐데 하는 후회와 아쉬움이 밀려왔다. 그러나 지금이라도 늦지 않았다. 예방은 할 수 없었지만 치료라도 하면서 가정을 다시 세우고 좋은 아버지로 살아야겠다는 결심을 몇 번이고 했다. 그리고 나 혼자만 이 감동을 간직할 것이 아니라 온 교회에 알려서 자식 교육을 다시 할 수 있도록 도전해야겠다는 결심을 했다.

나는 어서 빨리 고국으로 돌아가 2001년 9월부터 매주일 저녁 예배 때마다 현 교수님의 책 《IQ는 아버지 EQ는 어머니 몫이다》를 요약하면서 강의했다. 먼저 성도들의 의식부터 바꿔 놓아야겠다고 결심하였기 때문이었다.

가정에서 매일 가정예배와 교회에서 매주 쉐마 강의
〈쉐마의 목회 적용〉

결심한대로 매주일 저녁 예배 때에 성도들의 의식을 쉐마적 마인드로 바꿔 놓고 자식교육이 얼마나 중요한가를 강의하기 시작했다. 액정비전, 노트 북, 프리젠테이션을 총동원하여 생동감 있게 강의하였더니 성도들의 반응이 참으로 좋았다.

일차적으로 나는 '은항교회 쉐마 3대 운동'을 부르짖었다.

첫째는 매일 가정 예배드리기,

둘째는 3대가 주일 저녁 예배드리기,

셋째는 교회교육에 자녀 참여시키기 운동이다.

부모들이 집에 조그만 아이들을 두고 저녁 예배에 오자니 불안해서 못나오던 성도들이 너무 좋아했다. 이런 잠재적 성도들이 저녁 예배에 나오기 시작하고 자녀교육에 관심을 갖기 시작하면서 교회는 조금씩 부흥하기 시작했다. 나는 국내에 돌아가자마자 우리 집에서 매일 가정 예배를 드리기 시작했다. 아내와 자녀들은 "잃었던 남편과 아버지를 되찾았다"는 감격으로 얼마나 모두 좋아했는지 모른다. 내 가정이 회복된 것은 물론이다. 쉐마교육은 예방교육이지만 늦게라도 실천하니 치유도 되었다.

앞으로의 계획은 이제부터 쉐마 체제로 교회교육을 바꾸려고 한다. 예를 들면, 1. 쉐마 아버지 학교 2. 쉐마 어머니 학교 3. 쉐마 효도학교 4. 쉐마 고난의 역사 학교 5. 쉐마 애국학교 등을 개설하여 실천하려고 한다.

이제 나는 행복한 목회자입니다 〈맺으면서〉

과거 초대교회, 예루살렘교회, 안디옥교회, 그리고 소아시아 일곱 교회 등은 왜 성령이 지나갔던 터만 남아있는가?

그것은 1세대는 순교하면서까지 신앙을 잘 지켰는데, 첫째는 자식에게 신앙을 전수하지 못한 이유, 둘째는 2세의 교회교육이 잘못되었거나 전무한 이유라고 본다. 따라서 쉐마교육운동은 가정 회복 운동이며, 또한 교회회복운동이라고 감히 단언하고 싶다. 뿐만 아니라, 유대민족이 소수민족임에도 불구하고 열강 속에서도 늠름하게 살아가고 있는 것을 볼 때 우리 민족이 살아남고 인류에 공헌하는 민족이 되는 길도 쉐마교육운동이라고 자부하고 싶다.

　가정이 살아야 교회가 살고, 교회가 살아야 민족이 산다!

　현 교수님께 배웠듯이 중국이나 일본은 하나님 없이도 어느 정도 살 수 있는 민족이지만 우리는 하나님의 은혜가 아니면 또다시 그런 강대국들의 밥이 될 수밖에 없는 지정학적으로 허약한 위치에 있다. 역사가 이를 증명하고 있다. 따라서 우리는 '쉐마 교육 운동'으로 가정을 살리고 교회를 성장시켜 이 나라를 지키고, 더 나아가 세계선교도 완성해야 할 것이다.

　끝으로 뭐니 뭐니 해도 '쉐마'에 접하도록 큰 은혜를 주신 하나님께 감사와 찬송을 드리고 애국 애족의 가슴을 안고 그리스도의 심장으로 우리를 지도해 주신 현용수 교수님께 심심한 감사를 드린다.

쉐마 국악 찬양

인성교육적 측면에서
왜 국악 찬양이 필요한가!

유대인의 성공은 어디에서 오는가? 그들은 어떻게 자손 대대로 하나님의 말씀을 전수하는 데 성공하였는가? 그들은 자녀를 깊이 생각하는 뿌리 깊은 인간으로 양육하기 때문이다. 그들은 어떻게 자녀를 깊이 생각하는 뿌리 깊은 인간으로 양육할 수 있는가?

저자는 유대인을 모델로 한 저자의 저서 《현용수의 인성교육 노하우》 제1권에 수직문화와 수평문화에 대한 이론을 개발하였다. 그들은 표면적인 수평문화보다는 깊이 있는 수직문화를 가르치기 때문이다. 수직문화 중 하나가 자기 민족의 역사의식과 전통을 귀하게 여기고 가르치는 것이다. 그런데 한국인 기독교인은 우리의 전통을 무시하고 서양 것에만 너무 익숙해져 있다. 한국인 기독교인의 인성교육적 측면에서 분명히 잘못된 것이다.

물론 그만한 이유도 있다. 한국인 기독교인이 한국 민족의 전통을 그대로 이어갈 수 없는 이유는 대부분 한국의 전통들이 그 내용이나 형식을 보면 우상을 섬기는 데서 나왔기 때문이다. 그렇다면, 한국인 기독교가 한국의 전통을 어떻게 사용할 수 있는가? 두 가지로 생각할 수 있다.

첫째, 기독교에서 한국의 전통을 잇기 위해서는 그 전통의 내용을 신본주의 사상으로 바꾸어 일부 형식만 사용하는 방법이다. 예를 들면 조상들에게 추수에 대한 감사를 표시하는 한국의 추석을 하나님께 추수에 대한 감사를 표시하는 추수감사절로 바꾸어 사용하는 방법이다. 기도도 마찬가지다. 서양 사람들은 의자에 앉아서 혹은 서서 기도한다. 그러나 한국인은 옛날부터 무릎을 꿇고 조상신들에게 빌었다. 이런 기도하는 방법, 즉 무릎을 꿇고 하나님께 기도하면 얼마나 하나님 앞에 정성스런 기도가 될 것인가? 뿐만 아니라 찬양도 국악의 형식을 빌어 하나님을 찬양할 수 있다. 우리 민족의 고유 가락을 하나님 섬기는 도구로 사용하는 것이다.

둘째, 보편적 윤리나 도덕적 예의나 지혜는 그대로 사용할 수 있다. 예를 들면, 서양 사람들이 인사할 때는 고개를 그대로 들고 "하이(Hi!)" 한다. 그러나 한국 기독교인은 고개를 많이 숙이면서 "안녕하세요"라고 말한다. 뿐만 아니라 한국의 고사성어에는 동양의 지혜가 많이 배어 있다. 예를 들면, 토사구팽(兎死狗烹), 새옹지마(塞翁之馬), 결자해지(結者解之) 등이다. 식자우환(識字憂患)이란 고사성어는 전도서에 나오는 말씀이다(전 1:18). 이런 것들은 종교를 떠나 한국인 지식인이라면 마땅히 알고 평상시에 사용하여야 한다. 특히 성경의 잠언이나 전도서 같은 지혜서에 나오는 말씀들도 동양에 얼마든지 있다. 왜냐하면, 하나님께서 이방인에게도 성경이라는 특수계시를 주시기 전 하나님을 알 만한 보편적 진리(롬 1:19~20)를 주셨기 때문이다. [자세한 내용은 저자의 저서 《현용수의 인성교육 노하우》(전4권, 동아일보, 2008) 참조]

〈부록 2〉에는 부족한 종이 쉐마사역을 위하여 작사한 '쉐마 3대 찬양'과 '쉐마 효도 찬양' 그리고 박성희 목사가 작사한 '쉐마 이스라엘 들으라'를 싣는다. 곡은 모두 국악이다. 곡을 만드신 작곡가 류형선, 정세현, 조춘오 세 선생님에게도 감사를 드린다. 차제에 국악찬양이 많이 보급되어 전 세계에 흩어진 한국인 기독교인들이 우리의 것으로 하나님을 찬양하는 날이 속히 오기를 소원한다.

저자 현용수

참고자료 (References)

외국 자료

Abramov, Tehilla. (1988). *The Secret of Jewish Femininity*. Southfield, MI: Targum Press Inc.

Agron, David. (1992). *Soviet Jews: A Field God Has Plowed*. Fuller Theological Seminary School cf World Mission, Th.M. Thesis. Pasadena, California.

Agus, J. B. (1941). *Modern Philosophies of Judaism*. New York, NY: Behrman's Jewish Book House.

Allis, O. T. (1982). *The Five Books of Moses*. Translated into Korean by Jung-Woo Kim. Seoul: Christian Literature Crusade.

An expository dictionary of Biblical Words. (1985). Edited by Vine, Unger & White. NY: Thomas Nelson Publishers.

Angoff, Charles. (1970). *American Jewish Literature*. New York, NY: Simon and Schuster.

Baeck, Leo. (1958). *Judaism and Christianity*. Philadelphia: Jewish Publication of America.

Ben-Sasson, H. H. Editor. (1976). *A History of the Jewish People*. Cambridge, MA: Harvard University Press.

Berenbaum, Michael. (1993). *The World Must Know, The History of the Holocaust As Told in the United States Holocaust Memorial Museum*. Boston, MA: Little, Brown and Company.

Birnbaum, Philip. (1991). *Encyclopedia of Jewish Concepts*. New York, NY: Hebrew Publishing Company.

Bloch, Avrohom Yechezkel. (   ). *Origin of Jewish Customs: The Jewish Child*. Brooklyn, N. Y: Z. Berman Books.

Botterweck & Ringgren, ed. (1977). *Theological Dictionary of the Old Testament, Vol. 1*. Grand Rapids, MI: Eerdman Publishing Company.

Bridger, David. ed. (1962, 1976). *The New Jewish Encyclopadia*. West Orange, NJ: Behrman House, Inc.

Brown, Collin, ed. (1975). *The New International Dictionary of New Testament Theology, Vol. 1*. Grand Rapids, MI; Regency Reference Library, Zondervan.

Brown, Driver & Briggs. (1979). *The New Brown – Driver – Briggs – Genesis*

Hebrew and English Lexicon. Peabody, Ma: Hendrickson Publishers.

Bryant, Alton. Editor. (1967). *The New Compact Bible Dictionary.* Grand Rapids, MI: Zondervan.

Calvin, John. (1980). 로마서 빌립보서 주석. 존칼빈성서주석출판위원회 번역. 서울: 성서교재간행사.

_____. (1981a). *Genesis, the Pentateuch, Vol. I.* Grand Rapid, MI: Baker Book House.

_____. (1981a). *Exodus, the Pentateuch, Vol. II.* Grand Rapid, MI: Baker Book House.

_____. (1981). *Institutes of the Christian Religion.* Translated by Moon Jae Kim, Seoul: Haemoon-sa.

Chait, Baruch. (1992). *The 39 Avoth Melacha of Shabbath.* Jerusalem, Israel: Feldheim Publishers, Ltd.

Cohen, Abraham. (1983). *Everyman's Talmud.* Translated in Korean by Ung-Scon Won, Seoul: Macmillian

_____. (1995). *Everyman's Talmud.* New York, NY: Schocken Books.

Cohen, Nachman. (1988). *Bar Mitzvah and Beyond.* Yonkers, NY: Torah Lishmah Institute, Inc.

Cohen, Simcha Bunim. (1993). *Children in Halachan.* Brooklyn, NY: Mesorah Publications, Ltd.

Cohen. (1992). *The Psalms.* Revised by Rabbi Oratz. New York, NY: The Soncino Press, Ltd.

Coleman, William L. (1987). *Environments and Customs of Bible Times.* Seoul: Seoul books.

Complete Word Study Dictionary(The). (1992). Complied and edited by Spiros Zodhiates. Chattanooga, TN: AMG Publishers.

Darmesteter, A. (1897). *The Talmud.* Philadephia: The Jewish Publication Society of America.

Debour, Rolang. (1992). *Social Customs in Old Testaments(I).* Seoul: Kidok Jungmoon-sa.

_____. (1993). *Social Customs in Old Testaments(II).* Seoul: Kidok Jungmcon-sa.

Derovan & Berliner. (1978). *The Passover Haggadah.* Los Angeles, CA: Jewish Community Enrichment Press.

Ditmont, Max I. (1979). *Jews, God and History(한국역: 이것이 유대인이다).* Translated into Korean by Young Soo Kim, Seoul, Korea: 한국기독교

문학연구 출판부.

Donin, Hayim Halevy. (1972). *To Be A Jew: A Guide to Jewish Observance in Contemporary Life*. USA: Basic Books.

_____. (1977). *To Raise A Jewish Child: A Guide for Parents*. USA: Basic Books.

_____. (1980). *To Pray As A Jew: A Guide to the Prayer Book and the Synagogue Service*. USA: Basic Books.

Drazin, N. (1940). *History of Jewish Education*. Baltimore: The Johns Hopkins press.

Ebner, Eliezer. (1956). *Elementary Education in Ancient Israel*. New York: Bloch publishing Co.

Eisen, Robert. (2000). *The Education of Abraham: The Encounter between Abraham and God over the Fate of Sodom and Gomorrah*. Jewish Bible Quarterly. Vol. 28. No. 2, pp. 80~86.

Encyclopedia of Religion (The). (1987). New York. NY: Macmillan Publication Co.

Erikson, E. (1959a). *Identity and the Life Cycle, Psychological Issues*. Vol. 1. New York: International University Press.

_____. (1959b). *Dimensions of New Identity(1st Ed.)*. New York: W. W. Norton & Co.

_____. (1963). *Childhood and Society(2nd Ed.)*. New York: W. W. Norton & Co.

_____. (1968). *Identity Youth and Crisis*. New York: W. W. Norton & Co.

_____. (1982). *The Life Cycle Completed*. London: W. W. Norton & Co.

Feldman, Emanuel. (1994). *On Judaism*. Brooklyn, NY: Shaar Press.

Grayton, J. (1985). *Early Buddhism and Christianity in Korea*. Leiden: E. J. Brill.

Hamilton, Victor P. (1995). *The Book of Genesis*. Grand Rapid: MI: William B. Eerdmans Publishing Co.

Heller, A. M. (1965). *The Jew and His World*. New York, NY: Twayne Publishers, Inc.

Hirsch, Samson Raphael. (1988). *Collected Writings of Rabbi Samson Raphael Hirsch*. Jerusalem, Israel: Feldheim Publishers Ltd.

_____. (1989a). *Genesis, the Pentateuch, Vol. I*. Gateshead: Judaica Press Ltd.

_____. (1989b). *Exodus, the Pentateuch, Vol. II*. Gateshead: Judaica Press Ltd.

_____.(1989c). *Leviticus, the Pentateuch, Vol. III*. Gateshead: Judaica Press Ltd.

_____.(1989d). *Numbers, the Pentateuch, Vol. IV*. Gateshead: Judaica Press Ltd.

_____.(1989e). *Deuteronomy, the Pentateuch, Vol. V*. Gateshead: Judaica Press Ltd.

_____.(1990). *The Pentateuch*. Edited by Ephraim Oratz, New York, NY: Judaica Press, Inc.

Hoffman, Joel E. (1997). *Jewish Education in Biblical Times: Joshua to 933 B.C.E. Jewish Bible Quarterly. Vol. 25*. No. 2. 1997, pp. 114~119.

Holy Bible. (NIV, KJV). (1985).

Hoon, Paul. (1971). *The Integrity of Worship*. Nashville: Abingdon Press.

Horton, Davis. (1957). *Christian Worship*. NY: Abingdon Press.

Hunt, E. (1980). *Protestant Pioneers in Korea*. Maryknoll: Orbis Books.

Hyun, Yong Soo. (1990). *The Relationship between Cultural Assimilation Models, Religiosity, and Spiritual Well-Being Among Korean-American College Students and Young Adults in Korean Churches in Southern California*. Doctoral dissertation, Biola University, Talbot School of Theology, La Mirada CA. Ann Arbor: University Microfilms International.

_____. (1993). *Culture and Religious Education*. Seoul: Qumran.

Jacobs, Louis. (1984). *The Book of Jewish Belief*. New York, NY: Behrman House, Inc.

_____. (1987). *The Book of Jewish Practice*. West Orange, NJ: Behrman House, Inc.

Jensen, I. R. (1981a). *Genesis: A Self-Study Guide*. Translated into Korean by In-Chan Jung. Seoul: Agape Publishing House.

_____. (1981b). *Exodus: A Self-Study Guide*. Translated into Korean by In-Chan Jung. Seoul: Agape Publishing House.

Kahn, Pinchas. (2002). *The Mission of Abraham: Genesis 18:17~22:19, Jewish Bible Quarterly. Vol. 30*. No. 3, 2002, pp. 155~163.

Kaiser, Walter. (2005). *Mission in the Old Testament*, 임윤택 번역, 서울: 기독교문서선교회.

Kaplan, Aryeh. (2005). *Tefillin*. New York, NY: OU/NCSY Publications.

_____. (2008). *Tzitzith, A Thread of Light*. New York, NY: OU/NCSY Publications.

Keach, Benjamin. (1991). *성경의 환유, 은유, 예표, 비유, 제유 해설 대사전*. 서울: 여운사.

Keil & Delitzsch. (1989a). *Genesis, the Pentateuch, Vol. I.* Grand Rapid, MI: Hendrickson.

_____. (1989b). *Exodus, the Pentateuch, Vol. II.* Grand Rapid, MI: Hendrickson.

Kim Kwang Chung, Warner and Kwon Ho Young. (2001). *Korean American Religion in International Perspective.* In Korean Americans and Their Religions: Pilgrims and Missionaries from a Different Shore, 3-24, University Park, Pa: Pennsylvania State University Press.

Kling, Simcha. (1987). *Embracing Judaism.* New York, NY: The Rabbinical Assembly.

Kolatch, Alfred J. (1981). *The Jewish Book of Why.* Middle Village, NY: Jonathan David Publishers, Inc.

_____. (1985). *The Second Jewish Book of Why.* Middle Village, NY: Jonathan David Publishers, Inc.

_____. (1988). *This Is the Torah.* Middle Village, NY: Jonathan David Publishers, Inc.

Lamm, Maurice. (1969). *The Jewish Way in Death and Mourning.* New York: Jonathan David Publishers.

_____. (1980). *The Jewish Way in Love and Marriage.* Middle Village, NY: Jonathan David Publishers, Inc.

_____. (1991). *Becoming a Jew.* Middle Village, NY: Jonathan David Publishers, Inc.

_____. (1993). *Living Torah in America.* West Orange, NJ: Behrman House, Inc.

Lamm, Norman. (2002). *The Shema: Spirituality and Law in Judaism.* Journal of Law and Religion. 17, 2002. Book Review.

Lampel, Zvi. trans. (1975). *MaimonidesO Introduction to the Talmud.* New York, NY: Judaica Press.

Lange, J. p. (1979). *The Book of Genesis I & II.* Translated into Korean by Jin-Hong Kim. Seoul: Packhap.

Lee, Helen. (1996). *Silent Exodus. Can the East Asian Church in America Reverse the Flight of Its Next Generation?* Christianity Today, no. August 12(1996): 50~53.

Lee, Sang-Keun. (1989). *Genesis, the Lee's Commentary.* Seoul: Sungdung-sa.

_____. (1989). *Exodus, the Lee's Commentary.* Seoul: Sungdung-sa.

Leupold, H. C. (1942). *Exposition of Genesis. Vol. I.* Grand Rapids: Baker.

_____. (1974). *Exposition of the Psalms*. Grand Rapids: Baker.

Levi, Sonie B. & Kaplan, Sylvia R. (1978). *Guide for the Jewish Homemaker*. New York, NY: Schocken Books.

Lindgren, Alvin. (1983). *Foundations for Purposeful Church Administration*. Nashville, TN: Abingdon Press.

Luther, Martin. (1962). *On the Jews and Their Lies*. trans. Martin H. Bertram, in Martin Luther's Works, 47:268~72(1543). Philadelphia, Pa: Muhlenberg.

MacArthur, John. (2001). *Successful Christian Parenting*. Translated into Korean by Ma Young Rae. Seoul: Timothy Publishing House.

Mathews, Kenneth A. (2005). *The New American Commentary, Vol. 1B*. Nashville, TN: Broadman & Holman Publishers.

Matzner-Bekerman, Shoshana. (1984). *The Jewish Child: Halakhic Perspectives*. New York, NY: KTAV Publishing House, Inc.

McGavran, Donald. (1980). *Understanding Church Growth*. Grand Rapid, MI: Zondervan.

New Compact Bible Dictionary. (1967). Editor; Alton Bryant. Grand Rapids, MI: Zondervan.

New International Dictionary of New Testament Theology Vol. 1(The). Edited by Collin Brown, 1975, Grand Rapids, MI; Regency Reference Library, Zondervan.

Payne, J. B. (1954). *An Outline of Hebrew History*. Grand Rapid, MI: Baker Book House.

Pilkington, C. M. (1995). *Judaism*. Lincolnwood, Il: NTC Publishing Group.

Ramban. (1999). *Ramban Commentary on the Torah, Genesis*. Brooklyn, NY: Shilo Publishing House, Inc.

Rashi. (1994). *The Metsudah Chumash. Vol. V*. Hoboken, NJ: KTAV Publishing House.

_____. (2003a). *The Metsudah Chumash. Vol. V*. Hoboken, NJ: KTAV Publishing House.

_____. (2003b). *Commentary on the Torah Vol. 1. Genesis*. New York, NY: Mesorah Publication, Ltd.

Reuben, Steven Carr. (1992). *Raising Jewish Children In A Contemporary World*. Rocklin, CA: Prima Publishing.

Sanders, E. P. (1995). *Paul, the Law, and the Jewish People*. Translated by Jin-Young Kim, Seoul: Christian Digest.

Scherman & Zlotowitz(Editors). (1992). *The Complete Art Scroll Siddur*. NY: Mesorah Publication, Ltd.

_____. (1994). *The Chumash*. Brooklyn, NY: Mesorah Publication, Ltd.

_____. (2004). *The Complete Art Scroll Siddur*. Brooklyn, NY: Mesorah Publication, Ltd.

_____. (2005). *The Chumash*. Brooklyn, NY: Mesorah Publication, Ltd.

Scherman, Nosson(Ed.) (1998). *Tanach, The Torah/Prophets/Writings*. Mesorah Publications, Ltd.

Seymour Sy Brody, Art Seiden(Illustrator), (1996). *Jewish Heroes and Heroines of America: 150 True Stories of American Jewish Heroism*. New York, NY: Lifetime Books.

Solomon, Victor M. (1992). *Jewish Life Style*. Translated into Korean by Myung-ja Kim, Seoul: Jong-ro Books.

Song, Min-Ho. (1997). *Constructing a Local Theology for a Second Generation Korean Ministry*. Urban Misson, nc. December(1997): pp. 23~34.

Stott, John. (1996). *The Message of 1 Timothy & Titus*. 김현희 역, Leicester, England; InterVarsity Press.

_____. 디모데전서 · 디도서 강해. 김현희 역, 서울; 한국기독학생회(IVP).

Strassfeld, Michael. (1985). *The Jewish Holidays, A Guide & Commentary*. NY: Harper and Row.

Swift, Fletcher H. (1919). *Education in Acient Israel from Earliest Times to 70 A. D*. The Open Court Publishing Company.

Talmud. Babylonian Edition.

_____. Jerusalem Edition.

TANACH. (1998). *The Jewish Bible*. Brooklyn, NY: Mesorah Publication, Ltd.

TANAKH. (1985). *The Jewish Bible*. The Holy Scriptures by JPS.

Telushkin, Joseph. (1991). *Jewish Literacy*. New York, NY: William Morrow and Company, Inc.

_____. (1994). *Jewish Wisdom*. New York, NY: William Morrow and Company, Inc.

Theological Dictionary of the Old Testament Vol. 1. Edited by Botterweck & Ringgren, 1977, Grand Rapids, MI: Eerdman Publishing Company.

Tokayer, Marvin. (2007). 탈무드 1: 탈무드의 지혜. 현용수 편역. 서울: 동아일보사.

_____. (2007). *탈무드 2; 탈무드와 모세오경*. 현용수 편역. 서울: 동아일보사.

_____. (2009). *탈무드 3; 탈무드의 처세술*. 현용수 편역. 서울: 동아일보사.

_____. (2009). *탈무드 4; 탈무드의 생명력*. 현용수 편역. 서울: 동아일보사.

_____. (2009). *탈무드 5; 탈무드의 잠언집*. 현용수 편역. 서울: 동아일보사.

_____. (2009). *탈무드 6; 탈무드의 웃음*. 현용수 편역. 서울: 동아일보사.

Touger, Malka. (1988a). *Sefer HaMitzvot Vol. 1*. New York, NY: Moznaim Publishing Corporation.

_____. (1988b). *Sefer HaMitzvot Vol. 2*. New York, NY: Moznaim Publishing Corporation.

Unger, M. F. (1957). *Unger's Bible Dictionary*. Chicago: Moody Press.

Unterman, Isaac. (1973). *The Talmud*. New York, NY: Bloch Publishing Company.

US Today, *Working Mom to Home for Baby Nurturing*. May 4, 2004.

Vilnay, Zev. (1984). *Israel Guide*. Jerusalem: Daf-Chen.

Vine, W. E. (1985). *An Expository Dictionary of Biblical Words*. Nashville: Thomas Nelson Publishers.

Wagschal, S. (1988). *Successful Chinuch*. Jerusalem, Israel: Feldheim Publishers Ltd.

Walder, Chaim. (1992). *Kids Speak Children Talk About Themselves*. Jerusalem, Israel: Feldheim Publishers.

Waltke, Bruce K. (2001). *Genesis*. Grand Rapid: MI: Zondervan Publishing Co.

Webber, Robert. (1994). *Worship: Old and New*. trans. by Ji-Can Kim. Seoul: Wordd of Life.

Wenham, Gordon J. (1994). *World Biblical Commentary, Vol. 2*. Nashville, TN: Thomas Nelson Publishers.

Westermann, Claus. (1995). *A Continental Commentary, Genesis Chapter 12~36*. Minneapolis: Fortress Press.

Wilson, Marvin R. (1993). *Our Father Abraham, Jewish Roots of the Christian Faith*. Grand Rapid, MI: William B. Eerdmans Publishing Company.

Zlotowitz, Meir. (1989). *Pirkei Avos Ethic of the Fathers*. Brooklyn, NY: Mesorah Publications, Ltd.

인터넷 자료

http://auskec.org/bbs/zboard.php?id=resource03&page

http://leewongu.byus.net/spboard /bcard.cgi?id=lee wongu_1&action=download&gul=143)

http://www.aspire7.net/belief-2-15.html

http://www.christiantoday.co.kr/view.htm?id=172503

http://www.gmnnews.com/gcolumn/spview.asp?num=28&code=p015, 2007년 12월 23일)

http://www.hanhim.org/zeroboard/zboard.php?id

http://www.imdusa.org/for2007/aboutfor2007-2.html

한국 자료

국민일보. *교회학생 급감 '비상'*. 2001년 9월 28일.

김상룡. (1994). *동방의 등불 한국*. 서울: 행림출판

김종욱. (1998). *민족 번영을 위한 준비*. 공군 정신교육원 횃불지 23호. 1998년.

김홍기, *40년의 한국교회 성장율*. http://www.churchgrowth21.com/decadalgrowth.html

김홍식, 동성애에 대하여. 미주중앙일보, 2008년 11월 13일.

데이비드 커. (2005). *영국 웨일즈 지역 신앙각성 운동: 17세기~20세기 사이에 일어난 부흥 운동에 대한 고찰*. 한국기독공보, 2005년 6월 4일.

데지마 유로. (1988). *유대인의 사고방식*. 고계영, 이시준 역, 도서출판 남성.

동아 메이트 국어사전. (2002). 서울: 두산 동아.

동아일보. 타고르. 동방의 등불. 1929년 4월 2일.

dongponews.com, 2001, 제2호(1, 2월호), USA.

미주크리스천신문. 미국 내 한인교회 총 *3,437*. 2005년 1월 29일, p. 1.

_____. *아이들 TV 너무 많이 본다*. 1996년 12월 21일.

_____. *미국 내 한인 교회 수는 약 3,402개*. 2006년 1월 14일.

미주크리스천월드. 한국교회, *1만7697명 선교사 파송*. 2008년 11월 17일.

민현식. (2005). 한류열풍의 정신문화적 가치. 한국교육개발원의 교육정책 포럼. 2005년 12월 23일.

박미영. 아이 기르기를 즐기는 이스라엘식 육아법을 아세요? 라벨르(labelle). 1995년 8월호, pp. 381~393.

_____. (1995). 유대인 부모는 이렇게 가르친다. 서울: 생각하는 백성.

박용규. (2007). 알렉산더 피터스; 성경번역자, 찬송가작사자, 복음전도자, 논문집: 알렉산더 피터스 선교사 조명. 서울: 내곡교회한국교회사연구소.

박윤선. (1980). 성경주석, 창세기 출애굽기. 서울: 영음사.

_____. (1980). 성경주석, 레위기 민수기 신명기. 서울: 영음사.

박은규. (1991). 예배의 재발견. 서울: 대한기독교출판사.

(현대인의) 성경. (1984). 생명의 말씀사.

성경: (1956). 한글판 개혁. 대한성서공회.

성경: (2001). 표준새번역. 대한성서공회.

쉐마교육을 아십니까? (2007). 서울: 쉐마교육연구원

안희수. (2007). 100년 전 8월 1일의 치욕을 잊었는가. 국방일보, 2007년 8월 1일.

엣센스 국어사전. (1983). 서울: 민중서림.

이기준 칼럼. 집으로 돌아간 장관. 중앙일보(미주판), 2004년 5월 5일.

이상근. (1989). 창세기 주석. 서울: 성등사.

_____. (1990a). 갈. 히브리 주석(8). 서울: 성등사.

_____. (1990b). 출애굽기 주석. 서울: 성등사.

_____. (1990c). 레위기 주석(상). 서울: 성등사.

_____. (1991), 로마서 주해, 서울: 성등사.

_____. (1992a). 살전-디도 주해. 서울: 성동사.

_____. (1992b). 요한복음 주해. 서울: 성동사.

_____. (1994). 잠언·전도·아가서 주석. 서울: 성등사.

이은선. (2007). 초기 한국교회의 성경 번역과 교회 부흥, 논문집: 알렉산더 피터스 선교사 조명. 서울: 내곡교회한국교회사연구소.

조선일보, 미국 이민 100년과 한인교회. 2002년 1월 26일.

조종남, 한국 교회갱신과 성령운동의 방향(웨슬리의 갱신운동의 조명). http://sgti.kehc.org/data/person/wesley/11.htm

중앙일보. 한인 신학생 2,500명. 2000년 9월 11일. (미주판)

_____. 워킹 맘 '육아 위해 집으로'. 2004년 5월 5일. (미주판)

_____. *해외동포 663만 8,338명*. 2005년 9월 9일.

_____. *해외동포 704만명, 북미주 223만여명… 중국 이어 두 번째*. 2008년 8월 26일. LA중앙일보.

_____. *1948년… 해방 후 5년의 선택이 대한민국 운명 갈랐다*. 2008년 7월 19일.

최찬영. 이민 목회와 21세기 기독교 선교의 방향. 크리스챤 헤럴드 USA. 1995년 9월 29일, pp. 10~11.

칼빈, 존. (1993). 기독교 강요. 제4권, 편집부 역, 서울: 기독성문출판사.

크리스천투데이. 복음을 14세 전(5~13세)에 심어야. 1999년 12월 4일.

_____. 미국 목회자들 67%는 13세 이전에 예수 영접. 2000년 11월 4일.

_____. 미주한인교회 수 2924개로 줄어. 2001년 12월 12일.

_____. 한국 기독교인 1200만 아닌 862만. 2006년 6월 9일.

_____. 한인 선교사 1만4905명 사역. 2007년 9월 13일.

크리스찬투데이(한국). 풍전등화 유럽교회, 한국교회 밖에 답이 없다. 2006년 2월 23일.

크리스천월드(미주). 한국교회, 1만7697명 선교사 파송. 2008년 11월 17일.

한미준·한국갤럽 리서치. (2005). 한국 교회 미래 리포트. pp. 42~43. 서울: 두란노서원.

현용수. (1993). 문화와 종교교육. 서울: 쿰란출판사.

_____. (2005). *IQ는 아버지 EQ는 어머니 몫이다*. 제1권. 서울: 쉐마.

_____. (2005). *IQ는 아버지 EQ는 어머니 몫이다*. 제2권. 서울: 쉐마.

_____. (2005). *IQ는 아버지 EQ는 어머니 몫이다*. 제3권. 서울: 쉐마.

_____. (2005). 부모여 자녀를 제자 삼아라. 제1권. 서울: 쉐마.

_____. (2005). 부모여 자녀를 제자 삼아라. 제2권. 서울: 쉐마.

_____. (2006). 유대인 아버지의 4차원 영재교육. 서울: 동아일보사.

_____. (2007). 자녀들아 돈은 이렇게 벌고 이렇게 써라. 서울: 동아일보사.

_____. (2009). 현용수의 인성교육 노하우. 제1권. 서울: 동아일보사.

_____. (2009). 현용수의 인성교육 노하우. 제2권. 서울: 동아일보사.

_____. (2009). 현용수의 인성교육 노하우. 제3권. 서울: 동아일보사.

_____. (2009). 현용수의 인성교육 노하우. 제4권. 서울: 동아일보사.

홍은선. (2002). *선교대회로 첫발… 눈부신 성장*. 크리스천투데이, 2002, 5월 8일. p. 4.

홍인규. (1994). *바울은 율법을 잘못 전하고 있는가*. 목회와 신학. 12월호. 통권 66호. pp. 287~301. 서울: 두란노서원.

본서에 사용한 사진의 출처

Canon Institute 조한용 선생 제공, ⓒ 미국 Los Angeles, CA. Tel. (213) 382-9229 USA. (각 사진에 출처가 표기돼 있음).

Shema Education Institute, ⓒ Yong-Soo Hyun, 3446 Barry Ave Los Angeles, CA 90066 USA. (각 사진에 출처가 표기 안 된 모든 사진들)

Solomon, Victor M. ⓒ Secret of Jewish Survival(옷을 팔아 책을 사라). Translated into Korean by Yong Soo Hyun, Seoul: Shema Books. (각 사진에 출처가 표기돼 있음).

Wiesenthal Center Museum of Tolerance, ⓒ Jim Mendenhall, 9786 West Pico Blvd., Los Angeles, CA USA. 90035-4792 Tel. (310)553-8403 제공. (각 사진에 출처가 표기돼 있음)

Yad Vashem, P.O. Box 3477, Jerusalem, Israel. Tel. 751611. (각 사진에 출처가 표기돼 있음)

교육학 교과서(고등학교, 서울시 교육감 인정): 교학사(1998).

참고 사항

1. 본 책자에 사용된 사진의 불법 복사 및 사용을 금합니다.
2. 만약 독자가 본서에 포함된 사진을 사용하기를 원할 때에는 반드시 사진 작가의 허가를 받아야 합니다.
3. 본 책자의 저자 이외의 사진은 저자가 권한을 갖고 있지 않으므로 주소로 직접 연락하시기 바랍니다.
4. 본 책자에 사용한 랍비 토카이어의 탈무드의 내용들은 저자의 허락을 받은 것들입니다. 따라서 본 책자의 저자의 허락 없이 무단복제를 금합니다.

찾아보기(Index)

찾아보기는 제1권~제3권 모두를 포함한다.
제1권은 'I', 제2권은 'II', 제3권은 'III'으로 표기했다.

가

가나안 I-101, 104, 108, 112~116, 148, 157, 166, 169, 172, 174~180, 219, 220, 224 II-84, 85, 96, 143~145, 167, 182, 196~198, 200, 203, 239, 257, 258, 291 III-68, 73, 101, 102, 104~106, 108, 128, 134, 231, 233, 240, 265

가르쳐 지키게 하라(가르치는 것, 가르침, 강론) I-89, 121, 141, 187, 203, 208, 210, 211, 226, 231, 237 II-18, 26, 99, 179, 212, 213, 215, 216, 236, 238, 242, 243, 249~260, 269, 271, 285, 289, 293, 295 III-18, 19, 43, 80, 154, 161, 162, 236

가문(가문의 뿌리, 가문의 역사) I-149, 181, 196, 198~201 II-46, 49, 130, 136 III-141, 144, 173, 229~231

가인(가인과 아벨) I-86, 88, 166 II-122

가정목회철학 I-147, 149, 154, 157

가정 성전(가정은 성전, 가정교회) I-16, 51, 74, 121~125, 244, 253~257, 259, 261 II-16, 43, 60, 134, 223 III-16, 258, 262

가정과 교회 I-22, 43, 92, 229 II-50, 136, 208, 287, 292, 298 III-201, 252, 253, 274, 277

가정교육신학(-의 모델, -의 중요성) I-16, 77, 161, 162, 174, 175, 215, 216 II-16, 199 III-16

가정사역의 기본(-의 본질) I-32, 126 II-30, 42, 47 III-31

(건강한) 가정 II-123, 124, 298 III-173, 174, 206, 212, 222, 225, 226

(성공한) 가정교육 I-122, 124

(실패한) 가정교육 I-122, 124

가정과 국가의 우선 순위 II-116, 122

가정예배 I-124, 279 II-295, 297

가정의 제사장 I-255 II-297 III-258, 282

가정파괴 II-124, 125

가족 I-19, 22, 85, 101, 103, 125, 127, 141, 152, 157, 172, 174, 181, 183, 225, 233, 238~240, 244, 245, 248~250, 257~261, 269, 275, 279 II-20, 22, 50~53, 56, 60, 62, 122, 123, 125, 176, 185, 186, 215, 218, 239, 295, 297 III-113, 117, 134, 138, 155, 165, 181, 199, 205, 266, 286

가족을 경시 I-248

각성운동 I-71

감독의 자격 I-255

감람나무 I-32 II-30, 67, 69, 70, 74, 79, 82, 84, 89~91, 93,~97, 101, 102, 104~109, 115, 127, 132 III-31

돌-[기독교인은 가지, 가지(이방 기독교인)] I-32 II-30, 67, 74, 77, 79, 83, 89~91, 93~97, 102, 105, 106, 109, 115, 132 III-31

돌-의 모습 II-91

참-[유대인은 참-, 참-(유대인)] I-32, 67, 70 II-30, 69, 74, 79, 82, 89~91, 93~97, 102, 104, 106~108, 115, 127, 132 III-31

참- 뿌리의 진액 II-74, 79, 90, 127, 132

참-의 모습 II-91

참-의 뿌리와 가지의 원리 II-69

참-의 속성 II-91

참-의 역할 II-89, 91, 97

강령(두 강령) I-220, 223, 225 II-181, 221 III-58

개인주의(Individualism) III-111, 250, 251

개척교회(교회 개척) I-48 III-61, 119, 214, 277

거룩(거룩성) I-61, 65, 67, 108, 122, 173, 174, 180, 231, 240, 274 II-22, 77, 78, 80, 82~87, 89, 90, 92, 94, 104, 106, 146, 147, 152, 197, 214, 257, 260, 263, 273, 274, 277, 280, 290, 298 III-85, 86, 106, 119, 146, 173, 193, 211, 266, 269, 283, 283

-한 장소 II-22, 273

-해지는 과정 II-92

건국이념 III-182

건설자 III-118

게토 II-249

결혼 I-90, 101, 148, 200, 238, 239~242, 246,

찾아보기 **309**

251, 255, 261 II-60, 63, 267 III-77~82, 94, 99, 101, 112, 117, 119, 120, 125, 146, 155
경건한 자손 I-85 III-45, 119, 256
경문 I-27, 47, 276 II-212, 229, 251, 252, 257, 260~263, 266, 275 III-51, 56, 59, 132, 146, 147, 151, 211, 245
경제신학 I-39, 275 II-37, 136 III-38, 219
계명(계율, 율법) (너무 많아 생략함)
계시록 I-45, 157, 160, 169, 218 II-41, 205 III-217, 277
계시와 응답 III-90
계약 조건 II-161
고난 I-27, 39, 180, 181, 194, 196, 197, 199, 202, 204, 211, 273, 275 II-16, 32, 37, 124, 127, 136, 172, 173, 177, 178, 180, 202, 217, 255, 269, 287, 290, 291, 295, 296 III-16, 33, 38, 70, 72, 112, 136, 180, 194, 219, 227, 256, 258, 279~281
고난의 역사(-교육) I-27, 39, 194, 196, 197, 199, 202, 211 II-37, 172, 177, 202, 217, 297 III-38, 219, 258
고난의 역사신학 I-39, 273 II-37, 136, 287 III-38, 219
고린도교회 II-114
곡식 가루(처음 익은 -) II-83, 84
공간과 시간 I-136
공동체 I-19, 30, 79, 122~127, 172, 175, 181, 196~201, 203, 205, 211, 244, 246, 258~260, 270, 275, 276, 280, 282 II-28, 43, 53, 60, 61, 64, 65, 74, 169, 185, 186, 197~199, 220, 224, 299 III-21, 22, 29, 123, 132, 145, 158, 288, 289,
 - 교회 I-122~127, 175, 244, 246 II-43, 60, 61
 - 지도자(-의 어른들, -의 지혜자) I-196, 198, 201
 -의 역사 I-198~201
 -의 정체성 I-198
3대 - I-172 II-53
과거의 역사와 연속성 I-203, 204, 207, 208
과학만능주의(Scientism) III-250
광야 40년 I-115, 144
광야생활 I-196, 198, 203
교사는 목사 I-126
교육 (너무 많아 생략함)

유대식 양반- II-197
예절- III-155
 -부흥회 II-23, 187 III-205
 -신학 I-15, 16, 17, 21, 27~30, 33, 37~40, 51, 52, 77, 121, 122, 146, 161~163, 167, 174, 175, 215, 216, 234, 273, 276, 281 II-15, 16, 22, 24, 25, 27, 28, 31, 35~38, 45, 47, 65, 141, 159, 200, 286, 287 III-15~17, 22~24, 26, 28, 29, 32, 36~39, 42, 44, 51, 219, 231, 255, 256
 -의 내용(-과 형식) I-31, 38, 48, 65, 66, 74, 121, 163, 22~229, 234, 261, 263, 273 II-29, 36, 46, 47, 291 III-30, 37, 42, 43, 47, 48, 51~53, 56, 60, 82, 87, 128, 160, 162, 204, 252, 256, 258, 260
 -의 대상 I-126
 -의 목표(목적) III-45, 108, 139, 258, 259
 -의 방법 II-21, 210, 250 III-23, 42, 53, 57, 58
 -적 기능 III-173
교회 (너무 많아 생략함)
 건강한 -(건전한 -) III-93, 99, 212, 222, 225, 226, 284
 -목회의 본질(-의 본질) II-42
 -교육 I-25, 27, 46 II-20, 53, 55, 295 III-176, 218, 252, 277, 280, 285
 -론 I-16, 124, 246, 253, 254 II-16, 43, 147 III-16, 66~68, 84, 85, 88, 89, 94,
 -성장(건강한 성장) I-22, 41, 45, 46, 48, 128, 244 II-39, 43, 50, 56 III-41, 119, 175, 212, 213, 228, 229, 252
 -의 원형 I-254
 -의 태동 I-44 III-86, 177, 216
40년의 한국- 성장률 I-46
일곱 - I-45 III-217, 277
한인- II-56, 57, 191, 285 III-174, 176, 200, 209
교회당(가시적인 교회당) I-126
구별(구별된 행위) I-67, 223, 278 II-44, 92, 155, 179, 197, 219, 257, 258, 269, 288 III-50, 78, 92, 94, 105, 123, 269, 272
구속사(구속 역사, 구속의 역사) I-18, 26, 49, 53, 61~63, 139, 149, 151, 158, 166, 172, 262 II-18, 43, 101, 118, 240 III-18, 29, 100, 109, 114, 121, 122, 124, 232, 246, 257, 259, 266

-적 의미 I-158
 -적 입장(-적 측면) I-30, 31, 49, 138, 159, 160 II-24, 25, 28, 29, 69, 71, 126, 133, 189 III-30, 56, 259,
구속의 계획과 성취 II-104
구약과 신약의 지상명령의 차이 I-117, 146, 225, 238, 257 II-21
구약의 중심주제 I-247 II-200 III-204, 248, 254
구약의 지상명령 (너무 많아 생략함)
구원 (너무 많아 생략함)
 - 문제 II-116, 126
 - 계획(-하시려는 계획) I-31, 43, 49, 50, 53, 54, 58, 59, 62, 63, 75, 119, 217, 218 II-21, 29, 41, 76 III-30, 254, 263
 -론(-론적 입장) I-41, 218 II-39, 41, 179 III-40, 67, 68, 70, 275, 285
 -을 대물림 I-92
 -의 표 I-125, 127 II-46, 208 III-153,
구전 I-58
국가(-의 탄생, -적 재앙) I-25, 28, 45, 152, 156, 157, 169, 199, 269, 270, 283 II-23, 26, 48, 84, 85, 116~119, 122~125, 135, 146, 147, 157, 159, 166, 198, 200 III-68, 69, 81, 118, 177, 184, 187~190, 215, 216, 227, 235, 277
귀 있는 자(-에 담아 두라, -에 할례를 받은 자) II-205, 206, 208
규례 II-162, 168, 169, 196, 197, 199, 205, 258
균형(-과 조화) I-15, 23, 39, 74, 75, 77, 153, 217, 230, 233, 235, 243, 249, 260 II-15, 17, 23, 25, 37, 50, 282, 299 III-15, 38, 93, 95,
그릇(유대인은 그릇) I-57, 88, 239 II-86, 87, 105, 161, 162, 166 III-69, 112~114, 122, 183
그리스도 I-26, 28, 59, 67, 68, 70, 135, 159, 173, 175, 232, 245, 247, 254, 255, 269, 270, 278, 281 II-22, 76, 81, 90, 96, 112~115, 148, 178, 209, 225, 287 III-22, 27, 53, 70, 72, 90~92, 94, 120, 154, 204, 264
 - 예수의 좋은 군사 I-247
 -를 남편 I-254
 -의 형상 I-68, 232, 254 III-120
그리심 산 II-182~184, 187 III-89, 128
긍휼 I-131, 255 II-72, 78, 168, 172 III-247
기갈(기근) I-101 II-171, 288 III-271
기도 (너무 많아 생략함)

새벽- I-47, 279 II-55, 183, 266~268, 273~277, 279, 289, 296 III-81, 146, 147, 211, 212, 245, 281, 286, 288
 -드리는 장소 I-129
기도복(유대인의 -) II-229, 266~268, 273, 274, 276~289 III-42, 45, 46, 87, 132, 146
기도책 II-214, 266
기독교 (너무 많아 생략함)
 - 역사적 측면 III-177
 -교육(-교육학) I-15, 16, 19, 21, 24, 26, 29, 35, 36, 38~40, 43, 47, 48, 57, 61, 65, 77, 91, 217, 235, 266, 273, 274, 276, 279, 282 II-15~18, 20, 24, 27, 33, 34, 36~38, 47, 67~69, 134, 136, 179, 185, 194, 201, 210, 221, 284, 288 III-15~17, 21, 24, 25, 28, 34, 35, 37~39, 173, 202, 204, 219, 220, 258, 259, 262, 277, 290
 -교육의 근본 오류 분석 I-77, 217
 -의 뿌리 II-71
 -의 시조 I-237
 -의 역사 I-73 II-97, 133 III-177, 245, 248
 -인의 영적 시조 I-237
 -인의 오류 I-73 II-44
 -인의 정체성 II-71
 -인의 조상 II-96
기업(영원한 약속의 -) I-33, 114, 177, 179, 229, 253 II-21, 31, 166, 239 III-32, 68, 97~100, 101, 102, 104, 105, 108, 186, 265

나
나무 I-32, 106, 146, 188 II-30, 48, 67, 69, 70, 74, 79, 82, 84, 85, 89~91, 93~97, 101, 102, 104~109, 115~117, 127, 132, 134~136, 158, 166 III-31, 162
 아브라함의 - II-48, 116, 117
 무성한 가지(이스라엘 국가) I-156, 169 II-48, 84, 116, 117, 135, 157 III-68
남은 자들(remnants) I-247, 277 III-245~248
남자와 여자의 창조 I-166
노인대학 I-180, 181
느부갓네살 왕 II-228

다
다른 세대 I-33 II-31 III-32, 241
다윗의 자손 예수 I-259, 245
단일민족 III-213

달레트 II-264
대물림 I-24~26, 31, 32, 58, 59, 73, 84, 92, 131, 184, 248 II-21, 29, 30, 47, 134, 200, 201, 260 III-25, 30, 31, 232, 234, 235, 240, 252, 253, 256, 266
대속 I-59 II-258
대안 I-15, 27, 35, 40, 41, 44, 48, 49, 62, 74, 246, 268~270, 279 II-15, 20, 22, 24, 33, 38, 39, 41, 130, 134, 210, 284, 286, 288, 295 III-15, 21, 34, 39, 40, 56, 202, 203, 214, 229, 240, 253, 261, 278, 284, 285, 289
도(justice) I-85, 131
도덕과 윤리 III-56
도덕법 II-197
돌판 II-154, 240 III-106
돕는 배필 I-164 III-117, 120, 256, 258
동방의 등불 III-184, 185
동성애(-자) I-88 III-98, 121~126
동양적인 사고방식 II-120
동포 1세 III-176, 227
동화(assimilation) I-172, 203 III-50, 180, 198, 210, 266
두루마리 성경 II-224, 274 III-77, 81, 87, 109, 136, 138, 141
들으라(Hear, 쉐마) I-121 II-203~206, 208~210, 212, 215, 222, 226, 259 III-25, 26, 43, 58, 181, 207,
등불 I-164 II-113 III-184, 185
디아스포라 I-25, 27 II-58, 99, 113, 297 III-21, 174, 190, 202, 209~212, 214~217, 220~222, 224~228, 277
땅(약속의 -, 안식의 -) (너무 많아 생략함)
 - 끝 선교(- 선교사) I-168 III-174, 196, 198, 200, 201, 224, 228
 -에 충만하라 III-111, 121, 265
 -을 유업 I-178 III-265
때(time) (너무 많아 생략함)
 집에 있을 - II-234
 누웠을 - I-121 II-212, 213, 215, 242, 243, 259, 260, 269, 271, 293 III-43, 161
 길을(에) 행할 - I-121 II-212, 213, 215, 234, 243, 259, 260, 293 III-43, 161
 일어날 - I-121 II-212, 213, 215, 242, 243, 259, 269, 271 III-43, 161
떡덩이와 가지 II-84

떡반죽 그릇 II-161, 162
떡을 떼며 II-51

라

라쉬(Rashi) I-81, 83, 137, 194, 196, 200, 201 II-227, 230, 231, 236, 240, 243, 269
람반(Ramban) I-101 II-238
랍비 솔로몬 II-76, 281
랍비신학교 III-186
랠프 원터의 4단계 전도 I-27 III-198, 199
로버츠(Evan Roberts) I-70, 71
로마 교회 I-45
로컬리즘 I-218~220
롯의 아내 I-80, 96
룻기 I-221 III-80, 81
리브가 I-52, 149, 151

마

마가의 다락방 III-88, 89
마음 (너무 많아 생략함)
 - 밭 III-251, 252
 -을 다하여 I-121, 274 II-212, 213, 215, 222, 226, 227, 229, 230, 259 III-43, 181
 -의 성전 III-90
 -의 할례 II-207, 208
 -판 II-248
마이크로이즘(Microism) I-189
마태복음의 족보 I-263
막벨라 밭 굴 I-115
만나 I-98, 99 II-197 III-242
만민(goy) I-80, 83, 91, 97, 109, 132, 136, 143, 145, 177, 281 II-63, 83, 116, 122~125, 167, 264 III-105, 186, 263
만방에 전파 I-138, 220 II-45, 50 III-256, 263
말씀 (너무 많아 생략함)
 - 맡은 자(-을 맡은 백성) I-33, 57, 69, 147, 281 II-21, 31, 101, 108, 109, 191, 192, 211, 220, 237, 244, 245, 296 III-32, 97, 98, 104, 106~111, 113, 117, 119, 124, 127, 137, 145, 146, 149, 150, 154, 155, 158, 161, 163, 169, 207, 228, 256, 257, 260, 261, 263~266, 269, 272, 273
 - 전수(-전수, -을 전수) (너무 많아 생략함)
 -을 담는 그릇 I-57, 239 II-87 III-114

-의 세대차이 II-50
-의 연속성 I-263
-의 제자 I-23, 38, 51, 68, 69, 126, 132, 142, 144, 145, 147, 149, 152, 158, 226, 228, 246, 263 II-24, 36, 46, 55, 117, 211, 236, 260 III-37, 134, 144, 155, 203, 207, 208, 211, 221, 225, 237, 244, 257, 258, 277
메시아닉 주(Messianic Jew) II-101, 128
메주사 II-250, 253, 256, 264, 266 III-42, 45, 47
맥크로이즘(Macroism) I-188, 189
명령(command, הוָצ, 짜바) (너무 많아 생략함)
모리아산 I-105
모세 (너무 많아 생략함)
 -오경 I-18, 54, 90, 99, 103, 129, 165, 169, 199 II-123, 141~143, 146, 158, 203, 212, 226, 242, 257, 265 III-67, 83, 101, 135, 141, 144
 -의 수건 II-101
 -의 율법 I-57, 116 II-165, 189, 279
모압 I-26, 80 II-144, 196
목회 I-22~24, 26, 28, 29, 32, 41, 52, 72, 117, 122, 126, 127, 146~149, 151, 153~155, 157, 216, 224, 225, 237, 242, 248, 250, 261, 268, 271, 272, 274, 276, 278, 279 II-22, 24, 26, 27, 30, 39, 42, 43, 46, 47, 55, 61, 134, 273, 284~286, 292, 294, 295, 298 III-28, 31, 40, 61, 62, 166, 278~280, 283, 284, 286, 288
 가정-(가정 -) I-26, 32, 147, 149, 154, 157, 216, 274 II-30, 47 III-31
 교회 - II-42
 구약시대 -의 중심 I-126
 평생 몇 명 - I-52, 117, 146, 148, 149, 153, 225
 한 명 -철학(한 명 가정-철학) I-147~149, 154
 -신학 I-52, 146, 149, 153 II-284, 294 III-278, 279, 284
무교병 II-257 III-71
무교절 II-165
문설주 I-121 II-212, 213, 215, 243, 250, 253, 259, 260, 264 III-43, 47, 55, 69, 70, 183
물으라 I-187, 195, 200, 201 III-247
물질주의(Materialism) III-251
미간(네 미간에 붙여 표를 삼고) I-121 II-212, 215, 243, 250, 251, 259
미국 선교사 I-71 II-107
미국 교회 I-48 III-253

민족 공동체 I-124 II-185
민족교회 I-74, 75 II-46, 49, 136, 119 III-216~228, 248
민족의식 II-57, 59
민족적 소속감(Belongness) II-62
믿음 I-18, 21, 38, 66~68, 97~99, 104, 105, 107, 108, 112~114, 124~128, 130, 134, 135, 142, 146~149, 152~154, 159, 160, 163, 164, 166, 172, 176, 179, 222, 242, 251, 255, 261, 263, 275, 278 II-21, 36, 46, 79, 80, 93, 96, 97, 117~119, 136, 156, 163, 179, 181, 194, 201, 204, 235, 280, 297 III-37, 56, 78, 106, 152, 154, 183, 189, 193, 240, 246, 248, 264, 265, 267
 -의 가문 I-149 II-136
 -의 선진들(-의 선조, -의 용장) I-66, 67 II-96, 97, 117~119, 194 III-248
 -의 조상 I-21, 98, 99, 107, 124, 142, 147, 149, 153, 154, 159, 160, 163, 166, 222 II-46, 79
 죽은 - I-163

바

바님 III-118
바닷가의 모래 I-132, 160 II-83
바로(-의 완헌, -의 속박) I-101 III-70, 72
바룩 II-205
바르게 함 III-63
바른 교육 I-203, 204
바른 행동(바른 행위) I-36 II-34, 197, 199, 200 III-35, 162
바리새인 II-232, 233 III-51, 52
바 미찌바(Bar Mirzvah) I-33 II-31 III-32, 129~133, 150, 257
바빌로니아 I-99, 167, 170, 189 III-193, 244, 266
바울의 세계선교 I-246 II-60
바울의 열정(바울처럼) I-172, 241~244, 261 II-61, 126, 127 III-276, 277
발달 과정 III-159
발달심리학 II-159
밤에서 아침 II-269
방법론적 접근 I-94
배움 I-185 II-249 III-65, 152, 160, 161
120문도 II-131
번성 I-109, 132, 154, 156, 157, 176~178, 242,

281 II-131, 136, 137, 164, 166, 168, 196, 200 III-98, 104, 111~114, 117, 119, 121, 189, 247, 265
자녀의 - III-114, 117, 265
말씀 맡은 자의 - III-117, 265
번제 I-97, 104~106, 108, 143, 163 II-156, 184
번창(말씀의 번창) I-200 III-114, 119
법률과 계명 II-165
법의 민족 I-90
베드로(-의 설교) I-237 II-91, 104, 105, 108, 112, 126, 148 III-272
벧엘 I-156, 177, 178
벳 미쯔바(Bat Mirzvah) III-132
보님 III-118
보편적 윤리 I-87
복 I-24 II-159~161, 164, 166, 170, 173, 177, 179, 182~184, 187, 191, 192, 194, 203 III-120, 169, 263, 264, 266, 268, 274
 -과 생명 II-160, 164, 173, 177, 179, 191, 192, 194, 203 III-266, 274
 -과 저주 II-159, 160, 170, 182~184, 187, 191, 192 III-262
 -의 4단계 III-273
 -의 근원 I-132, 218 II-41, 42, 83 III-263, 267, 280
 -의 조건 III-265
복음 (너무 많아 생략함)
 - 전달 방법 II-115
 -성가 I-241, 244
 -으로 접붙임 II-127, 131
 -을 전파(-전파) I-59, 152, 153, 220, 233, 248, 252, 261, 264 II-45, 46, 62 III-177, 190, 211, 212, 221, 226, 253, 268
 -의 빚진 자들 II-74
 -적 토양 I-37 II-35 III-36, 164, 251
 -주의자 I-47, 48 III-277
본성 I-87
본질과 원리 I-38, 162, 174, 181 II-36 III-37
영원한 본향의 표상 III-105
부모 (너무 많아 생략함)
 -가 자녀를 말씀의 제자 삼는 교육 I-68, 185
 -공경(네 부모를 공경하라) II-45, 46
 -교육 I-182, 184 II-55 III-290
 -는 교사 혹은 목회자 I-122
 -에게 순종 I-110, 111, 131 III-160

-에게 질문 I-196, 198, 208, 210, 211 III-161
-의 4가지 유형 I-204
-의 권위 III-161
-의 임무 II-220, 221
-의 잘못된 교육관 I-203
부활 I-41, 50, 59, 62, 67, 159, 237 II-39, 53, 102, 114, 115 III-40, 86, 154, 204
부흥 운동 I-70, 71
북왕국 II-147, 168 III-244
불순종 I-124, 163, 222, 251 II-72, 75, 84, 145, 172, 177 III-160,
빚진 자 II-74 III-248, 254
빛 I-55, 134, 135, 221, 282 II-78, 174, 189, 190, 269, 277 III-25, 81, 184, 185, 194, 277, 278, 279, 280
 이방의 - I-135, 221 II-189, 190
 복음의 - II-190 III-185
뿌리 때문에 가지가 살아남는다 II-82
뿌리의 진액(뿌리 안의 진액은) II-74, 77, 79, 82, 86~90, 93, 94, 102, 104, 117, 127, 131, 132, 134~137
뿌리인 유대인이 거룩한 이유 II-86

사

사도 I-60, 63, 229, 282 II-76, 90, 91, 102, 104, 112, 114, 131, 132, 163 III-151, 183, 197
사라 I-32, 52, 79, 95, 96, 99, 101, 106, 122, 124, 125, 146~148, 151, 155, 224 II-30, 47, 60, 61, 84, 124 III-31, 117
사랑과 경외 II-251, 256
사마리아와 땅 끝 III-88, 197
사명감(사명의식) I-84, 167, 168, 173, 195, 196 III-282
사명자 I-143
사사시대 III-241, 243, 249, 251, 252
4차원 영재교육 I-162, 192 II-226, 236 III-134, 162, 239
사탄 II-124 III-183
사회 공동체 II-220 III-123
사회 규범 II-197
삭개오의 구원 I-228
산상수훈 III-267
산헤드린 회원 II-233
살렘왕(평화의 왕) III-183
샬롬(평화) I-279 III-183

삶의 규범 III-78
삶의 철학 I-27, 43, 173 II-217, 269 III-54, 262
3대 가정교육신학 I-77, 161, 162, 174, 175, 215, 216 II-199
　-의 모델(모형) I-162, 215, 216
　-의 효시 I-77, 161, 162
　-의 원리 I-183
3대 공동체 I-172 II-53
3대 신앙교육(-의 열매) I-175, 176, 179, 181
3대 족장 I-52, 153, 162, 164, 170, 174~176, 178, 179, 181, 215, 216
　-의 가정교육 I-162
　-의 역할 I-164
상속받은 자녀 III-107
상속자 II-79 III-101, 102
생명과 사망 II-160, 184, 187, 192 III-262
생육하고 번성 III-111, 121, 265
생일 II-57 III-82, 94, 135, 157
　세속적 - III-157
　히브리적 - III-157
샤밧 II-267
선과 악(선과 죄) I-86, 88
선교(세계선교) (너무 많아 생략함)
선물 I-197 II-147, 148, 193 III-100, 101, 104, 288
선민교육 I-30, 31, 38, 39, 43, 48, 65~69, 73, 74, 118, 120, 178, 226~229, 233, 239, 246, 273 II-21, 28, 29, 36, 37, 44, 46, 47, 68, 69, 96, 106, 112 III-29, 30, 37, 38, 68, 82, 173, 203, 204, 207, 219, 248, 254, 259, 262, 272, 277
　-의 내용과 방법 I-48, 74 III-204
　-의 우수성 II-68
　두 가지 - I-43, 65
선민의 뿌리 II-137
선민의 언약 III-153
선민의 조상 I-32, 69, 108, 150, 162, 165, 215, 216, 218, 219 II-30, 41~43, 83, 211 III-31, 68, 85, 111, 233, 255, 263
선택된 민족(선택한 백성) I-99 III-184, 186
선한 유대인의 행위 II-91
선행 대조 I-78, 79
성결 I-15, 281 II-15, 147, 148, 196, 277, 278, 280 III-15, 17, 24, 46, 132, 219

성경적 교육 I-19, 27, 38, 65, 281 II-22, 36 III-23, 37, 220
성경적 교육 원리 III-220
성경적 자녀교육법 II-47
성공한 비밀 I-48, 74
성공한 역사 I-211
성년식(בר מצוה, Bar Mitzvah) I-33 II-21, 31, 252, 253, 260, 267, 268, 275 III-32, 97, 106, 127~129, 131~135, 138~140, 145~151, 154, 155, 157, 158, 165, 167, 169, 257, 265
성년식의 목적 III-157, 158
성도는 신부 III-79
성령 (너무 많아 생략함)
　- 강림(성령님의 임재) I-44, 60, 122, 125, 126 III-67, 85, 86, 88, 177, 216
　-님께서 지나간 흔적 II-134
　-받은 절기 II-141 III-66
　-의 능력 II-92, 93, 101, 109, 234, 247 III-94, 275, 276
　-의 열매 II-92, 93
　-의 촛대 I-44 III-177, 178, 196, 216, 224
성막 I-122, 124, 125, 156, 175 II-294 III-81, 85~88
성숙 I-38, 66~68, 256, 278 II-22, 36, 93, 94, 179, 271, 282 III-37, 56, 130, 131, 133, 152, 154, 155, 158, 163, 225
　-한 기독교인 II-282
　내면적 -(내적 -, 내적 성결, 내적 순결) I-66 II-147, 148, 172 III-154, 155, 225
　외면적 -(외적 -) I-67 III-154, 155
성적 및 육적 만행 I-80
성전(성막) I-16, 105, 121~127, 129, 156, 175, 215, 244, 246, 253~257, 259, 261, 278 II-16, 24, 42, 43, 46, 60, 96, 134, 172, 223, 255, 292, 293, 298 III-16, 18, 55, 81, 85~91, 204, 258, 285
　가정 - I-16, 121~125, 244, 253~257, 259, 261 II-16, 60
　최초의 - I-122, 124
　예루살렘 - I-16, 105, 122, 124~127, 215, 244, 246 II-16, 96, 172, 255, 292 III-16, 90, 91
성전 제사 III-86
성지순례 I-45
성품(-을 다하고) I-37, 121, 274 II-35, 91, 212~215, 226, 227, 229, 230, 259 III-36,

찾아보기 315

43, 163
성화 I-37~39, 227, 278 II-35~37, 44, 90, 92~94, 96, 97, 115, 155, 179, 292 III-36~38, 56, 154, 182, 248, 254
  -의 과정 I-39 II-37, 44, 92~94, 96, 97, 179 III-38, 154
  -의 도구 II-155
세겜(- 땅) I-26, 113, 114 II-183 III-128
세계 부흥 운동 I-71
세계 I-18, 33, 36, 47, 84, 128, 131, 138~141, 161, 164, 166, 173, 178~182, 187, 188, 189, 191, 193~195, 198, 202, 203, 205~211, 216, 235, 246, 260, 263, 272, 274, 279, 281, 282 II-22, 24, 26, 31, 34, 50~54, 56~59, 64, 134, 136, 144, 185~187, 193, 199, 206, 216, 265, 269 III-32, 35, 112, 113, 140, 198, 205, 222, 228, 236, 240~243, 249, 258~260, 266, 280, 286, 291
  - 통합 II-54, 58
  -차이(영원한 -차이) I-47, 131, 164, 173, 179, 181, 202~208, 210, 211, 216, 235, 281 II-50~54, 56~58, 186, 193, 199, 206, 216, 269 III-112, 113, 198, 205, 236, 241, 259, 280, 286
  다른 - I-33 II-31 III-32, 241
  다음 - I-33, 84, 173, 202~208, 246 II-31 III-32, 241, 242, 249, 258~260
세례 I-65, 67, 127, 128, 226, 228 II-43, 46, 107, 148, 208, 275 III-153, 154
세상의 빛 I-136
세상의 신적 행동의 배역(a role in the Divine conduct of the world) I-142, 145
세상의 화목 II-72
세속문화 I-69 II-62, 197 III-155
소금 기둥 I-80, 95, 96
소돔 I-50, 78~83, 85, 86, 88, 91~96, 98~100, 102, 119, 132, 173 II-43, 174 III-122
소돔과 고모라 I-50, 78~81, 83, 85, 86, 88, 91~96, 98~100, 119, 132, 173 II-43 III-122
소수민족 II-124 III-59
소아시아 교회 I-45 II-135
소유권 III-100
손목(-에 매어 기호를 삼으라) I-121 II-212, 213, 215, 243, 250, 251, 259, 260~265, 274, 276 III-43, 53, 146
손양원 II-228

손자 I-70, 72, 161, 162, 167, 168, 172, 174~176, 180~182, 184, 187, 216, 224, 231, 263 II-52, 83, 185, 196, 199 III-114, 137, 139
  -교육(-의 모델) I-168, 174, 175
  - 선교사 I-167, 168, 172, 175
솔로몬 성전(솔로몬의 예루살렘 성전) I-105, 124 III-90
솨부트(오순절) III-76
쇠난탐 II-240
쇠사슬의 고리 I-141 III-236
수가성 II-112
수직문화 I-36, 174, 181, 193, 203, 206, 207, 278 II-34, 286, 288, 295 III-35, 218, 251, 252, 287, 289
수직적 가족의 개념 I-259
수직적 가족의 공동체 I-181
수직적 선민교육 I-31, 65, 68, 69, 118, 120, 226, 228 II-21, 29, 46 III-30, 259
수직전도 I-152, 158, 217, 219, 231~233, 235, 243, 246, 273 III-169, 208
수평문화 I-36, 41, 174, 181, 203, 206, 207, 235, 278 II-34, 39, 286, 288 III-35, 40, 167, 170, 200, 218, 242, 243, 250~252, 287
수평적 목회 I-248
수평적 선민교육 I-65~67, 226, 228
수평적 제자교육 I-66
수평전도 I-66, 69, 152, 217, 231,~233, 235, 238, 240, 242, 246 II-24 III-169, 208
순결 I-281 II-172, 207, 248 III-182, 183
순교 I-105, 180, 220, 240, 246 II-55, 118, 194, 228, 229, 230
순종 I-78, 97, 104~112, 116, 118, 124, 130, 131, 163, 164, 182, 184, 222, 251, 281 II-18, 47, 72, 156, 159, 160, 162, 184, 199, 202~204, 208, 209, 211, 230, 263, 287 III-57, 135, 160, 207, 208, 246, 274, 276,
  -교육 I-105, 130
  -의 제물 I-108
  -의 조상 I-104, 107, 164
술 단 저고리 II-251, 254~256 III-42, 45, 49, 50
쉐다이 II-262, 263
쉐마(שְׁמַע, Shema) (너무 많아 생략함)
  -교육 (너무 많아 생략함)
  -교육부흥회 II-246

-교육선교 전략 I-27, 33, 265 II-31 III-32, 97, 172, 202, 203, 208, 209, 212, 213, 216, 217, 220, 222, 223, 225, 228, 229, 254
-목회자클리닉(-지도자클리닉) I-16, 267~269, 271, 272, 277, 283 II-16, 64, 209, 262, 263, 274, 284, 285, 290, 294~296 III-16, 71, 87, 91, 109, 278, 280, 281, 283, 289
- 언약의 표식들 II-250, 256
-의 내용 II-141, 195, 211 III-41, 42
-의 실천 III-235, 237
-의 역사적 배경 II-143, 145
쉘 로스 II-262
쉘 야드 II-261
쉰 II-262, 264
스데반(-의 설교) II-104
시각의 종교 II-210, 211
시각적 II-255 III-45
시간적 I-219
시내광야(시내산 광야) I-156 II-144, 147
시내산 I-26, 32, 54, 57, 85, 92, 98, 99, 116, 130, 281 II-30, 86, 142~149, 151, 155, 157, 159, 164, 171, 173, 176, 177, 182, 193, 195, 196, 202, 203, 211, 214, 224, 231, 232 III-31, 41, 57, 77, 78, 82, 85, 88, 89, 104, 106, 107, 138, 144, 152, 154, 179, 232, 233, 243, 249, 255, 256
- 강림 II-149
- 언약(-에서 유대 민족과 맺은 언약) I-57, 92, 98, 281 II-142, 146, 157, 159, 164, 171, 173, 177, 182, 193, 195, 196, 202, 203, 214, 224 III-41, 57, 77, 243, 249, 255, 256
- 언약을 지키는 방법 I-98
- 언약의 원리 II-177 III-57
-에서 율법(오순절에 -에서 십계명) I-57, 98, 99 II-143, 177, 231 III-85, 152, 154
시청각 교육 I-94 II-250, 263
시청각 성경교재 II-211
신령과 진정 III-90, 91, 93
신론 I-281 II-111 III-112
신본주의 I-274 II-79, 95, 118, 123, 146, 202, 269 III-23, 54, 134, 163, 173, 188, 210, 236, 250
신본주의적 교육 철학 II-202
신분(-의 변화) I-136, 137 II-77~79, 89, 90 III-129, 130, 187

신비주의자 III-93
신앙 I-22, 24, 64, 71, 98, 109~111, 148, 164, 169, 175, 176, 179~184, 231, 235, 262, 269, 273, 274, 277, 278, 280, 281, 283 II-20, 22, 48, 50, 51, 53~56, 58, 64, 67, 75, 111, 118, 119, 130, 163, 179, 184, 187, 194, 199~201, 228, 270, 286, 290, 295 III-23~25, 27, 55, 79, 82, 107, 108, 140, 189, 195, 196, 209~212, 214, 215, 217, 221, 222, 225~228, 241, 242, 249, 253, 277, 281~283, 285, 286
-의 대물림 II-184 III-25
-의 세대차이 II-50
-의 연속성 II-262 II-51
-의 열매 II-200
-의 열조 III-108
-의 유산 III-195, 228, 253, 277
-적 뿌리 I-169
신약교회 I-30, 44, 47, 68, 71, 73, 121, 123, 125, 153, 241~244, 247~249, 252~257, 259, 261 II-24, 28, 53, 65, 131, 192 III-29, 67, 84, 86, 88~90, 93, 95, 128, 177, 178, 216, 253, 289, 290
-의 모델 I-125
-의 목적 I-247
신약시대 (너무 많아 생략함)
- 교육의 장 I-126
-의 교회 I-44, 49, 53, 230, 243 II-41, 43, 48, 74 III-84, 88, 91, 196, 261
신약의 중심 주제 I-247 II-69 III-204
신약의 지상명령의 목적 I-138, 220
신의 성품 I-37 II-35, 91 III-36
신적 반응 I-80
신정정치 II-146
실천신학 III-17, 21~23, 26, 275, 279,
심판(심판의 채무) I-79, 91, 93, 95, 222 II-145, 161, 168, 170, 172, 173, 181, 189 III-136, 139, 148, 243, 244
십계명 I-89, 98, 99 II-95, 146, 150, 151, 154, 214, 238, 239 III-67, 76, 77, 79, 106, 115, 116
13세 I-33, 175 II-31, 253, 260, 267 III-32, 45, 46, 127, 129~135, 145, 149, 155, 157~164, 166~169, 265
십일조 I-146
십자가 I-59, 67, 107, 159, 237, 238, 259 II-76,

112, 114, 115, 225 Ⅲ-70, 72, 88, 204
씨앗의 100배 Ⅰ-110

아

아담 Ⅰ-44, 54, 86, 89, 119, 122, 124~126, 150,
 158, 250 Ⅱ-41, 97, 120, 151, 190 Ⅲ-232,
 263
 첫 - Ⅰ-44
 둘째 - Ⅰ-44, 150
 -과 이브(-과 하와) Ⅰ-89, 89, 119, 122, 124~126,
  158 Ⅱ-41 Ⅲ-263
아들의 신분 Ⅱ-78
아라우나의 타작마당 Ⅰ-105
아람의 아버지 Ⅰ-137
아랍인들의 조상 Ⅱ-83
야마카(키파) Ⅱ-273
아말렉 사건 Ⅱ-204
아바 Ⅰ-137, 196 Ⅱ-177, 178, 270 Ⅲ-181
 - 신학 Ⅰ-137
 - 아버지 Ⅱ-177, 178, 270
아버지 교육신학의 효시 Ⅰ-163, 167
아버지 신학 Ⅰ-162, 273 Ⅲ-256
아버지의 역할 Ⅰ-242 Ⅱ-297
아버지의 4차원 영재교육 Ⅰ-192 Ⅱ-226, 236
  Ⅲ-134, 162, 239
아버지의 교육신학 Ⅰ-163, 215, 216
아버지의 유업 Ⅱ-79
아버지의 전통 Ⅰ-164
아브라함 (너무 많아 생략함)
 -에게 주신 지상명령(-이 받은 지상명령)
  Ⅰ-32, 69, 77~79, 92, 117, 118 Ⅱ-30, 118 Ⅲ-
  31, 256
 -에게 주신 10가지 시험 Ⅰ-101
 -을 택하신 이유 Ⅰ-142, 144, 145, 158
 -의 교육 Ⅰ-104, 105, 108
 -의 신앙생활이 주는 교훈 Ⅰ-148
 -의 씨 Ⅰ-132, 170
 -의 아들 Ⅰ-104, 169~171, 224 Ⅱ-83
 -의 언약 Ⅰ-80, 82, 97, 149 Ⅱ-21
 -의 족보 Ⅰ-134, 159 Ⅱ-44, 83
 -의 집 Ⅰ-82
 -의 품 Ⅰ-159, 160
 하나님이 -을 사랑하시는 이유 Ⅰ-128
 -처럼 바울처럼 Ⅰ-243, 244
 그의 영적 위치와 역할 Ⅰ-160

아브람 Ⅰ-114, 122, 137, 138, 218
아비의 마음 Ⅰ-262~264 Ⅱ-51, 52
아스키나짐 Ⅱ-267
아시아(아시아 교회) Ⅰ-25, 44, 45 Ⅱ-20, 135 Ⅲ-
 177, 185, 196, 214, 216, 279
아침과 밤(아침에서 밤) Ⅱ-269
아펜젤러(Henry Appenzeller) Ⅰ-45 Ⅲ-175
악을 행함(악한 행위) Ⅱ-91, 180
안디옥 교회 Ⅰ-45
안식 Ⅰ-114, 123, 124, 127 Ⅱ-50, 51, 53~55,
 165, 194, 218, 267, 292, 297 Ⅲ-103~105,
 108, 135, 141, 282, 288
 -의 땅 Ⅰ-114 Ⅲ-104, 105, 108
안식일 Ⅰ-123, 124, 127 Ⅱ-50, 51, 53~55, 165,
 194, 218, 267, 292, 297 Ⅲ-103, 135, 141,
 282, 288
 - 강단 Ⅱ-51
 - 식탁 Ⅱ-50
 - 절기 Ⅰ-123, 124
알다(to know) Ⅰ-142
암흑시대 Ⅰ-56
아시리아 Ⅱ-170 Ⅲ-179, 189, 193, 244, 266
애굽 Ⅰ-98, 101, 104, 108, 109, 112~116, 156,
 166, 177, 211 Ⅱ-143~146, 150, 163, 167, 175,
 202, 204, 214, 257, 258 Ⅲ-68, 69, 70, 72,
 77, 79, 94, 136, 144, 179, 183, 185, 189, 193,
 194, 233, 240, 242
 -에서 탈출(-을 탈출, 출-) Ⅰ-33, 98, 104, 112,
  113~116, 122, 124, 125, 156, 175, 192, 199,
  211 Ⅱ-21, 31, 43, 47, 48, 84, 118, 143~145,
  147~149, 153, 155, 173, 211, 257, 258 Ⅲ-32,
  69, 128, 141, 143, 183, 233, 240
 -은 세상 Ⅰ-109
야곱 Ⅰ-21, 52, 54, 109, 112~115, 130, 131, 135,
 149, 153~157, 162, 164~167, 169~181, 215,
 216, 224, 245, 275 Ⅱ-24, 43, 51, 76, 83, 84,
 86, 94, 96, 117, 128, 132, 135, 146, 160, 190,
 199, 207, 237~239, 289, 296 Ⅲ-85, 101,
 102, 111, 115, 117, 256, 257, 259
 -의 12아들 Ⅰ-154, 156, 171
 -의 식구 70인 Ⅰ-166
 -의 집 Ⅰ-154, 169 Ⅱ-237, 238, 290
약속 Ⅰ-51, 114, 117~119, 132, 134, 137~140,
 150, 156, 159, 160, 163, 170, 173, 176, 177,
 179, 220, 222~225, 228, 281, 283 Ⅱ-43, 86,

90, 143, 146, 163, 165, 167, 178, 196, 200, 239, 250, 260, 270 III-68, 88, 101, 102, 104, 108, 137, 144, 249, 263, 265, 267, 269
 -의 기업 I-114 II-239 III-68, 101, 108
 -의 땅 I-114 II-196 III-101, 102, 137, 265
 -의 자녀(-의 자손) I-156, 170
양식 I-56, 61, 227 II-104, 130~133, 175, 245, 267 III-92, 119, 139, 154, 271, 273
 육의 - II-245
 영적 - I-227 II-130, 131, 245
양의 피 III-69, 71
양자의 영 II-177, 270
양피지 I-116 II-252, 261~263, 274, 291, 292
어른세대 I-210, 211
어린양(하나님의 어린양, 잃어버린 양) III-70~72, 86, 88, 94
어머니 신학 I-39, 273, 275 II-37, 136, 287 III-38, 219, 256
언더우드(Horace Underwood) I-45 III-175
언약 (너무 많아 생략함)
 신적 - II-159
 -체결(-을 체결) I-114, 130 II-147, 154, 155, 157, 159 III-77
 -의 아들(언약의 자식) I-153, 155
에덴동산 I-122, 124, 125 III-232
에릭슨(Erikson) III-159, 166
에발 산 II-182~184, 187
에브라임 I-182
에스라 I-38, 66, 67, 278 II-36, 96 III-37, 138, 252
에하드 II-223, 224, 226
여호수아 I-113, 114, 157, 169 II-114, 169, 182, 184, 185, 204 III-235, 240
여호와를 경외(여호와 하나님을 경외) II-50, 199, 201 III-83, 249
여호와의 도 I-81, 84, 85~88, 92, 94, 96, 99, 100, 131 III-232, 241, 244
여호와의 언약 II-158, 164, 264
여호와의 총회(여호와의 회의) I-83 III-137, 140
역대의 연대 I-187~189, 191, 194, 195
역사(실패의 -) (너무 많아 생략함)
 -와 연속성 I-203~205, 207, 208, 210
 -의식 I-173, 193, 202~209
연속성(continuity) I-203~205, 207, 208, 210, 262, 263 II-51, 273 III-273, 274

열국의 아버지(열국의 아비) I-133, 137, 138, 159 II-44
12지파 I-21, 54, 156, 157, 169 II-146 III-85, 256
열매로 평가 I-146
영국교회 I-72
영상문화 I-174
영생 III-92, 153
영성 개발(영성 훈련) I-66, 228, 230
영성개발교육(Spiritual Development) I-67
영의 양식(영적 양식) I-56, 227 II-104, 130~133, 245 III-92, 139, 154, 273
영적 사망 II-168
영적 생명 II-165
영적 성숙(영적으로 성숙) I-38, 66~68, 256 II-36, 93, 94 III-37, 152
영적 아버지(영적으로 낳은 부모) I-232, 233, 235, 255
영적 유대인(영적 이스라엘) I-38, 61, 74, 134, 144, 246 II-36, 60, 69, 90, 93, 132, 155, 159, 177 III-70, 72, 94, 107~109, 113, 118, 137, 183, 204, 208, 259
영적 자녀 I-232 III-120
영혼과 육 II-246
영혼의 빛 I-56
영혼의 양식 I-61
영화(-롭게, -롭고) I-88, 147 II-162 III-114
예다이티브 I-142
예레미야 I-66, 67 II-96, 171~175, 205 III-102
예루살렘 I-16, 44, 45, 105, 122, 124~127, 185, 186, 215, 244, 246, 273 II-16, 46, 96, 131, 135, 166, 167, 172, 255, 276, 292 III-16, 88~91, 138, 165, 177, 196, 197, 199, 216, 217, 266, 282, 288
 - 성전(-교회) I-16, 45, 105, 122, 124~127, 215, 244, 246 II-16, 96, 135, 172, 255, 292 III-16, 90, 91, 177
 - 전도 III-197, 199
예배(제사) I-72, 123~127, 129, 164, 213, 275, 279 II-51~54, 56~58, 86, 89, 96, 172, 186, 187, 267, 272, 279, 284, 295, 297, 298 III-67, 68, 84~87, 89~91, 93, 95, 103, 278, 286

절기 - II-267
－론 III-68, 84, 89, 95
예수님 (너무 많아 생략함)
　－의 재림(오실 －) I-34, 43, 54, 58, 60, 73, 92, 160, 230, 246, 264, 265, 274, 275 II-21, 32, 42, 45, 46, 49 III-22, 23, 33, 256, 263, 274
　－의 족보 I-196
　－처럼 바울처럼 I-242, 244
예식(예식적) II-22, 257, 258, 273 III-71, 77, 79, 81, 85, 130, 131, 133, 135, 270, 283
예언 I-59, 119, 133, 135, 159, 223, 273 II-172 III-246
예절교육 III-155
예표 I-157 II-148 III-70
옛 사람 I-157 II-148 III-70
5감의 문화 III-166
오네시모 I-255
오늘과 내일 II-148
오림 III-156
오넬 I-76, 80
오벳 III-81
오순절(שָׁבוּעוֹת, Shavouth) I-44, 60, 98, 99, 125, 126, 258, 260 II-131, 141, 145, 147, 148, 154 III-26, 66~68, 76, 77~82, 84~89, 93~95, 177, 216, 268, 269
　－ 성령강림(- 다락방) I-44 II-131 III-26, 177, 216
　－에 시내산에서 십계명 I-98, 99
옳고(charity, 옳은 일) I-118, 131
왕 같은 제사장 I-274 II-78, 80
외식적인 생활 III-52
요나의 니느웨 전도 I-154, 250
요드 II-264
요셉 I-66, 67, 104, 109, 112~116, 166, 178, 181, 182, 227, 264 II-96, 132, 184 III-102, 186
　－의 뼈(-의 해골) I-104, 112~114
요엘 선지자 I-183
우슬초 III-69
원주민 선교사 II-62
월삭 II-165
월키(Waltke) I-84
웨스터만(Westermann) I-83, 85
웨일즈 부흥과 쇠망 I-70
웬햄(Wenham) I-83

유니버설리즘(Universalism) I-218~220
유대 국가 II-198, 200 III-81, 118, 235
유대 민족(유대민족) I-32, 58, 69, 98, 99, 102, 113, 116, 121, 143, 169, 185, 209, 211, 219 II-30, 43, 47, 84~86, 98, 99, 124, 136, 141, 143, 145, 146, 157, 164, 193, 195, 211, 219, 238, 239, 241, 249 III-31, 41, 82, 89, 94, 104, 115, 208, 210, 233, 235, 236, 238, 245, 256, 262
유대계 기독교인 II-67, 100, 102, 104~108
유대교의 시작(유대교의 시조, 유대인의 조상) I-246 II-60
유대문화 II-98
유대의 전통 III-73
유대인 (너무 많아 생략함)
　－ 공동체 I-15, 19, 30, 196, 199, 211, 280 II-28, 65, 74, 186, 189, 224 III-21, 29, 288, 289
　－ 교회(Messianic congregation) II-78, 129
　－의 가정 I-26, 27, 32, 39, 154, 155, 273, 283 II-30, 37, 47, 60, 238, 292 III-31, 38, 219, 280
　－의 가정목회 I-154, 155 II-30, 47 III-31
　－의 삶의 철학(-의 생활 방식) I-43 II-269
　－의 생존 비밀 II-51 III-44
　－의 선민교육 I-30, 38, 39, 48, 227, 229, 273 II-28, 36, 37, 68, 96 III-29, 37, 38, 173, 204, 219
　－의 쉐마 I-39, 40, 43, 48, 57, 74, 98, 227, 276 II-37, 38, 44, 65, 96, 118, 135, 145, 161, 163, 177, 179, 194, 204, 214, 217, 222, 286 III-38, 39, 45, 51, 52, 57, 253, 259, 261, 286
　－의 예시바 I-185
　－의 유산(-유업) I-84 II-90
　－의 자녀교육 II-67~69, 136, 200 III-55, 128, 173, 204
　－의 전통 I-164, 175, 212, 270 II-242 III-73, 75, 81
유대전도 III-200
유대주의 I-174 II-122, 133, 231, 238 III-78, 145
유럽교회 I-72
유산 I-84 II-93, 97, 200, 216, 239, 289, 290 III-99~102, 107, 108, 110, 112, 114, 115, 195, 228, 253, 275, 277

320 찾아보기

유언 I-113, 115, 116 II-144, 203, 211, 215, 226, 269 III-115, 227
유업을 이을 자 I-159 II-77, 78, 79, 178
유업인 가나안 I-176
유월절(пОВ, Passover) I-98, 167, 183, 192, 245 II-51, 143 III-26, 67~73, 76~80, 82, 86, 94, 128, 268, 269
　- 어린양 III-70, 71, 72, 86, 94
유전적인 거룩 II-85
유황과 불 I-96
613개 율법(613개의 율법) I-88, 115 II-212, 254, 256, 266 III-49, 59, 85, 109, 181
육신의 아버지 I-232, 235
육신의 자녀 I-170
육신의 할례 II-207, 208 III-107
율례와 법도 I-165 II-93, 96, 161, 162, 167, 179, 180, 199, 250, 275 III-145, 149, 157, 236, 242, 244, 252
율법 (너무 많아 생략함)
　- 받은 날 III-76, 78, 80, 82, 86, 88
　구약의 - I-67, 264
　- 교육 II-68, 194
　- 맡은 자 I-33 II-31, 190, 192, 211
　-주의자 II-232
　-책 II-184, 264
음부 I-160
의(righteousness or charity) I-85~87
의식의 행위 III-46, 53
의와 공도 I-81, 84, 85, 87, 91~93, 95, 96, 222
의인 I-78~80, 86, 88, 89, 91, 93, 95, 99, 134, 150, 258 II-46, 180, 181, 233 III-82
　-의 기준 I-88
　-의 표상 I-79, 91
이반 로버츠(Evan Roberts) I-70, 71
이방 구원(-의 구원, -인의 구원) I-138, 157, 239 II-70, 71, 93, 94, 189
이방 기독교인(이방인 기독교인) I-32, 60, 134 II-30, 67, 70, 74~79, 82~84, 88, 90, 91, 93~95, 100~104, 106, 115, 130~134, 136 III-31, 257
이방 문화 I-172 III-242
이방 교회(이방인 교회) II-134
이방을 비추는 빛(이방의 빛) I-134~136, 221 II-189, 190
이사야 I-135, 183, 273, 282 II-235, 285 III-255, 272

이삭 I-21, 32, 52, 54, 97, 99, 101, 102, 104~112, 114, 115, 119, 130, 131, 143, 146, 147, 149~151, 153~157, 162~166, 169~179, 181, 215, 216, 224, 245, 275 II-24, 30, 43, 47, 51, 83, 84, 86, 94, 96, 117, 132, 135, 146, 160, 199, 207, 238, 239, 297 III-31, 85, 101, 102, 111, 256, 259
이삭의 순종 I-104, 105, 108, 130, 164
이새 III-81
2세교육 I-168 III-91, 155, 172, 174~178, 196, 200, 201, 224, 228, 229
이스라엘 국가 I-156, 169 II-48, 84, 116, 117, 135, 157 III-68
이스라엘아 들으라 I-121 II-203, 209, 212, 215, 222, 226, 259 III-26, 43, 58, 181, 207
이스라엘의 12지파 II-146
이스라엘의 아들 I-169~171 II-238
이스마엘 I-101, 155, 170 II-83, 84
이웃전도 I-23, 71, 126, 242 II-134 III-208, 228
이적과 표적 I-96, 98 III-241, 242, 244
이중문화 III-213, 214, 222
이집트(-의 노예) I-192 II-99, 167 III-73, 74, 143
인간론 II-112
인간의 타락 I-166
인류 구속의 역사 I-61, 63, 262 III-121, 124
인류 구원 I-31, 43, 49, 50, 53, 54, 56, 58, 59, 62, 95, 100, 119, 134, 138, 160, 220, 222, 225, 237, 262, 264 II-24, 29, 86, 151 III-22, 232, 264, 273, 274
인류의 조상(- 아담) I-158 II-71 III-232
인본주의 I-234 III-54, 250~252
인생의 의미 III-252
인생의 재미 III-252
인성교육 I-24, 35, 36~41, 174, 175, 181, 190, 201, 268, 269, 274, 278, 280 II-33~39, 50, 61, 210, 286, 288, 294, 295 III-24, 25, 34~40, 42, 44, 59, 157, 160, 164, 173, 175, 231, 249~253, 287, 290
일곱 가지 규범(일곱 개의 율법) I-88~90
일곱 교회 I-45 III-217, 277

자

자녀 (너무 많아 생략함)
　－교육(－ 양육)　Ⅰ-16, 19, 21, 22, 27, 29~31, 33, 35, 38, 40, 41, 57, 61, 105, 106, 110, 121, 122, 124, 125, 131, 143, 149, 167, 168, 175, 197, 202, 233~236, 239, 241, 246, 247, 261, 266, 281　Ⅱ-16, 27~31, 33, 36, 38, 39, 46, 47, 55, 61~63, 67~69, 75, 134, 136, 183, 200, 202, 216, 220, 241, 250, 263, 286　Ⅲ-16, 22, 28~32, 34, 37, 39, 40, 44, 55, 59, 108, 128, 144, 155, 159, 160, 167~170, 173, 203, 204, 207, 226, 228, 258~260, 262, 273, 278, 284, 286
　－신학　Ⅰ-39, 239, 273　Ⅱ-21, 37, 136, 285, 287　Ⅲ-38, 97, 219, 265
　－의 복음화　Ⅲ-197
　－의 유형　Ⅰ-16, 161, 202, 208, 209　Ⅱ-16　Ⅲ-16
자손(자식) (너무 많아 생략함)
자식은 여호와의 주신 기업　Ⅱ-31　Ⅲ-97, 100, 102
장막　Ⅰ-172, 174, 176, 179　Ⅱ-146　Ⅲ-77, 79, 143
장자　Ⅰ-98, 101　Ⅱ-258　Ⅲ-69
재산　Ⅱ-80, 166, 215, 216, 229　Ⅲ-99, 100, 102, 115
10가지 재앙　Ⅰ-98, 99
저주　Ⅰ-100, 218, 221, 239, 246, 262, 264　Ⅱ-51, 122, 159~164, 168, 170, 173, 177, 179, 182~184, 187, 191, 192, 194, 203, 241, 251, 270　Ⅲ-92, 98, 119, 121, 124, 136, 137, 139, 140, 207, 249, 262, 264~266
전능자(전능하신 하나님)　Ⅱ-202, 262, 264　Ⅲ-131, 136, 235
전도(evangelism)　Ⅰ-23, 25, 27, 31, 37, 39, 53, 66, 69, 71, 126, 150~152, 154, 158, 217, 219, 224, 231~235, 238, 240, 242~247, 249~252, 258, 273　Ⅱ-21, 24, 29, 35, 37, 43, 46, 50, 62, 100, 107, 108, 111~113, 115, 128, 131, 132, 134, 192, 201, 240　Ⅲ-30, 36, 38, 111, 119, 120, 155, 169, 173, 196~200, 208, 225, 228, 237, 248, 251, 252, 272
전도의 방향　Ⅰ-231, 233
전수 (너무 많아 생략함)
전통(제도적인 －)　Ⅰ-27, 154, 164, 169, 174, 175, 180, 181, 183~185, 187, 210, 212, 216, 244, 263, 270　Ⅱ-22, 53, 54, 61, 79, 95, 105, 240~242, 267, 279, 290　Ⅲ-18, 19, 21, 25, 65, 73, 75, 77, 81, 97, 132, 157, 173, 188, 198, 200, 210~212, 241, 250, 256, 280, 281, 289
전통 문화　Ⅲ-256
전통 및 역사　Ⅱ-61　Ⅲ-210
전통의 계승과 보존　Ⅰ-164
전파　Ⅰ-31, 44, 50, 56, 57, 59, 60, 62, 138, 152, 153, 165, 219, 220, 231, 233, 248, 252, 261, 264, 269　Ⅱ-21, 29, 44~46, 50, 62, 112, 124, 133, 136, 137　Ⅲ-22, 30, 111~114, 177, 190, 211, 212, 216, 221, 225, 226, 229, 253, 256, 263, 268, 271, 273, 274, 277
접붙임 받은 이방 기독교인(－을 받은 가지)　Ⅱ-70, 83, 84
정결　Ⅱ-105, 147, 289, 291　Ⅲ-80, 182, 283
정경　Ⅰ-60, 87　Ⅲ-54
정의　Ⅰ-89, 131, 244, 247, 257　Ⅱ-21, 95, 97, 202, 203, 207, 290, 294　Ⅲ-84, 90, 100, 131, 150
정체성(Identiy)　Ⅰ-36, 170, 181, 198　Ⅱ-34, 62, 71, 84, 86, 286　Ⅲ-22, 35, 98
정통파 유대인　Ⅰ-19, 26, 27, 30, 33, 47, 67, 142, 234, 245, 249, 256, 276, 280, 283　Ⅱ-25, 28, 31, 64, 65, 97, 106, 107, 128, 163, 183, 253, 256, 267, 273, 274, 277, 279, 280, 286　Ⅲ-21, 29, 32, 70, 71, 111~124, 130, 132, 140, 146, 150, 205, 211, 214, 219, 220, 280, 288
젖과 꿀(－이 흐르는 땅)　Ⅱ-196, 257　Ⅲ-105
제1대 족장 아브라함　Ⅰ-146
제2대 족장 이삭　Ⅰ-149, 164
제3대 족장 야곱　Ⅰ-153,164
제3세계(－인)　Ⅱ-62　Ⅲ-200, 213, 215~218
제단　Ⅰ-101, 146　Ⅱ-184, 282, 293　Ⅲ-190, 215
제물(희생제물)　Ⅰ-97, 101, 102, 104, 107, 108, 125　Ⅱ-81　Ⅲ-85, 91
제사장(가정의 제사장)　Ⅰ-124, 125, 135, 156, 255, 274　Ⅱ-78, 80, 146, 165, 166, 171, 178, 236, 297　Ⅲ-85, 86, 90, 106, 128, 138, 201, 258, 282, 285
　－ 나라　Ⅰ-135　Ⅱ-146　Ⅲ-152
제자 (너무 많아 생략함)
　－ 양육(discipleship, －로 양육)　Ⅰ-232　Ⅱ-49　Ⅲ-155
조기교육　Ⅲ-162

조상 (너무 많아 생략함)
　선민의 - I-32, 69, 108, 150, 162, 165, 215, 216, 218, 219 II-30, 41~43, 83, 211 III-31, 68, 85, 111, 233, 255, 263
　순종의 - I-104, 107, 164
조선민족(조선사람) III-183, 184, 186
조직신학 I-28 III-275
족보 I-79, 134, 152, 159, 196, 198~200, 244~246, 250, 258, 263 II-44, 61, 71, 83 III-187, 190
　개인적인 - I-199, 200 II-61
족속(mishpawkhaw) I-50, 59, 62, 65, 74, 75, 120, 132, 134, 152, 175, 177, 218, 219~221, 226, 240, 246, 274 II-21, 41, 42, 45, 46, 78, 80, 83, 116, 122, 123, 125, 287 III-111, 173, 222, 227, 228, 263, 272
족장(- 아브라함, - 이삭, - 야곱) I-52, 146, 149, 153, 164, 176
족장시대 I-149, 170, 224 II-85
존재론 II-112
종교심리학 III-249
종교 행위(가식적 -) III-56
종말론 II-48
종의 신분 II-76, 79
종족 선교 III-202, 215, 222, 225, 227, 229
죄 값(죄의 삯) I-44
죄의 종살이 III-70
죄를 심판 II-170
죄에서 해방 III-72, 86
주기철 II-93, 228
주일 I-46, 111 II-52, 54, 194, 293, 297 III-61, 176, 196, 243, 277, 278, 284, 286
죽음의 재앙 III-69, 70, 71, 183
중보자 I-84 II-177 III-77
중심주제 I-81, 247 II-200 III-248
중재자 II-145, 147, 154
지도자 I-16, 39, 113, 196, 198, 199, 201, 247~257, 261, 267~269, 271, 272, 277, 284, 299 II-16, 18, 26, 37, 64, 143, 164, 209, 244, 262, 263, 274, 284, 296 III-16, 25, 38, 56, 69, 71, 73~75, 87, 91, 109, 143, 144, 278
지도자의 조건 I-253
지상명령 (너무 많아 생략함)
　구약의 - (너무 많아 생략함)
　　두 가지 - I-31, 43, 44, 46, 48, 50, 52~64, 66, 68, 70, 72, 74, 152, 220 II-21, 29, 42 III-22, 30
　신약의 -(예수님의 -) (너무 많아 생략함)
　　-의 내용 I-32, 77, 117 II-30, 118 III-31, 261
　　-을 성취 I-31, 219, 239 II-29 III-30, 227
　하나님의 - I-21~23, 53, 54, 95, 100, 128, 139, 154 II-61~64 III-114, 207
지정학적 입장 III-198
지혜교육 II-177
지혜자 I-192, 196 II-227, 228
찌찌트 I-27 II-244, 250, 254~256, 266, 268, 277, 279, 280 III-42, 48, 49, 51, 59

차

창조론 II-112
창조물 II-150
창조자(-주, -주 하나님) I-119 II-114, 155, 223 III-131
책의 민족 II-242
영원한 천국 II-62 III-155
천국을 확장 I-232 II-239 III-112~114, 117, 120
천국의 그림자(천국의 예표, 천국의 표상) I-157, 114 III-101, 108
천지 창조 I-166
천하 만민(all nations on earth) I-80, 83, 97, 109, 119, 132, 143, 145, 177, 281 II-83, 116, 122, 123, 125 III-263
청각의 종교 II-211
청종 II-213, 223, 259
체험 학습(- 프로그램) II-182
초대교회 선교 I-45
초막절 I-51, 165 III-68, 71, 78, 141
초실절 III-76
축복 (너무 많아 생략함)
　-과 생명 II-179
　-과 저주 II-184 III-262
축제의 날(축제의 절기) III-69, 138
칠칠절 II-154, 165 III-76
침묵의 탈출 I-46

카

카이저(Walter Kaiser) I-133, 221, 222, 224, 225
칼빈 I-254 II-75, 85, 87 III-17, 21
칼타고 공의회 I-60
캐논 III-54
코리안 디아스포라(Korean Diaspora) III-174,

202, 209, 210, 212, 215, 224, 225
키파(야마카) II-273

타

타락 I-26, 31, 36, 44, 54, 56, 62, 78, 79, 85, 91~93, 100, 119, 133, 138, 158, 166, 218, 219, 238, 264 II-29, 34, 41, 42, 46, 76, 88, 118, 151, 170, 190, 240 III-30, 35, 104, 111, 218, 231~233, 240, 241, 243, 245, 247, 252, 253, 256, 259, 263

타민족 I-25, 44, 47, 49, 53, 230~232, 246 II-41, 62 III-178, 193, 200, 201, 261, 289

탈리트 카탄 II-254

탈무드 I-33, 34, 64, 90, 103, 129, 139, 141, 150, 165, 169, 185, 186, 192, 214, 231, 239, 266 II-31, 32, 81, 99, 110, 120, 121, 123, 139, 150, 158, 188, 218~220, 226, 230, 238~240, 242, 249, 254, 264, 272, 281, 283, 288, 289, 296 III-19, 32, 33, 65, 73~75, 83, 103, 112, 114, 116~118, 120, 144, 156, 160, 162, 171, 192, 206, 236, 238, 239, 270, 281

탈출 I-46, 96, 98, 113, 115, 116 II-113, 144 III-21, 69, 78, 143, 183

태의 열매 III-97, 100

택하신 족속(택한 백성) I-274 II-78, 80, 196 III-70, 104, 154, 184

테필린 I-27 II-250, 251, 253, 256, 257, 260, 262~265, 267, 268, 273, 274, 276 III-42, 45, 46, 51

토라 I-18, 26, 27, 49, 53, 54, 57~60, 62, 115, 142, 185, 191, 263, 264 II-23, 44, 86, 94, 95, 99, 144, 150, 151, 153, 183, 220, 224, 231, 234, 238, 242, 252, 255, 260, 262, 263, 279, 289~291, 297 III-18, 22, 23, 67, 76, 77, 79, 81~83, 87, 93, 101, 104, 106~108, 131, 135,~139, 141, 142, 156, 165, 204, 210, 232, 234, 240, 245, 258, 259

토라교육 II-23, 220

토카이어(Tokayer) I-64, 90, 103, 129, 139, 141, 150, 165, 169, 186, 192, 214, 266 II-81, 99, 110, 121~123, 139, 158, 188, 219, 226, 239, 240, 242, 249, 272, 281, 283 III-65, 75, 83, 103, 112, 114, 116, 144, 146, 156, 160, 171, 192, 206, 236, 239, 370

특권 I-83 II-79, 80, 132, 177, 178, 195, 220, 275 III-18, 41, 127, 135, 140, 145~147, 149, 157, 244, 262, 288

특수계시 I-87

티샤바브 II-172

파

팔목 II-212, 252, 267, 274 III-245

펜트코스트 III-76

평양 대부흥 운동 I-71

평화와 번영 II-58, 164, 165, 173 III-195

포로생활 II-173

프로테스탄트 I-213

피장의 집 지붕 II-105

피조물 I-88, 237 II-150, 295 III-131

(알렉산더) 피터스(Alexander A. Pieters) II-107

(알버터스) 피터스(Albertus Pieters) II-107

하

하나를 귀히 여기는 자 I-151
하나님 (너무 많아 생략함)
 - 나라 I-165 II-124
 -과 원수 II-73, 76
 -은 오직 한 분 II-222
 -의 강림(-의 임재) II-147, 152, 154, 289 III-85, 86
 -의 계획(-의 원대한 계획) I-79, 83, 162, 215, 216 II-221
 -의 교육 방법 I-98, 212 III-50, 52, 53, 128
 -의 기업 II-166 III-104
 -의 벗 I-160
 -의 본체 I-237
 -의 상속자(-후사, -의 후사) II-79, 178
 -의 선물 III-100
 -의 소유(-의 유업) I-176 II-178
 -의 신부 III-77
 -의 언약 I-83, 182 II-177~179, 250, 285, 286 III-233
 -의 이름 II-223, 229, 262, 264 III-50
 -의 주권(하나님의 절대 주권) I-269 II-69, 71, 79, 129, 214, 223 III-68, 257
 -의 정체성 I-170
 -의 형상을 닮도록 교육 I-118
히드 팔렐 II-281
하림 III-156

하셈 에하드 II-223
하셈 엘로헤이누 II-223
하프토라 III-135, 137, 141
하와 I-86, 119, 122, 125, 158 II-41 III-99, 176, 263
학교교육 I-110, 283 II-295 III-164, 218, 252
한국 민족의 뿌리 II-58
한민족 동질성 II-50
할례의 유익 II-86, 88, 115, 150
할아버지 I-131, 162, 167, 168, 173~176, 182, 184, 187, 198, 200, 210, 215, 216, 231, 273 II-22, 52, 185, 186, 203, 215 III-136, 139, 205, 256
 - 교육신학 I-167, 175, 216
 - 신학 I-162, 168, 175, 273 III-256
 -의 역할 I-174 II-22
해산의 수고 I-232, 254
핵심단어(키워드) II-145
행함이 없는 믿음 I-68, 163
허쉬(Hirsch) I-82, 85 II-198
해밀턴(Hamilton) I-83, 84
혈기와 기질 I-256
혈통적 자녀(혈통적인 유대인) I-69 III-105, 107, 109, 113
형식주의(-자) II-292 III-52, 56
호렙산 II-193
호림 III-156
홈스쿨링 (-의 성경적 기원) I-68, 118 III-258
홍해 I-98, 99, 113 II-143, 211 III-77, 233, 240, 268, 269
화목제 II-165, 184
횃불 언약을 체결 I-114
회개(죄의 -) I-70, 150, 183, 194, 269, 270 II-74, 112, 147, 148, 169, 172, 176, 198, 232, 235, 274~276, 281, 282 III-43, 50, 235, 250~252
 -에 합당한 죄가(-에 합당한 열매) II-274, 275
회당(유대인 회당) I-120, 126, 129, 197, 199, 213, 215, 279, 283 II-50, 51, 53, 54, 56, 58, 176, 242, 273, 283, 289, 292, 293, 296, 297 III-77, 79~81, 83, 132, 135, 138, 141, 145, 205, 210, 214, 270, 281, 282, 288
회복 I-274, 278, 279, 281 II-22, 129, 169, 186, 285~287, 295, 298 III-210, 212, 214, 217, 221, 222, 225, 226, 267, 271, 277, 280, 290
 복의 - III-271
 말씀 - III-271
효과 I-104, 211 II-210, 255, 287 III-42, 45~48, 51, 56, 128, 160, 162, 227, 228, 291
 시각적인 - III-45
 촉각적인 - II-255 III-46, 47
 청각적인 - III-46
 온몸 체험 - III-46, 48
효도교육 I-39, 131 II-37, 45 III-38, 182, 219, 258, 290
후사(후손) I-51, 59, 74, 83, 85, 91, 99, 119, 125~128, 138, 143, 145, 155, 156, 158, 160, 165, 173, 176~179, 181, 184, 196, 219, 223, 230, 238, 246, 263, 273, 281 II-20, 21, 42, 43, 45, 47, 48, 58, 60, 69, 83~85, 90, 118, 119, 143, 151, 178, 211 III-68, 105, 183, 204, 232, 233, 235, 237, 255, 257, 267, 283
후천적 교육 I-209
훗파 III-77, 79

ABC
EQ(마음, 사랑, 정서)의 학습방법 I-190
EQ의 사람 I-191, 193
IQ(두뇌, 머리, 지식)의 학습방법 I-190
IQ의 사람 I-191, 193
Know-How I-40 II-38, 98 III-39
Know-Why I-40 II-38 III-39
Pre-Evangelism I-35, 37, 39 II-33, 35, 37 III-34, 36, 38
Post-Evangelism I-37, 39 II-35, 37 III-36, 38

아브라함이 받은 지상명령

> 내가 그[아브라함]로 그 자식과 권속에게 명하여
> 여호와의 도를 지켜 의와 공도를 행하게 하려고
> 그를 택하였나니
> 이는 나 여호와가
> 아브라함에게 대하여 말한 일을 이루려 함이니라.
> (창 18:19)

꼭, 잊지 맙시다!

중국이나 일본은 하나님 없이도 잘 살 수 있지만,
만약 한국이 하나님을 잃어버린다면,
또 다시 중국이나 일본의 속국이 될 수 밖에 없다.
따라서 한국인은 아브라함처럼 반드시 신앙을 후대에 전해야 한다!